国内外主要农作物品种权保护现状

贾敬敦　黄圣彪　葛毅强　主编

科学技术文献出版社
·北京·

图书在版编目（CIP）数据

国内外主要农作物品种权保护现状 / 贾敬敦，黄圣彪，葛毅强主编. —北京：科学技术文献出版社，2020.2

ISBN 978-7-5189-6410-9

Ⅰ.①国… Ⅱ.①贾… ②黄… ③葛… Ⅲ.①作物—品种—知识产权保护—研究—世界 Ⅳ.① D913.404

中国版本图书馆 CIP 数据核字（2020）第 022430 号

国内外主要农作物品种权保护现状

策划编辑：魏宗梅　责任编辑：张永霞　责任校对：王瑞瑞　责任出版：张志平

出 版 者	科学技术文献出版社
地　　址	北京市复兴路15号　邮编 100038
编 务 部	（010）58882938，58882087（传真）
发 行 部	（010）58882868，58882870（传真）
邮 购 部	（010）58882873
官方网址	www.stdp.com.cn
发 行 者	科学技术文献出版社发行　全国各地新华书店经销
印 刷 者	北京虎彩文化传播有限公司
版　　次	2020年2月第1版　2020年2月第1次印刷
开　　本	710×1000　1/16
字　　数	355千
印　　张	21
书　　号	ISBN 978-7-5189-6410-9
定　　价	128.00元

版权所有　违法必究

购买本社图书，凡字迹不清、缺页、倒页、脱页者，本社发行部负责调换

国内外主要农作物品种权保护现状编辑委员会

主　　编　贾敬敦　黄圣彪　葛毅强
副 主 编　刘录祥　魏　珣　张　涛
编写成员　（按姓氏笔画排列）
　　　　　　丁晨君　方　磊　叶世英　朱华平　向　群
　　　　　　刘　丹　孙康泰　吴泳厉　赵永坡　赵林姝
　　　　　　胡　晗　洪登峰　高芬芳　郭会君　郭利磊
　　　　　　郭宝健　葛　群　谢永盾

前　言

本书是基于中国农村技术开发中心委托项目"七大农作物育种专项新品种权情况评价分析"的两期项目报告编写而成，以七大农作物为对象，分析当前国内外品种权保护现状，以期为国内种业单位提供对全球及中国的植物品种权保护有代表性的观察。

全书分为两个部分，第一部分为综合篇；第二部分为专题篇。

在综合篇，一方面，对种业政策沿革、种业法律制度发展、当前种业政策法律及市场环境、当前种业创新与保护现状等进行概述，帮助读者系统了解中国当前种业创新保护的政策法律环境和现状；另一方面，从品种权的申请、品种权的保护、典型农作物繁育和保护特点几个角度介绍了中国植物品种权申请过程及保护的相关知识，便于读者理解全书内容。

在专题篇，根据农作物的种类分为水稻、玉米、小麦、大豆、棉花、油菜、蔬菜 7 章。在每章中，一方面，从全球申请情况入手，基于国际植物新品种保护联盟（UPOV）网站上 2012—2017 年的新品种权数据及各成员国官方数据，参考联合国粮农组织统计的进出口数据，选出不同农作物品种权申请量突出及在对应粮食进出口中占据重要地位的国家，对这些国家的新品种权申请进行统计分析，了解年度申请态势、主要申请人，以及主要申请人的申请布局态势和重点；另一方面，立足中国的品种权申请数据，分析 2012—2017 年中国受理的新品种权申请态势、申请人构成、申请人地域分布、品种类型及国外申请人在中国提交的新品种权申请情况，进一步重点分析了"七大农作物育种"专项承担单位的新品种权申请情况，还分析了同期品种审定概况、品种审定和品种权申请之间的关联情况。本部分旨在为读者了解主要农作物的新品种权申请和保护现状提供全球视野和国内视野两个角度的观察。在内容的全面程度和深度两个维度上，都期待在后续版本中增加更新。

编　者
2019 年 6 月 30 日

目 录

第一篇 综合篇

第一章 中国种业创新保护的政策法律环境和现状 ······ 3
  第一节 中国种业政策沿革 ······ 3
  第二节 中国种业法律制度发展 ······ 5
  第三节 中国当前种业政策法律及市场环境 ······ 8
  第四节 中国当前种业创新与保护现状 ······ 12

第二章 中国植物品种权申请过程和保护概述 ······ 17
  第一节 品种权的申请 ······ 17
  第二节 品种权的保护 ······ 22
  第三节 典型农作物繁育和保护特点 ······ 29

第二篇 专题篇

第三章 国内外水稻新品种权分析 ······ 49
  第一节 全球水稻新品种权申请总体概况 ······ 49
  第二节 国外水稻新品种权申请和保护现状 ······ 58
  第三节 国内水稻新品种权申请和保护现状 ······ 68
  第四节 "七大农作物育种"专项项目承担单位水稻品种权申请情况 ··· 79

第五节　国内水稻品种审定情况 …………………………………………… 96

第四章　国内外玉米新品种权分析 ………………………………………………… 98
　　第一节　全球玉米新品种权申请总体概况 …………………………………… 98
　　第二节　国外主要申请人玉米新品种权申请和保护现状 ………………… 109
　　第三节　中国玉米品种权申请分析 ………………………………………… 115
　　第四节　"七大农作物育种"专项项目承担单位玉米品种权情况 ………… 124
　　第五节　国内玉米品种审定情况分析 ……………………………………… 134

第五章　国内外小麦新品种权分析 ……………………………………………… 143
　　第一节　全球小麦新品种权申请总体概况 ………………………………… 143
　　第二节　国外主要申请人小麦新品种权申请和保护现状 ………………… 150
　　第三节　国内小麦新品种权申请情况 ……………………………………… 154
　　第四节　"七大农作物育种"专项项目承担单位小麦品种权情况 ………… 160
　　第五节　国内小麦品种审定情况分析 ……………………………………… 178

第六章　国内外大豆新品种权分析 ……………………………………………… 181
　　第一节　全球大豆新品种权申请总体概况 ………………………………… 181
　　第二节　国外主要申请人大豆新品种权申请和保护现状 ………………… 185
　　第三节　国内大豆品种权申请情况 ………………………………………… 186
　　第四节　"七大农作物育种"专项项目承担单位大豆品种权情况 ………… 190
　　第五节　国内大豆品种审定情况分析 ……………………………………… 202

第七章　国内外棉花新品种权分析 ……………………………………………… 204
　　第一节　全球棉花新品种权申请总体概况 ………………………………… 204
　　第二节　国外主要申请人棉花新品种权申请和保护现状 ………………… 207
　　第三节　国内棉花品种权申请情况 ………………………………………… 208
　　第四节　"七大农作物育种"专项项目承担单位棉花品种权情况 ………… 213
　　第五节　国内棉花品种审定情况分析 ……………………………………… 222

第八章　国内外油菜新品种权分析 ……………………………………………… 224
　　第一节　全球油菜新品种权申请总体概况 ………………………………… 224

第二节　国外主要申请人油菜新品种权申请和保护现状 …………… 232
　　第三节　国内油菜新品种权申请情况 …………………………………… 235
　　第四节　"七大农作物育种"专项项目承担单位油菜品种权情况 …… 242
　　第五节　国内油菜新品种权与品种审定/登记关联度 ………………… 250

第九章　国内外蔬菜新品种权分析 …………………………………… 252
　　第一节　茄科蔬菜 ………………………………………………………… 252
　　第二节　十字花科蔬菜 …………………………………………………… 287
　　第三节　瓜类蔬菜 ………………………………………………………… 297

附录　农业植物新品种权保护名录 …………………………………………… 317

参考文献 ………………………………………………………………………… 323

第一篇

综合篇

第一章
中国种业创新保护的政策法律环境和现状

第一节 中国种业政策沿革

我国长期以来在种业领域的政策导向以保证农产品稳定增长、提升农业生产能力为主。在第十个五年计划期间（2001—2005年），我国于2001年正式加入世界贸易组织（WTO），按WTO农业条款的有关规定，对农产品国际贸易不允许实行补贴，对国内的农业补贴也将受到严格的限制，因此这一期间我国抓紧制定适应WTO的国内农业保护政策，2005年12月29日第十届全国人大常委会第十九次会议通过《关于废止中华人民共和国农业税条例的决定》，这标志着在我国延续了多年的农业税从此退出历史舞台。农业税的取消，给亿万农民带来了看得见的物质利益，极大地调动了农民积极性，又一次解放了农村生产力。

"十一五"（2006—2010年）规划明确提出"提高农业科技创新和转化能力，加快建设国家农业科技创新基地和区域性农业科研中心；加快农作物等技术的研发和推广"，并将种养业良种工程（建设农作物种质资源库、农作物改良中心、良种繁育基地、畜禽水产原良种场、水产遗传育种中心、种质资源场及检测中心等）作为新农村建设重点工程之一[1]，这期间我国粮食生产能力迈上万亿斤新台阶，并且农业科研成果丰硕，显著提高了粮食和主要农产品供给能力。培育并通过国家或省级审定的主要农作物新品种、新组合达2600多个。2008年国务院发布《国家知识产权战略纲要》将植物新品种确定为与专利、商标、版权等并列的七大战略专项任务之一。

"十二五"期间（2011—2015年）将"加快农业科技创新"和"加快农业生物育种创新和推广应用，开发具有重要应用价值和自主知识产权的生物新品种，做大做强现代种业"写入规划，同时将"现代种业工程"和"动植物保护工程"

纳入新农村建设重点工程。这期间国家密集出台了多项种业相关的政策与措施[2]。2011年，国务院发布《国务院关于加快推进现代农作物种业发展的意见》(国发〔2011〕8号)。该意见提出的目的之一是提升我国农业科技创新水平，增强农作物种业竞争力。该意见以"坚持自主创新"和"坚持企业主体地位"作为其中两项基本原则，共提出了八项重点任务，其中就有"严格品种审定和保护。进一步规范品种区域试验、生产试验、品种保护测试、转基因农作物安全评价和品种跨区引种行为，统一鉴定标准，提高品种审定条件，统筹国家级和省级品种审定，加快不适宜种植品种退出。完善植物新品种保护制度，强化品种权执法，加强新品种保护和信息服务"[3]。2013年，中央农村工作会议制定了"以我为主、立足国内、确保产能、适度进口、科技支撑"的国家粮食安全新战略；习近平总书记对种业工作做出重要指示："要下决心把民族种业搞上去，抓紧培育具有自主知识产权的优良品种，从源头上保障国家粮食安全"；李克强总理对种业工作提出明确要求；时任副总理的汪洋同志部署种业工作，并于2013年11月推动出台了《关于深化种业体制改革 提高创新能力的意见》(国办发〔2013〕109号，简称"国七条")。为了进一步贯彻落实上述《国务院关于加快推进现代农作物种业发展的意见》，"国七条"中以"保护科研人员发明创造的合法权益，促进产学研结合，提高企业自主创新能力"为指导思想，并在"调动科研人员积极性"这一条中提出"确定为公益性的科研院所和高等院校利用国家拨款发明的育种材料、新品种和技术成果，可以申请品种权、专利等知识产权，可以作价到企业投资入股，也可以上市公开交易"，同时提出"突破种质创新、新品种选育、高效繁育、加工流通等关键环节的核心技术，提高种业科技创新能力"，并在市场监管方面要求"继续严厉打击侵犯品种权和制售假劣种子等违法犯罪行为，涉嫌犯罪的，要及时向公安、检察机关移交"[4]。李克强总理在2014年3月24日在人民大会堂与出席中国发展高层论坛2014年年会的54名境外代表座谈时指出"创新的必要条件就是保护知识产权"。2014年10月，农业部、科技部、财政部联合出台《种业成果权益比例改革试点》文件，明确机构与完成人权益比例和权属约定等规定，并选择中国农业科学院作物科学研究所、中国水稻研究所、中国农业科学院蔬菜花卉研究所、中国农业大学国家玉米改良中心四家科研机构启动试点工作。同年，人力资源社会保障部办公厅、农业部办公厅联合发布《关于鼓励事业单位种业骨干科技人员到种子企业开展技术服务的指导意见》这一种子企业扶持政策，并积极建设育种制种基地。2015年，国务院发布《关于新形势下加快知识产权强国建设的若干意见》，对强化植物新品种保护制度建设提出明确要求。加强植物新品种保护是发展现代种业、建设种业强国的重要支撑。发展现代种业，就必须加强植物新品种的保护。

"十三五"期间（2016—2020 年），农业部根据《中华人民共和国国民经济和社会发展第十三个五年规划纲要》《"十三五"国家科技创新规划》《国家中长期科学和技术发展规划纲要（2006—2020 年）》《国家创新驱动发展战略纲要》《全国农业现代化规划（2016—2020 年）》，于 2017 年编制《"十三五"农业科技发展规划》（以下简称《规划》），该《规划》在"农业科技创新"版块划分的第一个重点领域就是"现代种业"，并提出"加快适宜机械化作业、资源高效利用的绿色新品种选育，培育高产、高效、优质等突破性农业新品种；开展主要动植物高效繁制种技术、品种资源分子标记检测技术研究，植物品种特异性、一致性和稳定性测试"，同时在"保障措施"版块强调"贯彻法律法规"，"深入实施新修订的《促进科技成果转化法》《农业技术推广法》《中华人民共和国种子法》。加强植物新品种保护审查能力与测试体系建设，加快建立品种 DNA 身份信息数据库和全国统一查询平台。加强新品种、饲料、肥料、农药、兽药的审定、登记工作，严格标准，加快审定、登记步伐。深入开展打击侵犯知识产权活动，提高自主创新的积极性。"[5]

第二节　中国种业法律制度发展

改革开放后，国务院于 1989 年颁布实施了《中华人民共和国种子管理条例》，对保障种子事业的发展起到了重要作用。但是，随着市场经济的发展，种子管理"政事企"不分，地方保护等计划经济的做法已越来越不能适应种子产业化的发展要求。随着我国于 1999 年 4 月 23 日正式加入《国际植物新品种保护公约（1978 年文本）》，成为 UPOV 第 39 个成员国，以及自 2001 年 12 月 11 日开始正式加入 WTO，我国种业改革的要求也十分强烈。因而 2000 年 7 月全国人大常委会颁布了《中华人民共和国种子法》，这是我国种业的第一部法律，它的实施标明我国种业由此步入了市场经济法制的轨道。

《中华人民共和国种子法》规定实行植物新品种保护制度。对经过人工培育的，或者发现的野生植物加以开发的植物品种，具备特异性、一致性和稳定性的，授予植物新品种权。未经品种权人的书面同意，不得进行生产经营。这项制度已在国务院 1997 年颁布实施的《中华人民共和国植物新品种保护条例》中做出明确的规定。在市场经济条件下，实行这一制度是可以保障选育者的经济利益的，但考虑到我国国有单位的品种选育者实际上合法权益难以保障的现实，还规定"选育的品种得到推广应用的育种者依法获得相应的经济利益"。

为了防止农作物新品种的乱引乱繁，给生产带来损失，长期以来我国一直实行品种审定制度。实践证明品种审定是行之有效的制度，但也存在审定范围过大、程序繁杂等问题。针对原审定制度中存在的问题，《中华人民共和国种子法》进行了适当的改革。一是缩小审定范围，由过去的任何品种都要审定改为只限于主要农作物和主要林木品种，即法律规定的稻、小麦、玉米、棉花、大豆及农业部和各省分别规定的一至两种作物，其他则放开。二是简化了审定程序，加快了审定速度。由过去必须经过省级审定才可以申请国家级审定，改为可以直接申请国家级或省级审定，并规定属于同一适宜生态区的相邻省，经省级农业、林业行政主管部门同意后可以引种。三是原则规范了审定行为，提高了审定的透明度。规定审定委员会由专业人员组成，审定办法应当体现公正、公开、科学、效率的原则[6]。

根据 1997 年颁布与实施的《中华人民共和国植物新品种保护条例》及 2000 年制定并实施的《中华人民共和国种子法》，我国又陆续出台了一系列更具体的配套法规或规定，包括：2001 年 2 月 26 日发布实施《农业部植物新品种复审委员会审理规定》，2002 年 12 月 30 日发布并于 2003 年 2 月 1 日期实施《农业植物新品种权侵权案件处理规定》，2002 年 2 月发布并生效的《最高人民法院关于审理植物新品种纠纷案件若干问题的解释》，2007 年年初公布并施行的《最高人民法院关于审理侵犯植物新品种权纠纷案件具体应用法律问题的若干规定》，2010 年 11 月 22 日发布并施行《关于台湾地区申请人在大陆申请植物新品种权的暂行规定》，2012 年 4 月 15 日施行《农业植物品种命名规定》。

《中华人民共和国种子法》自 2000 年制定并实施以来，先后经历了 3 次修订：2004 年 8 月 28 日第十届全国人民代表大会常务委员会第十一次会议《关于修改〈中华人民共和国种子法〉的决定》第一次修正；2013 年 6 月 29 日第十二届全国人民代表大会常务委员会第三次会议《关于修改〈中华人民共和国文物保护法〉等十二部法律的决定》第二次修正；2015 年 11 月 4 日第十二届全国人民代表大会常务委员会第十七次会议第三次修订。在最近一次的修订中，《中华人民共和国种子法》将"新品种保护"单独列入第四章，这提升了新品种保护的法律地位，新修订的《中华人民共和国种子法》将 DUS 测试确定为品种管理的基本技术要求，加大了对品种权侵权行为的处罚，赔偿的数额明显提高，新修订的《中华人民共和国种子法》第73条明确规定品种权侵权赔偿上限为300万元，同时明确了县级及以上农业行政主管部门责任。《中华人民共和国种子法》的最新修订不仅符合党中央国务院的政策导向，也是现阶段构建我国知识产权保护法律制度的现实选择，更是现阶段我国发展现代种业的迫切需要。新修订的《中华人民共和国种子法》符合党的十八届四中全会提出的"完善知识产权保护制度"、2015年中央一号文件关于"加强农业知识产权法律保护"及党中央国务院《关于深化体制改革加快实施创新驱动发展战略的若干意见》提出的"实行严格的知识产权保护制度""让知识产权制度成为激励创新的基本保障"的要求，体现了国家对新品种保护的关注和重视，传递了国家鼓励原始育种创新、加大对育种者权利保护和发展现代种业构建种业强国的决心。植物新品种权是知识产权的重要组成部分。先后制定了著作权法、专利法、商标法，但植物新品种权只有行政法规规定，立法明显滞后于其他知识产权保护领域。将植物新品种保护的关键性制度通过《中华人民共和国种子法》专章规定，节约了立法资源，提高了立法效率，也符合民事制度需由法律规范的要求。植物新品种保护和品种审定是我国农作物品种管理的两个重要方面。尽管已经实现了归口管理，但两者法律性质不同，在品种管理实践中经常会出现衔接不畅的问题。在《中华人民共和国种子法》中专章规定有利于两者相互衔接，便于统一执法和管理。可以统一测试流程、统一测试机构、统一执法主体，这可极大地提高行政管理效率，切实维护育种者权利和农民利益[7]。

国家在"十二五"期间对种业相关的多项法律法规进行了修订。为促进种业创新，有效保护品种权人的合法权益，2013年1月16日国务院第231次常务会议通过并公布《国务院关于修改〈中华人民共和国植物新品种保护条例〉的决定》（中华人民共和国国务院令第635号），自2013年3月1日起施行新修订的《中华人民共和国植物新品种保护条例》；2013年4月11日，农业部发布了第九批农业植物品种保护名录，包含芥菜、烟草等13个植物属、种，受品种保护的植物属、种总数达到了93个，扩大了新品种保护的范围。2013年12月27日，农业部2013年第4号令发布了修订的《主要农作物品种审定办法》。修订的《主要农作物品种审定办法》体现了"充分发挥市场在资源要素配置中的决定性作用"精神，按照"内容连续性、规定可操作性、制度科学性、程序公开性"原则，提高了品种审定门槛，优化了审定专家结构，统筹了国家和省两级审定，强化了品种审定申请者的责任。2014年全国人大启动《中华人民共和国种子法》修订，全国人大常委会将《中华人民共和国种子法》列入五年立法规划和 2014 年立法计划。2014 年 4 月 25 日配套修订了《农业植物新品种保护条例实施细则（农业部分）》（农业部令 2014 年第 3 号修订）。2014 年 5 月 30 日，国家农作物品种审定委员会发布《国家级水稻玉米品种审定绿色通道试验指南（试行）》。2014 年 8 月 28 日，国家农作物品种审定委员会发布《主要农作物品种审定标准》，对水稻、玉米、小麦、大豆、棉花、油菜和马铃薯等作物品种审定执行时涉及的技术标准和操作规范做出明确规定。2015 年 11 月 4 日，《中华人民共和国种子法》由中华人民共和国第十二届全国人民代表大会常务委员会第十七次会议修订通过，自 2016 年 1 月 1 日起施行。

"十三五"期间，2016 年 3 月 26 日农业部第二次常务会议审议通过并发布，并自 2016 年 5 月 16 日起施行《中华人民共和国农业植物品种保护名录（第十批）》（中华人民共和国农业部令 2016 年第 1 号），增加了向日葵、荞麦属、南瓜、洋葱、姜、黑木耳、香菇等 45 种新的植物，进一步扩大了可通过品种权保护的植物种属的范围。截至目前，我国农业植物新品种保护名录已扩大到 138 个植物属或种，林业植物新品种权保护名录涵盖 206 个植物属种。为了规范非主要农作物品种管理，科学、公正、及时地登记非主要农作物品种，根据《中华人民共和国种子法》制定《非主要农作物品种登记办法》，由中华人民共和国农业部于 2017 年 3 月 30 日发布，自 2017 年 5 月 1 日起施行。农业部 2017 年第四次常务会议审议通过并公告自 2017 年 5 月 1 日起施行《第一批非主要农作物登记目录》（中华人民共和国农业部公告第 2510 号）。《非主要农作物品种登记办法》规定，列入"非主要农作物登记目录"的品种，在推广前应当登记。申请者向住所地的省级人民政府农业主管部门提出书面申请，申请登记的品种需要具备特异性、一致性和稳定性。本次列入第一批目录的 29 种作物，包括农业部和省级农业主管部门按照原《中华人民共和国种子法》确定的 22 种审定农作物和当前生产上具有较高经济价值、社会价值的 7 种农作物，都是促进农民增收、发展特色产业的重要作物，对促进农业供给侧结构性改革意义重大。

第三节　中国当前种业政策法律及市场环境

中国种业正处于一个大变革时期，国内市场需求增长从快速到缓慢或停滞，供求关系从公司供给主导到农民需求引导，产品和服务从满足国内到走向世界，国际种业巨头从布局到开战，育种研发从以国有科教机构为主到以企业为主，育种目标从生物特性到兼顾商业特性，育种技术和手段从传统到现代，作物品种从稀缺到饱和，产品从种子到种子+服务，产能从平衡到过剩，利润从暴利到微利，产业链从分离到整合，生产基地从分散到集中，经营模式从代理制到多样化，企业从多小弱到少大强，发展动力从凭机遇到凭实力，控股资本从国退民进到民退国进。随着社会的发展和科技的进步，特别是近几年种业新政的实施，我国种业正在发生或将发生巨大的变化。

由于农产品价格上扬、种子商品化率提高、种业技术进步（杂交棉花和转基因棉花、杂交油菜、两系杂交稻）等因素，近10多年来中国种业市值快速增长。根据全国农业技术推广服务中心对主要农作物种子使用情况调查，2012—2014年全国玉米、水稻、小麦、大豆、马铃薯、棉花、油菜7种主要农作物种子市值合计分别为708亿元、784亿元和819亿元，依然呈现增长态势。

但是，由于近几年人力成本过快增长，种植业结构强力调整和部分作物的种植方式呈现颠覆式转型，一些作物种子市场停止增长甚至严重萎缩；部分作物去杂种化，常规品种卷土重来，如水稻、棉花、油菜种子有回归常规品种的趋势。杂交水稻未老先衰，从1976年起推广30多年后快速衰退。2012—2014年杂交水稻市值分别为149.39亿元、132.75亿元和118.54亿元，2014年比2012年下降20.7%。杂交棉花现已基本退出历史舞台，杂交油菜也处于下降通道中，二者的应用仅分别为10年和20年。总之，中国种子国内市场的需求增长从快速到缓慢或停滞。

中国种业企业已开始探索国际化，同时也受到政府支持。2011年商务部、发改委等10部委联合发布的《关于促进战略性新兴产业国际化发展的指导意见》提出，要通过对外援助等方式，带动生物育种企业开展跨国经营，目标则是开拓亚洲、非洲、拉丁美洲等新兴市场，手段则是在海外设立生产示范园区，加强海外推广。自2012年温家宝访问拉丁美洲以来，中拉农业合作提上战略议程，在2015年6月的农业部长论坛上，30余国农业部长一致通过了《中国—拉丁美洲和加勒比农业部长论坛北京宣言》，推进双方农业科技创新能力，在农作物品种选育与栽培、农业生物技术领域加强合作是其中重点内容。论坛上重申中国政府设立了5000万美元规模的中拉农业合作专项基金。一些企业种子出口市场不断扩大，如湖北省种子集团研制出的产品出口海外6个国家，并在20多个国家开展实验。2014/2015年度全国出口种子2.73万吨，金额2.63亿美元。国内种子企业已开始从单纯的出口延伸到了合作育种、技术出口。例如，大北农旗下生物技术公司就已在拉丁美洲悄然试水合作育种。2015年6月9日，在中国—拉丁美洲和加勒比农业部长论坛上，大北农与阿根廷Bioceres公司签订合作备忘录，计划在阿设立实验室进行大豆育种，由合作企业提供当地种子资源，大北农提供自主研发种子技术，培育出符合当地使用的种子；研发成功后将结合当地农场及渠道资源在拉丁美洲进行种植推广。北京奥瑞金种业股份有限公司2015年12月初宣布将试水美国市场。根据其在美国证券交易委员会网站的公告，该公司计划2016年进入美国市场。由此可见，中国种业国际化是一个大趋势。

2011年，国务院发布《关于加快推进现代农作物种业发展的意见》（国发〔2011〕8号），推动中国种业进行并购重组。种子企业数量由8700家减少2751家，至2013年年底实有种子企业数量为5949家，合计减幅为31.6%。其中持部级颁证企业182家，持省级颁证企业2169家，持市县两级颁证企业3598家。据余欣荣副部长2015年11月在三亚现代种业发展工作会议上透露，现已减少到4400家，比2011年减少一半。即便如此，这4400家种业公司数量依然太多。按全国种子市场1000亿元市值计算，每家平均不足2300万元产值，按10%的利润率仅平均230万元的利润，这足以证明中国种子企业"多小弱"的现状。

2011年，《国务院关于加快推进现代农作物种业发展的意见》提出了"推动种子企业兼并重组"的重点任务，明确指出"支持大型企业通过并购、参股等方式进入农作物种业；鼓励种子企业间的兼并重组，尤其是鼓励大型优势种子企业整合农作物种业资源，优化资源配置"，提出了"培育具有核心竞争力和较强国际竞争力的'育繁推一体化'种子企业"的战略目标。5年来，这一决策得到了很好的落实，特别是得到了若干央企的积极响应。中种集团、农发种业加大投入力度，大肆收购兼并，布局全国甚至海外市场；中国林木种子公司进入农作物领域，中农集团进入种业，中信集团控股隆平高科。据不完全统计，中种已有16家子公司，农发种业已有8家种业子公司，隆平高科已有11家种业子公司，中国林木种子公司、中农集团种业控股公司各有3家种业子公司，仅央企资本控股的种业公司就达36家，还有财政部等主导的现代种业发展基金已投资10家种业公司（其中6家为央企控股、2家省级农科院发起设立）、3家以种业为重点的投资机构和2家种业电商企业。这些公司绝大多数都是由民营控股转变而成了国有资本控股。另外，还有一些省级国有种业公司也快速扩张，收购兼并了许多民营种业公司。总之，种业控股资本民退国进趋势十分明显，与2000年年初《中华人民共和国种子法》颁布后的民进国退大潮形成了鲜明的对比。这种趋势是长期还是暂时，目前难以预测。

2013年，国务院办公厅印发《关于深化种业体制改革 提高创新能力的意见》，明确保护科研人员合法权益。加强植物新品种保护，健全品种保护机制，才能让科研人员依靠创新成果依法获得权利收益，持续激发育种创新活力，从而进一步推进和加速科技成果转化。2016年3月30日，农业部发布的《2016年国家落实发展新理念加快农业现代化 促进农民持续增收政策措施》中的"推进现代种业发展支持政策"明确了2016年国家继续推进种业体制改革，强化种业政策支持，促进现代种业发展。一是深入推进种业领域科研成果权益改革。在总结权益改革试点经验基础上，研究出台种业领域科研成果权益改革指导性文件，通过探索实践科研成果权益分享、转移转化和科研人员分类管理政策机制，激发创新活力，释放创新潜能，促进科研人员依法有序向企业流动，切实将改革成果从试点单位扩大到全国种业领域，推动我国种业创新驱动发展和种业强国建设。二是推进现代种业工程建设。根据《"十三五"现代种业工程建设规划》和年度投资指南要求，建设国家农作物种质资源保存利用体系、品种审定试验体系、植物新品种测试体系、品种登记及认证测试能力建设，支持育繁推一体化种子企业加快提升育种创新能力。我国现行种业相关法律法规主要包括：2013年公布并实施的新修订的《中华人民共和国植物新品种保护条例》，同年公布并实施的新修订的《主要农作物品种审定办法》，2016年1月1日起实施的最新修订的《中华人民共和国种子法》，2017年根据《中华人民共和国种子法》制定并实施的《非主要农作物品种登记办法》。

根据目前我国现行的上述政策和法律环境，以及种业现在的形势预测，兼并重组是大公司在短时间内获取营销渠道、扩大市场份额、降低生产成本、获得新技术和超额利润的有效手段，被兼并也是多数小公司的最佳选择。所以，中国种业公司数量进一步减少，规模有所扩大，少数大公司的实力增强，预计有1~2家进入全球种业10强行列。例如，中国种业龙头隆平高科，2014年种子营业收入19.7亿元，超过3亿美元；排位第二的垦丰种业达18.4亿元，第三位的登海也达14.7亿元。这些中国种业公司在营业额上进入国际10强已经只有一步之遥。2017年中国化工430亿美元收购先正达完成交割，中国种业出现全球前三甲公司的目标实现。

中国种业公司的发展，有一个明显的现象，就是"大品种成就大公司"。例如，掖单系列成就了山东登海，郑单958成就了河南秋乐、金博士和北京德农，先玉335成就了登海先锋和敦煌先锋，德美亚1号、2号和3号成就了北大荒垦丰，豫22成就了襄阳正大，农大108和扬两优6号成就了金色农华，伟科702成就了河南金苑种业，湘杂棉成就、深两优5814挽救了湖南亚华，鄂杂棉10号成就了湖北惠民，等等。这是中国种业的时代特征，因为品种是短缺的，大品种是稀有的，拥有了稀缺品种，就拥有了市场，进而拥有了发展动力，企业就可以在短时间做大甚至做强。然而，品种的生命周期有限，生命力再强的品种也不过8～10年，而在品种高峰期时的企业，往往容易注重扩大产量，比较容易忽视产品质量。

随着修订后的《中华人民共和国种子法》及其配套规章，特别是新的《农作物品种审定办法》的实施，品种将会更加大量地涌现，由短缺变为饱和甚至过剩，企业在解决了品种"饥渴"之后，追求的不再是品种数量而是品种质量，绿色通道、联合体试验推出的最起码是有开发价值的品种，在这样的机制下，企业的发展从借助机遇转变为必须依靠实力特别是研发实力[8]。

第四节　中国当前种业创新与保护现状

随着政策引导及市场反馈，我国当前的种业创新现状在创新主体、创新目的、创新手段等方面有了较大的转变。创新主体从以国有科教机构为主到以企业为主，近年来，企业选育品种的速度越来越快，企业选育通过国审品种占国审品种申请总数的比例逐年提高。2013年，国审品种中企业占36.1%，省审品种中企业占51.2%。其中，企业选育国审玉米品种9个，所占比例由2001年的15%提高到50%；企业选育水稻品种21个，所占比例由2001年的3%增至2013年的48.8%。2013年，国内企业申请农业植物品种权618件，占当年申请总量的46.4%，同比提高3个百分点，超过国内科研教学单位的561件，成为申请的主导力量。从作物来看，在玉米和水稻两大作物中，企业占比较高，其中，玉米作物的新品种权申请量和授权量，企业分别达到56.6%和57.1%。"十二五"期间，企业申请总量3638件，科研单位2760件，企业申请量"十二五"期间比"十一五"期间增长139%，远高于科研单位25%的增长量。一批企业不断加大品种权申请，2015年中种集团品种权申请量达64件，占该企业16年来申请总量的一半以上；金色农华品种权申请量达62件。所以，企业成为育种研发的主体，国有研发机构将淡出商业化品种选育。

第一章　中国种业创新保护的政策法律环境和现状

我国种业的创新目标已从追求个体优势变为追求群体优势，从追求高产量变为追求高效益，从追求出品种到追求创新性状。所以，创新目标已不单纯局限于作物的生物特性，还必须兼顾商业特性。好品种由市场需要决定。"市场喜欢"是最重要的育种目标。市场喜欢可以细分为以下4个喜欢：农民喜欢，种子企业喜欢，加工企业喜欢，消费者喜欢。农民喜欢至少要满足3点：产量高，抗性强，看相好。种子企业喜欢至少满足两点：制种容易，种子成本低。加工企业喜欢也有两点：商品产出率高，产品成本低。消费者喜欢要满足两点：产品外观好，内质好。"产量高、品质优、抗性强、看相好、易制种、商品率高"是当前我国育种行业主流的育种方向，创新目标从单纯的生物特性到兼顾商业特性。

我国目前的育种技术和手段从传统到现代，首先是育种技术精准化：一是精准化设计育种计划，二是精准化创造遗传变异或改良生物性状，三是精准化获得育种材料的基因型、表现型和环境型数据，四是精准化鉴别和选择有益的遗传变异，五是精准化确定新品种及其适应区域，六是精准化检测种子质量。其次是育种劳作机械化。种业研发过去主要依靠人工劳作，而现在无论是实验室操作还是田间作业，都采用各种现代自动化控制的分析仪器和机械设备。例如，利用专用小区播种机、农艺性状自动采集设备、收获测产系统、自动化考种系统等硬件装备，提高数据的准确性和可追溯性，极大地提高育种实验规模和研发效率。

创新品种数量激增但质量欠佳，2017年3月15日财政部印发《财政部国家发展改革委关于清理规范一批行政事业性收费有关政策的通知》，从2017年4月1日起我国农业和林业新品种权保护收费暂停，这一政策使得2017年我国农业新品种权申请总量井喷，高达3842件，是上一年度申请量的1.52倍。基于目前我国现行的种业政策和法律法规，特别是2016年1月1日实施的《中华人民共和国种子法》，以及官方费用停征状态的持续，这种申请量持续增加及创新品种急剧增多的情况仍会继续，但出现重大品种的概率更低，原因在于：第一，审定制度作了重大调整，增加试验渠道（如联合体试验），扩大试验容量，缩短试验周期，修订审定标准，都向增加品种的方向看齐。第二，引种制度撕开了口子，相邻省际的"围墙"基本推倒，省审品种至少等于半个国审品种。第三，品种基数变大，但优质重大的品种数量并没有随之增加。第四，政府支持的重点不在结果而是过程，诸如被证明行之有效的"品种后补助"政策不被推崇，现行的种业研发立项大多数不利于重大创新。第五，育种企业化的结果是追求快出品种，育种短平快，重大创新选题不会被放在重要位置。第六，培育人的首选目标也是出"新品种"，出"大品种"是次要目标。这都导致耗时长、见效慢、风险大的研究不会被放在重要位置，创新特别是原始创新只能屈居次位[8]。

在种业保护方面，自1997年颁布《中华人民共和国植物新品种保护条例》以来，我国农业植物新品种保护从无到有，取得长足发展。植物新品种权人利益得到了更好维护，激励育种创新的作用持续增强，社会资本投资育种的积极性空前高涨，推动现代种业发展的作用日益凸显。面临创新驱动发展战略实施和现代种业发展新形势，农业植物新品种保护遇到了一些新情况、新问题。这些问题制约着我国农业植物新品种保护可持续发展，影响了育种创新和现代种业的发展进程，必须切实加以解决。

第一，我国植物新品种保护制度亟须完善。《中华人民共和国植物新品种保护条例》按照UPOV公约1978年文本框架制定并于1997年颁布。2016年1月1日实施的新《中华人民共和国种子法》将植物新品种保护作为专章，提升了新品种保护法律位阶、加强了品种权侵权假冒行为的处罚力度。但是，就审查流程、保护范围、保护环节和保护水平而言，近20年来一直未做实质性调整，这与当前建设创新型国家与发展现代种业的要求相比差距甚远。首先，我国至今仍然是未建立实质性派生品种（EDV）制度的少数几个UPOV成员国之一。由于缺乏EDV制度，种子企业投资育种创新积极性大为减弱，"谁搞原始育种，谁就是冤大头"的思想和模仿育种盛行，品种同质化问题非常严重。其次，现行品种权保护范围仅限于繁殖材料生产和销售环节，保护客体限于授权品种繁殖材料，保护范围未延伸到存储、运输等环节，也未延伸到特定条件下利用繁殖材料所获得的收获物。侵权者分明在生产繁殖授权品种甚至是不育系、自交系等的种子，却说成是在生产粮食，因此难以查处这些侵权行为。最后，不少侵权企业委托农民进行大规模育种，但由于现行制度没有对"农民"和"自繁自用"做出明确规定，而无法追究这些侵权行为的法律责任。实践表明，很多情况下农民所进行的大规模育种行为，实际上均属于代繁代制侵权品种的繁殖材料，社会危害极大。

第二，技术支撑体系不足，从我国目前植物新品种申请的受理审查体系来看，日益增长的新品种申请量与相对有限的审查资源间的矛盾逐步显现。随着品种保护名录的不断扩大，还给新品种审查测试和测试指南研制等工作提出了新的要求。此外，随着现代分子生物技术和定向辐射育种技术等发展，品种真实性鉴定愈发困难，亟须制定更为快速科学的品种鉴定标准。

第三，执法维权途径不畅。从品种权执法体系建设来看，新《中华人民共和国种子法》将植物新品种行政查处拓展到县级以上农业、林业主管部门。但由于基层品种权执法部门权责不清、执法人员队伍不健全、缺乏必要的调查取证装备和品种真实性检测基本设备，加之新品种保护专业性强、法律要求高、程序性复杂，因此，基层的品种权行政执法力量十分不足，无法切实满足植物新品种保护工作的基本需要。

第四，农作物新品种质量不高、结构不合理。我国是植物新品种申请大国，但远不是品种权保护强国。虽然新品种数量规模可观，但新品种结构布局不合理。大田作物新品种占授权品种的85%，且水稻、玉米、小麦三大作物新品种占申请总量的75%，具有较高市场经济价值的花卉、蔬菜、果树等园艺作物新品种仅占15%，而美国、欧盟、日本园艺作物新品种申请量达到80%以上。新品种质量也参差不齐。全国推广面积前列的两系杂交稻品种，母本基本来源于Y58S、广占63S，父本多来源于扬稻6号。对260个玉米品种进行DNA指纹检测，与郑单958在4个位点以内差异的品种就达69个。可以看出，我国农作物育种更多停留在对主要推广品种和核心亲本改造的修饰性育种方式上，从而导致当前农作物品种遗传基础狭窄，突破性品种匮乏。

第五，我国农作物新品种的国际影响力亟须提高。目前，我国单位和个人向海外申请植物新品种权数量仅占在国内申请量的1.1%，我国科研企事业单位培育的绝大部分品种均未在国外提出品种权申请。原因之一是国家层面和育种企业均缺乏前瞻性的植物新品种战略布局。原因之二是我国农作物新品种的国际竞争力不足。我国种子企业育成的创新度低的商业修饰型品种多，原创性的主控品种少；急功近利型的短线品种多，防御型、战略型的品种少。原因之三是不熟悉国际植物新品种保护规则。我国熟悉国际植物新品种保护制度的人才较少，尤其缺乏具有法律、新品种保护、遗传育种复合型知识结构，以及熟悉国际事务和国际规则、具备国际视野和战略思维的高层次人才[9]。

随着新《中华人民共和国种子法》的实施，近两年国内品种权侵权诉讼判赔案例较往年显著增多，例如，2017年11月24日最高人民法院发布第17批指导性案例，其中指导案例92号为莱州市金海种业有限公司诉张掖市富凯农业科技有限责任公司侵犯植物新品种权纠纷案，该案由于双方当事人均未能就被侵权人因侵权所受损失或侵权人因侵权所获利润予以充分举证，法院查明的侵权品种种植亩数是1000亩（1亩＝666.67 m^2，下同），综合考虑侵权行为的时间、性质、情节等因素，酌定赔偿 50 万元，并判令停止侵权行为。另一起案例为"北大荒垦丰种业股份有限公司诉黑龙江省育桑农业有限公司垦稻 12（又名垦鉴稻 7 号）的植物新品种权侵权一案"，由黑龙江省高级人民法院于 2017 年 12 月 15 日做出终审判决，确认黑龙江省育桑农业有限公司侵权行为成立，判令其赔偿北大荒垦丰种业股份有限公司经济损害及维权合理开支 150 万元。

在政策方面，当下我国种业政策仍坚持以种业自主创新、突出企业主体为主，同时强调种业质量。2018 年 3 月 20 日，全国现代种业发展推进会在北京召开。农业农村部副部长余欣荣强调，要准确把握新时代种业的新形势新任务，在习近平新时代中国特色社会主义思想的引领下，围绕乡村振兴战略实施，坚持以农业供给侧结构性改革为主线，奋力推进我国现代种业发展。会议指出，发展现代种业是一项长期而艰巨的任务，要保持战略定力，创新推动种业绿色革命、科技革命和质量变革、企业变革、管理变革，加快构建现代种业科技创新体系、生产经营体系、管理服务体系、政策支持体系。要以绿色品种选育为重点，加快全国换种换代步伐；以体制机制创新为重点，促进种业自主创新；以质量兴种为重点，加快种业转型升级；以提升产业竞争力为重点，培育壮大一批世界一流种子企业；以深化"放管服"改革为重点，加快提升种业管理服务能力；以加快特色作物种业发展为重点，推进种业强省强县建设。

2018 年 6 月 5—7 日，最高人民法院、农业农村部、国家林业和草原局组成联合调研组，赴江苏南京、浙江宁波等地就植物新品种权执法等问题开展调研。调研组先后组织召开了 4 次座谈会，听取了来自地方人民法院、种子管理部门、农业综合执法部门、科研教学单位、种子企业等单位代表对植物新品种权执法的意见和建议，并赴南京艺莲苑花卉有限公司、江苏中江种业股份有限公司、宁波微萌种业有限公司、宁波市种子公司等企业进行实地调研。最高人民法院行政庭罗霞审判员、农业农村部种子局吴晓玲副局长、国家林业和草原局科技发展中心王歧处长和中心副主任朱岩等参加了调研。

以上的种业时事动态，表明我国的种业法制保护力度有所增强，侵权成本有逐渐升高的趋势，同时我国种业保护的薄弱环节品种权的执法工作也逐步受到重视并完善。

第二章

中国植物品种权申请过程和保护概述

第一节 品种权的申请

一、植物新品种保护条例中的基本概念

1. 植物新品种的定义

《中华人民共和国植物新品种保护条例》第二条规定:"植物新品种,是指经过人工培育的或者对发现的野生植物加以开发,具备新颖性、特异性、一致性和稳定性并有适当命名的植物品种。"[10]

我国植物新品种保护条例规定的"植物新品种"包括以下几层含义。

第一,植物新品种是指经过人工培育的或者对发现的野生植物加以开发,是劳动的结晶,是智力成果。

第二,植物新品种应具备特定条件,即在满足新颖性、特异性、一致性和稳定性并有适当命名的条件下,才能被授予品种权,从而获得保护,成为品种权保护的对象。

第三,植物新品种须被法律认可。即使符合授权条件的植物新品种也不是自动产生和自动生效的,须经品种所有人提出申请,并经过主管植物新品种权审批机关的审查,确认其符合授予品种权的条件,方能获得品种权并成为植物新品种保护条例所保护的对象[10]。

2. 植物新品种权审批机关

《中华人民共和国植物新品种保护条例》第三条规定:"国务院农业、林业行政部门(以下统称审批机关)按照职责分工共同负责植物新品种权申请的受理和审查并对符合本条例规定的植物新品种授予植物新品种权(以下称品种权)。"[11]

国务院农业部门指农业农村部植物新品种保护办公室;国务院林业行政部门指国家林业局科技发展中心(国家林业局植物新品种保护办公室)。

3. 植物品种保护名录

《中华人民共和国植物新品种保护条例》第十三条规定:"申请品种权的植物新品种应当属于国家植物品种保护名录中列举的植物的属或者种。植物品种保护名录由审批机关确定和公布。"

按照职责分工,农业农村部植物新品种保护办公室自1999年6月16日至2016年4月16日共公布了10批农业植物品种保护名录,具体详见农业农村部科技发展中心网站(http://www.nybkjfzzx.cn/p_pzbh/pzbh.aspx)。

国家林业局植物新品种保护办公室自1999年4月22日至2016年10月26日共公布了6批植物新品种保护名录(林业部分),具体详见国家林业局科技发展中心网站(http://www.cnpvp.net/)。

只有在上述10批农业植物品种保护名录和6批植物新品种保护名录(林业部分)中的植物品种才可以申请品种权保护。

二、品种权申请的原则

《中华人民共和国植物新品种保护条例》第八条规定:"一个植物新品种只能授予一项品种权。两个以上的申请人分别就同一个植物新品种申请品种权的,品种权授予最先申请的人;同时申请的,品种权授予最先完成该植物新品种育种的人。"[10]

1. 一项品种权只授予一个品种(单一性原则)

对于常规品种一般不会发生分案申请的情况。但对于杂交种,申请人有可能在同一个申请案中既要求保护选育的二系或者三系亲本材料,又要求保护杂交种,对于这样的申请,审批机关实际要做几个品种的审查测试,并且一旦授权后,必须几个品种被同时侵权,侵权案件才能成立,品种权人的利益才能得到保护,这样,既不利于审批机关审查测试,也不利于保护品种权人的利益,因此,必须分案申请[10]。

2. 先申请原则

《中华人民共和国植物新品种保护条例》规定:"两个以上的申请人分别就同一个植物新品种申请品种权的,品种权授予最先申请的人;同时申请的,品种权授予最先完成该植物新品种育种的人。"关于用什么标准来判断谁是"最先申请"的人,对此,《中华人民共和国植物新品种保护条例实施细则(农业部分)》

规定以"日"作为判断申请先后的标准。

《中华人民共和国植物新品种保护条例实施细则（农业部分）》第十条规定："同一新品种由两个以上申请人分别同时申请品种权的，审批机构可以要求申请人在指定期间内提供证据证明自己是最先完成该新品种育种的人。"就是说，对于相同的新品种在同一天由不同的申请人提出申请时，我国也采用了先完成原则，判断品种权的归属，即谁先完成该品种的育种则品种权授予谁。

三、植物新品种的命名

《中华人民共和国植物新品种保护条例》第十八条规定："授予品种权的植物新品种应当具备适当的名称，并与相同或者相近的植物属或者种中已知品种的名称相区别。该名称经注册登记后即为该植物新品种的通用名称。"[11]

下列名称不得用于品种命名。

①仅以数字组成的。

②违反社会公德的。

③对植物新品种的特征、特性或者育种者的身份等容易引起误解的。

名称是一个品种的符号，为了避免名称混淆，相同的植物属或种内的品种名称不能相同或者相近，并且不能完全以数字命名，如18-8-17；品种名称不得违反社会公德，不得用品种特征、特性和育种者身份进行命名，如矮秆小麦、李氏水稻、超甜玉米等。

四、植物新品种保护所要求的条件

《中华人民共和国植物新品种保护条例》第二十一条规定："申请品种权的，应当向审批机关提交符合规定格式要求的请求书、说明书和该品种的照片。申请文件应当使用中文书写。"

1. 请求书

请求书须采用审批机关印发的表格形式，主要内容如下。

①品种暂定名称（中英文）。

②品种所属的属或种的中文和拉丁文。

③培育人的姓名。

④申请人的姓名或名称、申请人的性质、机构代码或身份证号码、国籍或所在国（地区）、地址、邮政编码、联系人、电话、传真、手机、电子邮箱。

⑤品种的主要培育地。

⑥是否是转基因品种。

2. 说明书

①申请品种的育种信息：育种背景、品种来源、育种详细过程。

②选择的近似品种及理由：选择的近似品种名称、选择近似品种的理由。

③申请品种新颖性的说明。

④申请品种特异性、一致性和稳定性的说明。

⑤适于生长的区域或环境、栽培技术说明。

⑥申请品种与近似品种的性状对比。

3. 系谱图

4. 照片及其简要说明

要求照片能反映申请保护品种的特异性。

5. 技术问卷

技术问卷针对所申请的植物属或者种提问，不同的植物有不同的表格。

以上是向审批机关申请品种权所需提交的主要文件。此外，根据情况还要提交一些附加文件，如代理人委托书、要求优先权声明等其他文件[10]。

五、品种权申请及审查的程序

一件品种权申请一般要经过以下程序：申请→受理→初审→实审→授权。

1. 受理

《中华人民共和国植物新品种保护条例》第二十四条规定："对符合本条例第二十一条规定的品种权申请，审批机关应当予以受理，明确申请日、给予申请号，并自收到申请之日起1个月内通知申请人缴纳申请费。"[11]

审批机关在收到符合格式要求的请求书、说明书和照片，发给受理通知书，通知书上注明有申请人、申请日、申请号、品种暂定名称和文件清单。申请文件可以采用面交、邮寄和电子申请方式递交。

按照《财政部 国家发展改革委关于清理规范一批行政事业性收费有关政策的通知》（财税〔2017〕20号）的要求，自2017年4月1日起，停征植物新品种保护权收费。自2017年4月1日起，对新受理的农业植物新品种权申请、林业植物新品种权申请停征申请费、审查费、年费。

1）初步审查

《中华人民共和国植物新品种保护条例》第二十七条规定：申请人缴纳申请费后，审批机关对品种权申请的下列内容进行初步审查。

①是否属于植物品种保护名录列举的植物属或者种的范围。
②是否符合本条例第二十条的规定。
③是否符合新颖性的规定。
④植物新品种的命名是否适当。

《中华人民共和国植物新品种保护条例》第十四条规定："授予品种权的植物新品种应当具备新颖性。新颖性，是指申请品种权的植物新品种在申请日前该品种繁殖材料未被销售，或者经育种者许可，在中国境内销售该品种繁殖材料未超过1年；在中国境外销售藤本植物、林木、果树和观赏树木品种繁殖材料未超过6年，销售其他植物品种繁殖材料未超过4年。"《中华人民共和国植物新品种保护条例》第二十八条规定："审批机关应当自受理品种权申请之日起6个月内完成初步审查。对经初步审查合格的品种权申请，审批机关予以公告，并通知申请人在3个月内缴纳审查费。对经初步审查不合格的品种权申请，审批机关应当通知申请人在3个月内陈述意见或者予以修正；逾期未答复或者修正后仍然不合格的，驳回申请。"[11]

符合条例有关规定的，自申请日起6个月内初审结束，审批机关就该品种的特征特性、适应范围等信息，以及申请人、申请日、申请号等发布公告。

2）实质审查

《中华人民共和国植物新品种保护条例》第二十九条规定："申请人按照规定缴纳审查费后，审批机关对品种权申请的特异性、一致性和稳定性进行实质审查。"

《中华人民共和国植物新品种保护条例》第十五条规定："授予品种权的植物新品种应当具备特异性。特异性，是指申请品种权的植物新品种应当明显区别于在递交申请以前已知的植物品种。"

《中华人民共和国植物新品种保护条例》第十六条规定："授予品种权的植物新品种应当具备一致性。一致性，是指申请品种权的植物新品种经过繁殖，除可以预见的变异外，其相关的特征或者特性一致。"

《中华人民共和国植物新品种保护条例》第十七条规定："授予品种权的植物新品种应当具备稳定性。稳定性，是指申请品种权的植物新品种经过反复繁殖后或者在特定繁殖周期结束时，其相关的特征或者特性保持不变。"[11]

实质审查的手段是依据文献检索和田间测试结果相结合的方式，判断品种权申请是否具有特异性、一致性和稳定性。

《中华人民共和国植物新品种保护条例》第三十条规定："审批机关主要依

据申请文件和其他有关书面材料进行实质审查。审批机关认为必要时，可以委托指定的测试机构进行测试或者考察业已完成的种植或者其他试验的结果。"[1]

因审查需要，申请人应当根据审批机关的要求提供必要的资料和该植物新品种的繁殖材料。

农业农村部植物新品种保护办公室网站上公布的特异性、一致性和稳定性测试（DUS 测试）方式有 3 种：官方测试、委托测试和自主测试。

2. 授权或驳回

《中华人民共和国植物新品种保护条例》第三十一条规定："对经实质审查符合本条例规定的品种权申请，审批机关应当作出授予品种权的决定，颁发品种权证书，并予以登记和公告。对经实质审查不符合本条例规定的品种权申请，审批机关予以驳回，并通知申请人。"

《中华人民共和国植物新品种保护条例》第三十四条规定："品种权的保护期限，自授权之日起，藤本植物、林木、果树和观赏树木为 20 年，其他植物为 15 年。"[1]

3. 复审

《中华人民共和国植物新品种保护条例》第三十二条规定："审批机关设立植物新品种复审委员会。

对审批机关驳回品种权申请的决定不服的，申请人可以自收到通知之日起 3 个月内，向植物新品种复审委员会请求复审。植物新品种复审委员会应当自收到复审请求书之日起 6 个月内作出决定，并通知申请人。

申请人对植物新品种复审委员会的决定不服的，可以自接到通知之日起 15 日内向人民法院提起诉讼。"[1]

第二节　品种权的保护

一、品种权人的权利

根据 2016 年 1 月 1 日实施的《中华人民共和国种子法》《中华人民共和国植物新品种保护条例》，以及《最高人民法院关于审理侵犯植物新品种权纠纷案件具体应用法律问题的若干规定》（法释〔2007〕1 号），品种权人对其获得的享有排他的独占权。在品种权保护期届满前，对于侵权行为可以依法主张自己的权利。

2016年1月1日起施行的《中华人民共和国种子法》（以下简称新《种子法》），其第二十八条规定："任何单位或者个人未经植物新品种权所有人许可，不得生产、繁殖或者销售该授权品种的繁殖材料，不得为商业目的将该授权品种的繁殖材料重复使用于生产另一品种的繁殖材料；但是本法、有关法律、行政法规另有规定的除外。"[12]《中华人民共和国植物新品种保护条例》（以下简称《条例》），其第六条规定："任何单位或者个人未经品种权所有人（以下称"品种权人"）许可，不得为商业目的生产或者销售该授权品种的繁殖材料，不得为商业目的将该授权品种的繁殖材料重复使用于生产另一品种的繁殖材料；但是，本条例另有规定的除外。"[10]

新《种子法》具体规定如下。

第三十二条第三款规定：申请领取具有植物新品种权的种子生产经营许可证的，应当征得植物新品种权所有人的书面同意。

第七十三条规定：违反本法第二十八条规定，有侵犯植物新品种权行为的，由当事人协商解决，不愿协商或者协商不成的，植物新品种权所有人或者利害关系人可以请求县级以上人民政府农业、林业主管部门进行处理，也可以直接向人民法院提起诉讼[12]。

县级以上人民政府农业、林业主管部门，根据当事人自愿的原则，对侵犯植物新品种权所造成的损害赔偿可以进行调解。调解达成协议的，当事人应当履行；当事人不履行协议或者调解未达成协议的，植物新品种权所有人或者利害关系人可以依法向人民法院提起诉讼。权利人的损失或者侵权人获得的利益难以确定的，可以参照该植物新品种权许可使用费的倍数合理确定。赔偿数额应当包括权利人为制止侵权行为所支付的合理开支。侵犯植物新品种权，情节严重的，可以在按照上述方法确定数额的1倍以上3倍以下确定赔偿数额。

权利人的损失、侵权人获得的利益和植物新品种权许可使用费均难以确定的，人民法院可以根据植物新品种权的类型、侵权行为的性质和情节等因素，确定给予300万元以下的赔偿。

县级以上人民政府农业、林业主管部门处理侵犯植物新品种权案件时，为了维护社会公共利益，责令侵权人停止侵权行为，没收违法所得和种子；货值金额不足5万元的，并处1万元以上25万元以下罚款；货值金额5万元以上的，并处货值金额5倍以上10倍以下罚款。

假冒授权品种的，由县级以上人民政府农业、林业主管部门责令停止假冒行为，没收违法所得和种子；货值金额不足5万元的，并处1万元以上25万元以下罚款；货值金额5万元以上的，并处货值金额5倍以上10倍以下罚款[12]。

《条例》具体规定如下。

第三十三条规定：品种权被授予后，在自初步审查合格公告之日起至被授予品种权之日止的期间，对未经申请人许可，为商业目的生产或者销售该授权品种的繁殖材料的单位和个人，品种权人享有追偿的权利[10]。

第三十四条规定：品种权的保护期限，自授权之日起，藤本植物、林木、果树和观赏树木为20年，其他植物为15年[10]。

第三十九条规定：未经品种权人许可，以商业目的生产或者销售授权品种的繁殖材料的，品种权人或者利害关系人可以请求省级以上人民政府农业、林业行政部门依据各自的职权进行处理，也可以直接向人民法院提起诉讼。

省级以上人民政府农业、林业行政部门依据各自的职权，根据当事人自愿的原则，对侵权所造成的损害赔偿可以进行调解。调解达成协议的，当事人应当履行；调解未达成协议的，品种权人或者利害关系人可以依照民事诉讼程序向人民法院提起诉讼。

省级以上人民政府农业、林业行政部门依据各自的职权处理品种权侵权案件时，为维护社会公共利益，可以责令侵权人停止侵权行为，没收违法所得和植物品种繁殖材料；货值金额5万元以上的，可处货值金额1倍以上5倍以下的罚款；没有货值金额或者货值金额5万元以下的，根据情节轻重，可处25万元以下的罚款[10]。

第四十条规定：假冒授权品种的，由县级以上人民政府农业、林业行政部门依据各自的职权责令停止假冒行为，没收违法所得和植物品种繁殖材料；货值金额5万元以上的，处货值金额1倍以上5倍以下的罚款；没有货值金额或者货值金额5万元以下的，根据情节轻重，处25万元以下的罚款；情节严重，构成犯罪的，依法追究刑事责任[10]。

第四十二条规定：销售授权品种未使用其注册登记的名称的，由县级以上人民政府农业、林业行政部门依据各自的职权责令限期改正，可以处1000元以下的罚款[10]。

第十二条规定：不论授权品种的保护期是否届满，销售该授权品种应当使用其注册登记的名称[10]。

二、品种权侵权类型

1. 直接侵权

为商业目的生产或者销售他人拥有的授权品种的繁殖材料，并以授权品种的正式名称对外销售。被控侵权物的特征、特性与授权品种的特征、特性相同，或者特征、特性的不同是因非遗传变异所致的，属于商业目的生产或者销售授权品种的繁殖材料[13]。

故意重复以授权品种的繁殖材料为亲本与其他亲本另行繁殖的，属于商业目的将授权品种的繁殖材料重复使用于生产另一品种的繁殖材料[14]。

2. 假冒授权品种

以非授权品种冒充授权品种，仿制授权品种的外包装、进行虚假的广告宣传，冒用授权品种的品种权号、正式名称等，欺诈消费者，获取非法利益。

该行为构成《条例》第四十条规定的假冒授权品种行为，也构成新《种子法》第四十九条规定的生产销售假种子[12]行为。

3. 套牌销售他人拥有的授权品种

实际中，还存在另一种比较普遍的情况，即A品种为其他人拥有的授权种，甲未经许可以B品种名称生产销售A品种的行为，该行为同时构成品种权侵权和生产销售假种子，被控侵权人应同时承担品种权侵权和生产销售假种子的法律责任[15]。

4. 超范围经营侵权

被许可人超越许可范围或未按许可合同要求生产、销售授权品种。超越许可范围包括超越许可的地域范围或时间范围。

5. 销售者的侵权行为

种子销售方对于产品来源的合法性负有严格的审查义务。

新《种子法》第五章对种子的生产经营进行了细致和严格的规定：经营者生产经营种子需要取得种子生产经营许可证。种子生产经营许可证应当载明生产经营者名称、地址、法定代表人、生产种子的品种、地点和种子经营的范围、有效期限、有效区域等事项；应当建立和保存包括种子来源、产地、数量、质量、销售去向、销售日期和有关责任人员等内容的生产经营档案，保证可追溯；申请领取具有植物新品种权的种子生产经营许可证的，应当征得植物新品种权所有人的书面同意；销售的种子应当符合国家或者行业标准，附有标签和使用说明。标签和使用说明标注的内容应当与销售的种子相符。种子生产经营者对标注内容的真实性和种子质量负责[12]。

三、侵权认定的依据和方法

被控侵权物的特征、特性与授权品种的特征、特性相同，或者特征、特性的不同是因非遗传变异所致的，属于商业目的生产或者销售授权品种的繁殖材料[13]。

目前的司法案例中，主要通过比对田间种植表现出的性状特征，来判断被诉侵权的繁殖材料与授权品种特征特性是否相同[16]。比对时，对属于特异性和不属于特异性的品种特征、特性项目均进行比对；其中，对描述为特异性的品种特征、特性对于侵权判定具有重要的意义；进行侵权比对的是被控侵权植物品种的特征、特性，而不是被控侵权植物品种的繁殖材料的特征、特性[17]。

田间测试是判断侵权的基础，但是田间 DUS 测试要从植物的种子、幼苗、开花期、成熟期等各个阶段，对多个质量性状、数量性状及抗病性等进行观察评价，并与近似品种进行结果比较，一般要经过 2～3 年的重复观察，测试耗时长、诉讼效率低。而种子生产的特殊性及其作为重要的生产资料，要求对品种的真实性做出快速的鉴别，包括品种真实性验证及品种真实身份鉴定[16]。

《最高人民法院关于审理侵犯植物新品种权纠纷案件具体应用法律问题的若干规定》第三条规定：侵犯植物新品种权纠纷案件涉及的专门性问题需要鉴定的，由双方当事人协商确定的有鉴定资格的鉴定机构、鉴定人鉴定；协商不成的，由人民法院指定的有鉴定资格的鉴定机构、鉴定人鉴定；没有前款规定的鉴定机构、鉴定人的，由具有相应品种检测技术水平的专业机构、专业人员鉴定[13]。第四条规定：对于侵犯植物新品种权纠纷案件涉及的专门性问题可以采取田间观察检测、基因（DNA）指纹图谱检测等方法鉴定；对采取前款规定方法做出的鉴定结论，人民法院应当依法质证，认定其证明力。

目前，快速鉴定方法主要包括 DNA 指纹图谱技术、酯酶同工酶电聚焦电泳和蛋白质电泳等方法。不同的 DNA 指纹鉴定有不同的特点，如蛋白电泳及同工酶电泳程序简单，SSR 分析鉴定区分能力强，SNP 分子鉴定则具有高通量的潜力。然而，基因与表型的对应关系远未揭示，DNA 指纹检测技术无法将品种性状与分子标记一一对应，并对品种进行描述和定义。由于 DNA 指纹检测不同于 DUS 测试通过特征特性定义和识别品种，所采取的核心引物（位点）与 DUS 测试进行田间种植的确定的性状特征之间不具有对应性，因此，DNA 指纹检测结论认为待测样品与标准样品无明显差异时，尚不能得出两者的特征特性是相同的。例如,《玉米品种鉴定 DNA 指纹方法和管理办法》(NY/T1432-2007)就明确规定:"两个品种若在所规定的 20 对基本核心引物 +20 对辅助核心引物检测范围内未发现差异,说明该两品种间遗传上相同或高度相近。但若通过田间种植,能够发现和证明两品种间至少一个质量性状差异或两个数量性状有至少一个数量级别差异或一个数量性状相差两个数量级别,则也可以认定该两品种间有明确差别,所测试品种具有特异性。"[16]

依据 DNA 指纹检测标准,被诉侵权繁殖材料与授权品种两者差异位点数低于阈值,不能证明不是同一品种时,可以允许被诉侵权方请求进行田间成对种植测试,以田间表型确定品种身份的申请[17]。

四、品种权维权途径

植物新品种权所有人(以下称"品种权人")或者利害关系人认为植物新品种权受到侵犯的,可以依法向人民法院提起诉讼。利害关系人,包括植物新品种实施许可合同的被许可人、品种权财产权利的合法继承人等。独占实施许可合同的被许可人可以单独向人民法院提起诉讼;排他实施许可合同的被许可人可以和品种权人共同起诉,也可以在品种权人不起诉时,自行提起诉讼;普通实施许可合同的被许可人经品种权人明确授权,可以提起诉讼[18]。

权利人维权前需要提供证明身份的证件文件:品种权人身份证明(身份证或企业营业执照、法人证书),品种权证书,最近的年费凭证,其他证明(品种权审定证书、种子生产经营许可证、许可合同等)等。

1. 对侵犯植物新品种权行为的维权途径

未经品种权人许可,以商业目的生产或者销售授权品种的繁殖材料的,品种权人或者利害关系人可以请求省级以上人民政府农业、林业行政部门依据各自的职权进行处理,也可以直接向人民法院提起诉讼。

不服省级以上农业、林业行政管理部门依据职权对侵犯植物新品种权处罚的纠纷案件,可以向人民法院提起诉讼[15]。

2. 对假冒授权品种行为的维权途径

品种权人或者利害关系人可以请求县级以上农业、林业行政管理部门依据职权责令停止假冒行为,没收违法所得和植物品种繁殖材料,并处以违法所得 1 倍以上 5 倍以下的罚款,情节严重构成犯罪的,依法追究刑事责任[10]。

可以看出该条款仅仅规定了假冒授权品种行为的行政责任和刑事责任,但是没有规定如何追究民事责任。因为如果侵权人的行为不满足"为商业目的生产或者销售该授权品种的繁殖材料或为商业目的将该授权品种的繁殖材料重复使用于生产另一品种的繁殖材料",则不构成品种权侵权。

假冒授权品种虽然不构成品种权侵权行为,但是会切实损害品种权人的市场利益、品种的质量口碑。如果品种权的名称、品牌标识有商标权,外包装设计有外观专利权或版权,则品种权人或利害关系人可以通过商标权、外观专利权和版权来防止假冒授权品种的侵权行为。如果在这种情况下发现侵权行为,维权途径更立体全面:涉及专利侵权的,品种权人或利害关系人可以请求国家知识产权局和各地方的知识产权局处理侵权纠纷;涉及商标专利侵权的,品种权人或利害关系人可以请求各地方工商机关进行处理。

上述知识产权侵权行为都可以由权利人或利害关系人直接向人民法院提起诉讼。

3. 保护知识产权举报投诉服务中心

2006年商务部与财政部安排专项资金支持知识产权保护网建设,目前,全国已建成50个保护知识产权举报投诉服务中心,并已全部投入运行。各地投诉中心均启用了全国统一的"12312"举报投诉服务热线,开通了保护知识产权网站和50个地方子站。

保护知识产权举报投诉服务中心面向全社会接收有关侵犯商标权、专利权、著作权、植物新品种权等知识产权行为的举报和投诉,为权利人和社会公众提供与知识产权保护有关的咨询服务。同时,还对接收的举报投诉进行初步审查,将符合接受条件的举报投诉转交相应的行政执法机关和公安、司法机关依法办理,并将举报投诉转交、办理的情况反馈给举报投诉人。

五、司法维权途径中的注意事项

通过诉讼手段维护品种权,需要充分准备,尽可能避免出现对品种权人不利的局面。

首先,需要确定涉案品种是已经被授予了国家植物新品种权。

其次,避免被告主体不适格,被告应该是确实实施侵权行为的个人或团体(企业或集体)。

最后,充分准备证据。

收集证据时,应使证据具有合法性、真实性及和侵权事实的关联性。

应尽可能提供证据证明3个方面的事实:①原告的起诉资格;②侵权事实;③原告所受到的侵权损失或被告的侵权所得、侵权规模,以支持侵权赔偿请求，如栽培面积、销售额、财务数据、支付凭据等可作为侵权赔偿额的计算凭据。

品种权人可以自行购买侵权物，但是要注意购买物、票据和侵权物之间的关联性。符合证据的"三性"。还可以利用公证机构，对取证过程和所取侵权物、相关票据等进行公证，出具公证书，以增强证据效力。这是目前的案例采用较多的方式，通过公证员完成购买侵权物的过程，并公证购买过程及关联的侵权物、发票。

提取诉讼的同时，可以提出先行停止侵权行为，或进行保全证据[13]，以获取有利的证据。

在收集证据时，善于借助行政机关的执法。在品种权侵权行为的打击中，大多伴随着政府部门的执法，因此执法中收缴的涉案物品，侵权物、包装、交易凭据，笔录、出具的有关鉴定意见都可以作为证据提交法院[18]。

第三节　典型农作物繁育和保护特点

一、玉米的繁育及品种权保护特点

1. 玉米品种培育的重要性

玉米，学名玉蜀黍，属禾本科玉米属（*Zea mays* L.），原产于美洲大陆，经过近500年的传播发展，目前在全球各地广泛种植，是全世界总产量最高的粮食作物，除了作为粮食，也是重要的饲料、化工、医药业的工业原料，在解决温饱、保证粮食安全、发展国民经济及缓解能源危机等方面都发挥着重要的作用。

在我国，玉米育种一直受到政府的高度重视，通过科技攻关、863、973、国家科技支撑计划、转基因重大专项、"七大农作物育种"专项等一系列长期的科技计划提供大力的支持和保障。我国在玉米育种领域取得了显著的成绩：1949—1965年，我国经历了地方品种评选、品种间杂交种选育、选育双交种、三交种、顶交种到应用单交种的发展历程。从60年代中后期开始推出单交种以来，我国育种家先后选育出一大批在生产上大面积应用的优良自交系，这些自交系先后育成一大批在生产之后发挥重要作用的优良杂交种，对我国玉米单产和总产的提高，保障粮食安全做出了突出的贡献[19]。

2. 玉米种质资源及种质创新

种质资源是选育优良品种的物质基础。由于我国并不是玉米的起源地，玉米种质基础天然狭窄。

为改善玉米种质基础，一方面，我国引进国外杂交种作为原始材料直接选育自交系，1978年农业部从美国先锋公司引进24个杂交种，从中选出5003、5005、8112、7922和郑32等优良自交系，后期育成掖478、郑58等。1986年美国先锋公司在中国设立试验站并进行杂交种多点试验，从这批材料中育成178、P138、齐319、丹599、沈137、18-599等优良自交系。2000年后，育种单位从进入我国市场的国外优良杂交种中选育出新一批自交系并组配出新的耐密植杂交组合[19]。另一方面，我国育种家充分发挥地方品种的特点、渗入国外种质、组建和改良群体及向温带玉米导入低纬度种质等手段，不断丰富育种的原始材料，有效拓展了玉米遗传基础，为自交系的选育和杂交种的选配奠定了坚实的基础[20]。

虽然我国在玉米种质资源开发方面取得了显著的成绩，但相对于玉米发源地拉美各国，我国玉米育种的种质基础狭窄仍然是客观事实。特别是缺乏一些与现代生产方式相适应的种质，如现代农业生产方式所要求的早熟、耐密、适合机械化作业、抗倒、脱水快等目标形状的种质既缺乏又急需，这将会成为我国玉米育种发展的主要制约因素，因此，加强种质改良和材料创新，拓宽种质资源基础必要而且紧迫。

黎裕在《玉米种质创新——进展与展望》一文中阐述了种质创新。种质创新，又称为前育种，是指把那些育种不易利用的种质资源变成育种好利用的材料，把不适应的外来种质变成本地能利用的育种材料的科研活动[3]。通过种质创新能创造新的基础育种材料和群体，拓宽育种的遗传基础。国外玉米育种研究统计数据表明，国外的玉米种质创新对玉米突破性新品种培育起到了巨大的支撑作用。国际上成功开展玉米种质创新的典范包括拉美玉米计划（LAMP）、美国玉米种质创新计划（GEM），以及国际玉米小麦改良中心（CIMMYT）[21][22]。LAMP重点在于通过对拉丁美洲各国玉米种质资源进行较为系统的鉴定评价，构建了一套核心种质以促进种质资源的交换；GEM在LAMP计划的基础上利用后者筛选出来的拉美地方品种来进行种质创新；CIMMYT在玉米种质资源研究中，针对热带、亚热带和高原地区，构建具有不同目的（熟期、籽粒颜色、籽粒类型等）的群体，应用改良穗行半同胞方法进行改良，再应用相互轮回选择等方法提高一般配合力[21][22]。

黎裕等根据按玉米种质创新途径对以下方向的玉米种质创新的现状和趋势进行了全面翔实的评述：基于野生近缘植物的种植创新、基于地方品种的种质创新、基于外来种群的种质创新、基于外来杂交种的种质创新、基于外来自交系的种质创新，并提出我国玉米种植创新的主要发展方向，即加强优异种质资源的精准鉴定评价、加强基于野生近缘植物和地方品种的种质创新、加强基于群体改良的种质创新[21][22]。

3. 玉米育种目标和育种技术研究进展

我国玉米育种的主要目标包括：①高产、优质、多抗、广适、易制种、熟期适宜、耐密抗倒、脱水快、适宜机收籽粒的品种；②耐干旱和水分利用效率高的品种；③耐低氮、耐贫瘠、肥料利用率高的品种；④鲜食玉米、青贮玉米；⑤专用品质及特殊功能品种玉米[23]。

在育种技术方面，20世纪70年代之后，单交种因其杂种优势强、田间表现整齐并且亲本繁殖系数提高等因素成为玉米杂种优势利用的主要形式。2000年之后，随着分子生物学技术的发展和成熟，分子标记、转基因技术、双单倍体技术在玉米育种中得到快速和广泛的应用，使玉米育种周期显著缩短，并正在加快玉米品种更新换代的速度，加剧玉米种业从育种到市场的竞争。以下对一些主要的育种技术进行概括性介绍。

（1）杂交育种技术

杂交育种技术是指通过人工杂交后，对后代优良性状进行群体选择和个体选择，筛选符合育种目标的优良株系的过程。现阶段，我国玉米生产上应用的品种，大部分仍是采用常规杂交育种方法选择的单交种[19]。

选择优良的自交系是获得优良单交种的前提。常规杂交育种中，主要采用系谱法选育自交系，同时回交法、复合杂交、轮回选择也成为选择优良自交系的重要手段[19]。在玉米杂种优势利用方面，美国处于领先水平，提出了二环系的选择方法、复合杂交选育方法、快速育种法[24]等先进的育种思路和技术。

（2）双单倍体技术

常规育种方法中，自交系选育需要7个世代以上才能获得稳定的优良自交系，轮回选择法也需要经过同样的自交世代才能得到纯系[20]。自然单倍体的发现和双单倍体技术的成功建立及规模化应用，使得短期内即可获得百分之百的自交系纯系，这极大地加快玉米自交系的选育进程。

（3）转基因育种技术

转基因育种技术主要包括基因转化、事件筛选和评估、转基因材料田间评估、通过回交将有效的转基因事件导入到优良自交系,杂种组配和田间评价上下游技术[20]。目前,转基因技术为玉米增加了多种有益的新性状,如Bt抗虫、抗除草剂、雄性不育、改善营养、抗干旱、氮高效等性状。生物技术手段或与传统育种方法结合,将多个基因性状聚合在一体,包含一个性状或多个转基因性状的玉米杂交种是当前发展主导趋势[20]。

（4）诱变育种技术

诱变育种技术是指采用化学、物理手段诱导遗传性变异,再通过人工选择、筛选优良变异个体,进而培育成新的品种或种质的育种方法[23]。诱变育种与生物技术的结合已经成为重要的玉米育种技术方向。

（5）分子标记辅助育种技术

随着现代生物技术的发展,RAPD、RLFP标记、AFLP标记、SSR标记和SNP标记等技术普遍应用于玉米育种[23]。分子标记辅助育种技术主要是利用上述分子标记技术发现控制目标性状的数量性状位点（QTL）,在后代选择是优先考虑并选择携带有增益效果的QTL等位基因的后代,与目标性状的田间实际表现相结合,最终选出优良育种后代进入下一个育种周期[20]。QTL的定位和基因克隆技术的应用使得杂交亲本和后代的选择准确性更高,目标基因位点整合得更快[20]。分子标记辅助育种技术,包括分子标记辅助选择法、分子标记辅助轮回选择法、分子标记辅助回交选择法、分子标记辅助双群体轮回选择法等。利用分子标记辅助育种技术。目前在玉米的育种应用中,发现了若干可以用于遗传改良的重要性状的中等效用或主效QTL。

（6）分子设计育种技术

分子设计育种技术是建立在多重分子标记和全基因组测序的基础上,提前设计最佳的符合育种目标的基因型,以实现目的基因型的亲本选配和后代选择策略的方法[23]。玉米全基因组测序完成为分子设计育种奠定了技术基础。

（7）其他新型技术

新型不育系技术,利用分子生物学手段构建一个含有核育性基因的载体对玉米进行转化,在转基因植株后代果穗上分出核不育系和保持系两种后代,直接用于玉米杂交种生产和不育系及保持系的继续繁殖[24]。

4. 基于玉米品种繁育特点的品种权保护建议

（1）玉米品种权保护目标

玉米育种包括自交系选育和杂交种组配两个主要的环节。分子育种技术、转基因技术、诱变育种技术等新技术都是用来获得优良自交系的新手段。因此，从品种权保护的角度，玉米品种权包括自交系品种权和杂交种品种权两大类。

根据《条例》第六条，品种权是指："完成育种的单位或者个人对其授权品种，享有排他的独占权。任何单位或者个人未经品种权所有人（以下称品种权人）许可，不得为商业目的生产或者销售该授权品种的繁殖材料，不得为商业目的将该授权品种的繁殖材料重复使用于生产另一品种的繁殖材料。"[25]

玉米自交系作为玉米杂交种的亲本，可以与不同的自交系组配出不同的杂交种，而且是需要每年都重复使用的品种，即任何人想要利用一个自交系的优良性状组配杂交种，都需要获得该自交系，每年重复使用。因此，无论是采用何种技术手段获得的自交系，如果在培育过程发现具有优良的性状和发展前景，应该优先考虑申请品种权予以保护，对于综合性状优良和配合力强的自交系要重点且尽早保护[26]，以防止在种植、繁育、收获、仓储或运输环节中被他人以不正当手段获取、进而扩繁，作为亲本反复使用于培育其他品种。即获取独占权，以阻止他人为商业目的生产或者销售该授权自交系的繁殖材料（种子），以及为商业目的将该授权自交系的繁殖材料（种子）重复使用于生产另一品种的繁殖材料。保护好自交系，对以该自交系在保护期内培育出的所有品种都给予了保护[26]。

对于重要单交种，应对其父本、母本和杂交种都申请品种权保护。对于三交种、双交种，应对其直接父本、母本和杂交种都申请品种权保护。

（2）玉米品种权申请中的授权条件

根据《中华人民共和国植物新品种保护条例》[10]和《中华人民共和国植物新品种保护条例实施细则（农业部分）》[25]，申请品种权的品种须在品种保护名录中，且满足特异性、一致性、稳定性及新颖性和适当命名才能获得品种权。玉米新品种获取品种权也须满足这些条件。玉米是列入第一批保护名录中的植物种属之一。

特异性，是指申请品种权的植物新品种应当明显区别于在递交申请以前已知的植物品种[10]。待测品种应明显区别于所有已知品种。在测试中，当待测品种至少在一个性状上与最为近似的品种具有明显且可重现的差异时，即可判定待测品种具备特异性[27]。新品种具备授权前景的首要条件。因此，在玉米品种培育期间，培育人员应按照玉米测试指南的标准进行性状记录，以便于在品种权申请中提取主要的特异性性状。特异性性状的选取不宜过多，最好选择容易识别和记录的外观形态性状；如果是未列入测试指南的性状，可以要求审批机关进行附加性状的委托测试[26]。

一致性，是指申请品种权的植物新品种经过繁殖，除可以预见的变异外，其相关的特征或者特性一致[10]。其中相关的特征或特性是指至少包括用于特异性、一致性和稳定性测试的性状或者授权时进行品种描述的性状[25]。对于玉米而言，一致性的判定根据玉米品种类型而不同。待测品种应明显区别于所有已知品种。在测试中，根据测试指南，对于自交系和单交种品种，一致性判定时，采用3%的群体标准和至少95%的接受概率。当样本大小为40株时，最多可以允许有3个异型株；当样本大小为80株时，最多可以允许有5个异型株。对于三交种、双交种和开放授粉品种，一致性判定时，品种的变异程度不能显著超过同类型品种[27]。玉米为异花授粉作物，为保证一致性的要求，自交系品种提供的繁殖材料应为高代系（5代以上），并且对原原种、原种都采用严格的繁殖程序；杂交种的配制最好实行套袋手工授粉收获种子，并且保证制种田也达到较高的要求，避免出现异型株和生物混杂[26]。

稳定性，是指申请品种权的植物新品种经过反复繁殖后或者在特定繁殖周期结束时，其相关的特征或者特性保持不变[10]。对于玉米而言，根据测试指南，如果一个品种具备一致性，则可认为该品种具备稳定性。一般不对稳定性进行测试。必要时，可以种植该品种的下一代种子，与以前提供的繁殖材料相比，若性状表达无明显变化，则可判定该品种具备稳定性。杂交种的稳定性判定，除直接对杂交种本身进行测试外，还可以通过测试其亲本系的一致性或稳定性进行判定[27]。

新颖性，是指申请品种权的植物新品种在申请日前该品种繁殖材料未被销售，或者经育种者许可，在中国境内销售该品种繁殖材料未超过1年；在中国境外销售藤本植物、林木、果树和观赏树木品种繁殖材料未超过6年，销售其他植物品种繁殖材料未超过4年。在中国境内销售时间不超过1年的期限，很容易错过使该品种丧失新颖性，申请单位不能等市场反应良好之后再申请品种权。销售发票是确定销售行为的重要凭据，销售行为包括买卖品种的繁殖材料、易货、入股、签订生产协议及其他形式。育种单位在进行宣传时，注意确保不影响品种权的申请和授权前景[26]。如需要向其他单位提供试验种子，最好免费发放，避免构成销售。

（3）玉米品种申请过程中的注意事项

1）选择合适的近似品种

近似品种是指在所有已知植物品种中，相关特征或者特性与申请品种最为相似的品种[10]。

需要谨慎选择近似品种。在提交品种权申请时，需要提交申请品种和近似品种的技术问卷；提交繁殖材料时，需要提供申请品种和近似品种的繁殖材料，申请单位应确保可以提供足量的、纯度较高的近似品种种子；在 DUS 测试中，审批机构会对申请品种和测试品种进行比较，如果选择的近似品种不恰当，第一年测试时差别性状太多，测试机构会重新选择近似品种进行测试，这意味着测试周期会增加，延迟授权[26]。申请单位可以通过亲本系谱分析、综合性状分析和 DNA 分子指纹辅助分析等方式选择与申请品种最近似的合适的已知品种作为近似品种[26]。

2）提交申请的时机

品种申请审查按先后顺序包括文字材料形式审查、提交繁殖材料、实质审查即 DUS 测试。可以看出，需要形式审查合格和种子质量检测合格之后才能进入 DUS 测试。测试周期至少为 2 个独立的生长周期[27]。每年测试机构在播种季节（3 月 1 日）之前确定测试任务，并将测试种子分发到各测试中心。因此，提交申请的时间应尽早，留出足够的时间给审批机构能够在次年 2 月底之前完成形式审查和完成种子质量检测，这样顺利在次年进入测试。

在品种区域试验的第一年或者田间比较试验发现表现明显优异的品种，就要注意尽快准备文字材料提交申请，当年秋季收获的新种子可以直接用于品种权申请[26]。

3）提交玉米新品种种子的要求

根据玉米测试指南，杂交种和开放授粉品种至少为 10 000 粒，自交系至少为 5000 粒。若待测品种为杂交种，必要时，应额外递交每个亲本材料 3000 粒种子。提交的繁殖材料应外观健康，活力高，无病虫侵害。繁殖材料应符合 GB 4404.1 的要求，具体质量要求如下：净度 ≥ 98%，发芽率 ≥ 85%，含水量 ≤ 13%。提交的繁殖材料一般不进行任何影响品种性状正常表达的处理（如种子包衣处理）。如果已处理，应提供处理的详细说明。来自境外的种子还需符合中国植物检疫的有关规定[27]。

4）玉米品种权实施转化中的建议

玉米品种是商业化程度最高的作物，获得品种权的玉米品种很容易进入商业化运作、实施转化非常频繁。种子经营企业中小型企业占据很大的比例，其技术研发和创新能力不足，在激烈的竞争中，中小企业往往选择许可来获得品种使用权，因此获得玉米品种权的品种市场需求量较大。我国事业型育种单位不允许本单位直接从事种子的生产经营活动，因此通过品种权许可的方式让被许可方生产经营其品种。

目前，我国品种权实施许可主要分为独占许可、独家许可、普通许可、部分许可、交叉许可等类型。我国玉米品种权实施许可主要采用了独占许可、独家许可、普通许可等方式。许可双方一般根据品种特性、品种权年限、种植区域、资金能力等情况选择最佳的许可方式。

王永红等对品种权实施许可进行了详尽的阐述，并提出品种权许可中存在的常见问题。许可中，由于忽略亲本品种的品种权而大量用其进行商业生产制得许可的品种而导致侵权行为层出不穷。品种权许可的时间选择不合理，影响玉米品种的推广和良性竞争。

建议在杂交玉米品种的品种权许可活动中，应充分调研杂交种所涉及亲本品种的品种权保护情况，许可双方都应详细了解许可品种是否收到亲本品种权的限制，可以从品种权说明书中记载的系谱图了解到许可品种涉及的亲本或者繁殖材料，再进一步调研亲本品种的品种权情况，并达成各方同意的协议以使得许可行为合法化，降低潜在风险[28]。关于许可时机，从许可方角度考虑，应慎重选择品种权推向市场的时机，特别是相同亲本的一类玉米新品种，应根据市场需求、新品种性状和授权时间，保护期限等因素，有节奏有计划地实施转化。从被许可方考虑，接受玉米品种权许可时要进行分成的市场调查，包括同类品种的市场表现、适宜地区、市场占有率、当地农民偏好等，选择的品种应与本单位现有品种有差异性和关联性，避免产品同质化，并避免与同类企业恶性竞争[28]。

二、大豆的繁育及品种权保护特点

1. 大豆品种培育的重要性

大豆 [*Glycine max*（Linn.）Merr.] 起源于中国，是重要的植物蛋白质和食用油脂来源。1923 年以来，中国已培育出 1000 余个大豆品种，然而从 1995 年起中国开始进口大豆，且很大一部分为转基因大豆，并呈逐年增长趋势，到 2006 年已占国内大豆市场的 2/3。中国每年都有自主选育品种，但仍需大量进口转基因大豆。目前世界大豆生产主要集中在美国、巴西、阿根廷、中国和印度这五个国家[29]。据联合国粮农组织（FAO）统计数据分析，中国大豆产量增长幅度略高于世界平均水平，但与巴西和阿根廷相比，仍有一定的差距，尤其是大豆单产绝对产量与世界平均水平相比还有较大差距，更远低于美国、巴西、阿根廷等大豆主产国产量水平[30]。

2. 大豆的繁育特点和过程

大豆是闭花授粉植物，闭花授粉是自花授粉现象中的一种。自花授粉是指同一株雌雄同体的植物的两性配子相互结合的一种传粉方式，不仅是同一朵花之间的传粉，广义上还包括同株异花授粉及自交系内授粉。闭花授粉是指在花未开放之前就已完成授粉。这种授粉方式具有自然杂交率低，容易保持种性，对日照敏感，对环境适应性差，地区间引种不易成功等特性。

大豆常规育种的方法包括配置具有目标性状遗传变异的组合，选好父母亲本进行杂交、自交，从中分离优良个体并衍生为品系，通过多年、多点的品系试验，鉴定其产量等目标性状，选择优异的品系进行区域试验、审定和推广。大豆品系品种选育的方法包括自然变异选择育种、杂交育种、回交育种、诱变育种、群体改良和轮回选择。

大豆常规育种的步骤包括引进或创造变异群体、选择优良变异个体、繁殖与鉴定优良变异、中选变异、鉴定推广。

大豆常规育种关键是采用小区试验创造变异圃，采用顺序排列创造变异，变异后代圃采用顺序排列鉴定、选择优良变异个体，鉴定圃试验采用顺序排列的间比法设计筛选优良品系，产量比较试验采用随机区组设计筛选最佳品系。参试材料多时可用分组随机区组设计或采用简单格子设计及其他各种变通的设计[31]。

3. 大豆种质资源

我国是大豆的原产地，具有丰富的大豆种质资源，国家种质库现已搜集保存 3 万余份大豆种质。在品质方面，脂肪含量变异在 17%～24%，其中脂肪含量在 23% 以上的有 40 多份；蛋白质含量变异在 37%～52%，其中蛋白质含量在 50% 以上的种质有 170 多份；亚麻酸含量变异在 5.37%～12.52%。还筛选出缺失脂氧合酶，以及其他一些特异种质。百粒重变异在 5%～43.5%，在抗病性方面对大豆花叶病毒病、大豆孢囊线虫病及大豆锈病、灰斑病等均鉴定出一些高抗或中抗材料。同时也具有抗旱性、耐盐性及萌发期耐冷性等一些高抗或高耐逆性的种质。因此，我国大豆品种资源中性状的改良潜力还是很大的，通过研究、整理、改良一定会创造出大豆育种所需要的优异种质[32]。

4. 大豆育种目标和育种技术研究进展

大豆育种的重要目标是高产、稳产，目前国内外主要通过系统选育、杂交育种、诱变育种、分子育种等方法来进行大豆育种[33][34]。20 世纪 90 年代中期以前，大豆育种基本采用传统育种手段，而90年代后期以来，分子育种和其他育种方法越来越广泛地用于大豆品种改良[35]。

（1）大豆常规育种

大豆育种所采用的各种不同育种途径中，88.16%以上的品种是杂交育种育成的[36]。大豆本身是闭花授粉植物，具有自然杂交率低、易保持种性、地区间引种不易成功等特性，故目前常规育种试验技术仍然是大豆育种的主要方式。张桂茹研究表明，大豆杂交成活率高低除与一些外界环境条件及亲本材料有关外，杂交技术同样具有重要作用[37]。

（2）三系配套选育

关于大豆雄性不育的基础研究很多，已育成的不育系和恢复系也不少，但这些不育系间的遗传模式与机制、恢复程序与育性稳定性差异较大，且易受环境影响，即使是不同组合 F_1 的育性也有较大差异。今后通过生物技术手段研究雄性不育的遗传机理，采用分子标记对恢复基因进行精细定位并克隆，将有助于提高大豆"三系"的选育效率[29]。

（3）分子育种

随着试验技术手段的进步和功能基因组学的发展，研究已转向基于基因组功能区段的新型分子标记及QTL精细定位。大豆分子育种将使以表型为主的传统育种转变为对基因型的直接、准确、高效选择，从而提高育种效率[29]。

5. 大豆的品种权特点

大豆的品种权申请大多是经过人工培育的大豆新品种，也有一些是对发现的野生大豆资源加以开发形成的大豆新品种。

我国是大豆的原产地，野生大豆资源十分丰富。育种人在野生大豆考察、收集的基础上，鉴定评价出一批品质优异、抗逆性强的珍贵种质，并在大豆品种改良中应用。例如，吉林省农业科学院利用野生大豆资源分别选育出小粒大豆新品种和大粒大豆新品种。1990年以来，利用野生大豆及含有野生大豆血缘的育种中间材料选育出小粒大豆新品种8个，分别通过吉林省的品种审定。其中，吉林小粒1号是我国第一个直接利用野生大豆选育出的小粒大豆新品种，1995年获国家发明四等奖；吉林小粒3号、吉林小粒4号，2002年7月获得国家植物新品种保护权。2000年以来，利用野生大豆，通过回交改良等手段，选育出大粒（百粒重20 g左右）、优质、高产新品种3个，分别通过吉林省品种审定。其中，吉育89号，在吉林省大豆中晚熟组的两年区域试验和一年生产试验中评价产量均居该熟期组的第一位；吉育66号，品质优良，蛋白组分合理，蔗糖含量8.04%，是我国目前在大豆育成品种中蔗糖含量最高的；吉育59号，蛋白质含量高，耐盐、耐旱[38]。

三、水稻的繁育及品种权保护特点

1. 水稻品种培育的重要性

水稻（Oryza sativa L.）是草本稻属的一种，也是稻属中作为粮食的最主要最悠久的一种，其栽培历史可追溯到公元前16 000年至公元前12 000的中国湖南。水稻在中国广为栽种后，逐渐向西传播到印度，中世纪引入欧洲南部。

水稻是全世界重要的粮食作物，占全球谷类作物种植面积的1/3，为人类提供40%的能量。据估计，至2025年，全球人口将超过80亿，届时以稻米为主食的人口数量将增至35亿。按最保守的估计，由于人口增长而导致稻米需求量的增加至少达到3亿吨，全球水稻产量必须达到8亿吨才能满足人口增长对稻米的需求[40]。要满足巨大人口增长对稻米的需求，解决全球粮食安全问题，必须实现水稻育种上新的突破，同时提高耕作栽培技术水平。国际水稻研究所（IRRI）在20世纪80年代后期实行了新株型的超高产育种计划，日本在1981年实行了超级稻育种计划，我国在1996年正式启动了水稻超高产育种项目[41]。

水稻是我国最主要的粮食作物之一，我国有60%以上人口以稻米为主食，是世界上最大的稻米生产国和消费国。新中国成立以后，我国政府十分重视育种对发展水稻粮食生产的作用，解放初至20世纪50年代中后期，在全国范围内搜集3.4万余份地方品种资源，经整理、鉴定、筛选出160余个优良品种推广应用，例如，早籼的南特号、早籼503、陆财号和广场13等；中籼的万利籼、胜利籼和中农4号等；晚籼的塘埔矮和浙场3号等；中、晚粳的桂花球和黄壳早甘日等；晚粳的10509和老来青等的推广应用，改变了生产上品种多、杂、乱的现象[42]。在我国水稻育种发展史上，单位面积产量曾出现过两次重大突破。第一次是20世纪50年代末至60年代初的矮化育种，其主要成就是降低了株高，提高了品种的耐肥抗倒性和收获指数，国际上称为第一次绿色革命，这次绿色革命使世界粮食产量翻了一番多。第二次是20世纪70年代初的杂种优势利用，据FAO资料，1990年世界上杂交水稻种植面积占整个水稻面积的10%，但其稻谷产量占稻谷总产量的20%[43]。

2. 水稻育种目标

水稻育种目标主要包括丰（丰产）、抗（抗病虫、抗逆）、早（早熟）、优（优质）。根据不同时期对水稻生产的要求，我国水稻育种目标不断调整。20世纪50年代中期以前为矮化育种，抗倒、高产。60年代后为杂交水稻育种，高产、优质、多抗。80年代以后为优质、高产、多抗。

现阶段水稻育种的主要目标如下。

一级优质米品种选育目标：出口标准，比对照品种增产5%以上，抗2种以上主要病虫害。

广适应性二级优质米品种选育目标：长江流域和华南稻区的籼稻、北方稻区的粳稻，比对照品种增产8%以上，抗2种以上主要病虫害，熟期适中，适应性广。

超高产专用型优质米品种选育目标：比对照品种增产15%以上，抗2种以上主要病虫害，蛋白质含量在10%以上或直链淀粉含量在24%以上。

水分或养分高效利用（耐旱或耐低磷、低钾）品种选育目标：产量与对照品种相仿，抗2种以上主要病虫害。

环境友好新品种的选育目标：抗稻瘟病、白叶枯病和白背飞虱、褐飞虱、螟虫等主要病虫害2～3种及以上。

3. 水稻育种技术的发展

20世纪70年代以前，利用系统育种和杂交育种方法培育水稻新品种。

20世纪70年代，我国开创了水稻杂种优势利用研究，以发掘不育细胞质源为突破口、以回交转育质核互作不育系为主要方法使籼型杂交稻率先在中国获得成功[44]。80年代中期，袁隆平基于水稻光敏不育系的发现和研究，明确提出了"杂交水稻3个战略的发展阶段"的构想，即在育种方法上从三系到两系再到一系；在提高杂种优势水平上从品种间杂种优势到副亚种间杂种优势再到副远缘杂种优势的利用[45]。

1987年开始利用卫星搭载植物种子，开创了植物育种的新途径——航天育种（太空育种）。新品种选育朝着高产、优质和多抗相结合的方向发展。

20世纪90年代初，随着分子生物学技术的发展，水稻功能基因的定位和克隆，出现了另一种高技术的育种手段——分子标记辅助选择育种（MAS）。

进入21世纪，随着越来越多的功能基因被克隆，通过基因枪、农杆菌介导等方法将分离得到的外源基因导入到水稻中，开始了分子生物学与细胞工程相结合的新技术育种——转基因育种。

现将水稻育种技术简介如下。

（1）常规育种

常规水稻是指可以留种且后代的遗传性状不分离的水稻品种。常规育种方法一般指自然变异选择育种法和杂交育种法，它们是育种工作中常用的传统育种方法，也是水稻各类育种技术的基础方法。

自然变异选择育种法是指在一个或若干个品种或群体中，选择优良的自然变异，从而培育成新品种的方法。它又分为个体选择育种法（系统育种法）和混合选择育种法[46]。系统育种法，又称纯系育种法，是指从品种原始群体中选择优异单株或单穗，并对后代株系或穗系进行鉴定比较，然后择优繁殖推广的育种方法。混合选择育种法是指按照一定的育种目标，从现有品种或育种材料中，选出一定数量外形近似的优良个体（单株、单穗），进行混合收获、脱粒、种植的一种育种方法。

杂交育种法是指通过不同亲本间的有性杂交而产生遗传基因的重组，再经过若干世代的性状分离、选择和鉴定，以获得符合育种目标的新品种的育种方法。该方法包括：①杂交亲本的选择。选用同一稻作区的品种或材料，经过 1～2 年的生育期、农艺性状观察、抗病虫性、抗逆性鉴定，确定骨干亲本。然后选用具有互补特性的亲本作为杂交亲本的另一方。②杂交组合的配组形式。单交育成品种占 95%。三交和双交（占 2%），是指先用两个亲本配置单交组合，然后用该单交组合的 F_1 代或分离世代单株与另一亲本（另一单交组合分离世代）杂交，以期获得 3 个或 4 个亲本的优良性状。回交（占 1%），是指利用单交组合的 F_1 代为母本，以具有优良性状的单交亲本之一为父本再次进行杂交产生的育种组合，回交对转移单基因或少数几个基因控制的性状非常有效。③杂种后代的处理：按照不同世代特点，采用系谱法、混合法或其他方法对杂种进行正确处理，以及严格的选择、鉴定和评比，最后育成符合育种目标的新品种。系谱法是国内外在自花授粉作物和常异花授粉作物杂交育种中最常用的方法。自杂种第一次分离世代（单交 F_2 代、复交 F_1 代）开始选株，分别种植成株行，即系，以后各世代均在优良系中继续进行单株选择，直至选出性状优良一致的系统进行产量试验。混合法是指在自花授粉作物的杂种分离世代，按组合混合种植，不加选择，直到估计杂种后代纯合百分率达到 80% 以上时（在 F_5～F_8 代），才开始选择一次单株，下一代成为系统（株系），然后选拔优良系统进行升级试验。

（2）杂种优势利用育种

1987 年，袁隆平院士提出杂交水稻育种分 3 个发展阶段的战略：育种方法从三系法到两系法再到一系法，朝着程序由繁到简而效率越来越高的方向发展；杂种优势水平从品种间到亚种间再到远缘杂种优势利用，朝着优势越来越强的方向发展。其中，三系法具有品种间杂种的优势，二系法具有亚种间杂种的优势，一系法具有边缘杂种的优势[40]。

三系法是指配制一个优良杂交种需要特定的3个系，包括不育系、保持系和恢复系。雄性不育系稻株外部形态与普通水稻没有多大差别，但雄性器官发育不正常，花粉败育，不能自交结实；雌性器官却发育正常能接受外来花粉而受精结实。由于不育系本身的花粉是不育的，自交不结实，不能通过自花传粉繁衍具有不育特性的后代，必须有一个正常可育的特定品种给不育系授粉并能结实，使不育系的后代仍保持其雄性的不育特性，这种能使不育系性能一代一代保持下去的特定父本品种称为雄性不育保持系。一些正常可育的品种花粉授给不育系后，结实正常，而且新产生的杂种一代育性恢复正常，能自交结实，并具有较强的优势。这种能够恢复不育系雄性繁育能力的品种叫雄性不育恢复系。

两系法是利用光温敏不育系水稻为基本材料培育新品种。光温敏不育系水稻，在夏季，长日照、高温下，表现为雄性不育，可与其他正常品种杂交育种；在秋季，短日照、低温下又变成了正常的水稻，自花授粉结种。由于只需要不育系（母本）和恢复系（父本），而不需要保持系（中间体），所以称为两系法杂交水稻。

一系法杂交水稻就是不分离的第一代杂种，将杂种优势固定下来，以免年年制种。利用野生稻和其他种属的有利基因、C4作物的高光合效率基因等培育远缘杂交稻，具有远远超过现有杂交稻的优势。

（3）诱变育种

诱变育种是指利用物理、化学因素诱发作物发生突变，改变水稻的遗传物质组成，从中鉴定、选择优良品种的育种方法。常用的诱变剂包括物理诱变剂和化学诱变剂两种，其中，物理诱变剂γ射线、X射线、中子、激光、电子束、离子束等；化学诱变是利用烷化剂与DNA上某些碱基反应，改变氢键结合能力，造成碱基缺失与替换。

（4）航天育种

航天育种又称为空间诱变育种、太空育种，是指利用返回式卫星或宇宙飞船将农作物种子或无性繁育材料带到离地球200～400 km的太空环境中，利用外太空的微重力、宇宙射线、高真空、弱磁场等诱导植物种子或材料发生可遗传的变异，经选育或选配育成植物新品种。航天育种与一般的物理诱变相比，诱变频率高、突变谱广、诱变的当代损伤率低、第二代分离大，可以得到一般诱变无法得到的新类型和其他罕见的突变且有利变异相对较多。

（5）分子标记辅助育种

分子标记辅助育种是利用分子标记与决定目标性状基因紧密连锁的特点，通过检测分子标记，即可检测到目的基因的存在，达到选择目标性状的目的，具有快速、准确、不受环境条件干扰的优点。可作为鉴别亲本亲缘关系，回交育种中数量性状和隐性性状的转移、杂种后代的选择、杂种优势的预测及品种纯度鉴定等各个育种环节的辅助手段。

4. 我国水稻品种权特点

从1999年1月1日至2017年12月31日，我国共受理了水稻新品种权申请6012件，绝大部分来自国内申请人，仅19件来自国外申请人。科研院所和高校的申请量最大，占55.9%；企业次之，占40.9%。从目前看，虽然科研院所和高校占绝对优势，但是从2013年起，企业每年的申请量均高于科研院所和高校，并且差距在逐步拉大，日益显现出企业在水稻育种技术创新中的主体地位。从水稻品种类型看，以常规水稻品种为主，其次是三系和两系杂交稻品种。2016年，常规稻与杂交稻推广面积排名前十的授权品种总种植面积分别为5838万亩和2459万亩，分别达到常规水稻种植面积的35.3%、杂交稻种植面积的13.6%[47]。

目前，我国水稻品种权保护主要存在以下两个方面问题。

（1）原始育种创新的有效保护力度不够

按照《中华人民共和国植物新品种保护条例》的规定，品种保护是对在国家保护名录之内，具备新颖性、特异性、一致性、稳定性并有适当命名的植物品种授予品种权，只要商业销售不超过规定时间，仅仅要求其具有一个明显区别于已有品种的性状就可以受到保护。随着现代育种技术的发展，只改变某个性状十分容易，而以往要育成一个好的品种，往往需要育种人几年甚至几代的努力[47]。

我国对植物新品种保护使用的是UPOV公约1978年文本，没有建立实质性派生品种制度。根据UPOV公约1991文本第14条（5）的规定，符合下列条件时，该品种即被看作是原始品种的实质性派生品种：（i）从原始品种实质性派生，或者从其本身是该原始品种的实质性派生品种产生，同时保留了表达由原始品种基因型或基因型组合产生的基本特性；（ii）与原始品种有明显区别，并且（iii）除了派生引起的性状差别外，在表达由原始品种基因型或基因型组合产生的基本特性方面与原始品种相同。

原始品种权利人的育种创新过程需要漫长的时间与大量的投资，如果对原始品种和派生品种不加区别地授予同等权利，必然会助长利用别人品种进行模仿修饰育种的情况大量出现，严重挫伤原始创新的积极性。由于我国尚未建立实质性派生品种保护制度，低水平重复正在成为影响水稻育种原始创新的毒瘤。通过对我国1800份常规稻品种和2000多份杂交水稻品种进行遗传相似度分析，有35.56%的国内水稻品种遗传相似度大于95%。按照国际种子联合会（ISF）的判定标准，基本可以判定为实质性派生品种[47]。

（2）水稻品种权保护程度较低

目前，我国植物新品种保护制度对品种权保护的范畴仅限于能控制其受保护品种的繁殖材料的销售及以销售为目的的生产。首先，这种狭义的保护方式很难防止育种者利用现代生物技术如组织培养等方式规避品种权的限制，也不能防止将授权品种转移到国外生产，然后再将产品进口回销的情况。其次，对农民自留种特权的保留。按照农民自留种特权，农民使用购买的受保护品种种子进行生产，作物收获后可以从中留出一部分作为第二年使用的种子，这种情况下，农民就不需要再购买相同种子或者再次支付品种使用费，限制了常规稻育种的发展。最后，保护时间太短，我国水稻品种权保护期仅15年，不利于投资较大的原始创新品种在保护期内收回投资成本[47]。

5. 我国水稻品种权保护的建议

（1）加强制度创新

近年来，我国水稻育种出现了不少问题，优良种质资源的发掘和利用严重滞后，育种重大突破性进展缓慢。根据调查研究发现，近年来我国推广的主要品种来源绝大多数是20世纪80—90年代选育而成的培矮64S、广占63S等[47]。品种之间的遗传差异日益狭窄，形态学之间的差异势必也越来越小。派生品种过多，无疑对我国育种自主科技创新能力提出了更严峻的挑战。因此，迫切需要建立一套适合我国国情的实质性派生品种判定标准，建立实质性派生品种制度，适当限制实质性派生品种的权利，保护原始创新的新品种。一是考虑实质性派生品种的保护期；二是DUS测试中，除了考虑品种的外部形态特征以外，引入DNA分子检测；三是考虑实质性派生品种育成人给予原始品种育成人一定的利益分配[48]。

（2）加强专利与品种权保护之间的制度链接

随着现代生物技术在水稻育种创新中的广泛运用，水稻品种日益成为包含多种技术元件的综合体。一个转基因水稻品种可能会涉及功能基因、调控元件、转化方法、转化体、亲本材料、杂交方法等多种技术元件。需要综合运用专利、品种权等多种知识产权保护形式才可能实现立体保护。这一方面需要育种家制定综合性知识产权保护策略；另一方面需要专利制度与品种权制度之间的有机衔接，包括权利范围、保护期限和授权条件等方面的协调链接[49]。

第二篇
专题篇

第三章
国内外水稻新品种权分析

本章一方面基于 UPOV 2012 年 1 月 1 日至 2017 年 12 月 31 日的水稻新品种权数据及各成员国官方数据，结合联合国粮农组织统计的水稻进出口数据，得出全球主要的水稻新品种权申请国，并对主要申请国的水稻新品种权申请进行统计分析，了解年度申请态势、各国的主要申请人，以及申请人的水稻申请布局趋势和重点；另一方面分析中国 2012 年 1 月 1 日至 2017 年 12 月 31 日的水稻新品种权申请趋势、申请人构成、申请人地域分布、品种类型，以及国外申请人在中国提交水稻新品种权申请的情况，然后进一步重点分析了七大农作物育种专项承担单位的水稻新品种权申请情况，最后分析了该时期内我国水稻品种审定概况、品种审定和品种权申请之间的关联情况。

第一节 全球水稻新品种权申请总体概况

为了解全球水稻新品种权申请情况，在 UPOV 网站检索各国自 2012 年 1 月 1 日至 2017 年 12 月 31 日受理的水稻品种权申请，得到统计数据如表 3.1 所示。

表3.1 UPOV数据统计的各国水稻新品种权申请量

受理国家	申请量/件	受理国家	申请量/件	受理国家	申请量/件	受理国家	申请量/件
意大利	223	韩国	111	葡萄牙	96	希腊	91
日本	197	保加利亚	106	匈牙利	95	荷兰	91
西班牙	142	法国	100	波兰	91	拉脱维亚	91

续表

受理国家	申请量/件	受理国家	申请量/件	受理国家	申请量/件	受理国家	申请量/件
欧盟	91	斯洛文尼亚	91	芬兰	91	巴拿马	6
立陶宛	91	捷克	91	俄罗斯	66	阿根廷	5
爱尔兰	91	斯洛伐克	91	巴西	46	秘鲁	5
克罗地亚	91	德国	91	土耳其	30	澳大利亚	4
英国	91	塞浦路斯	91	美国	23	厄瓜多尔	3
罗马尼亚	91	丹麦	91	墨西哥	18	哥斯达黎加	2
奥地利	91	卢森堡	91	乌克兰	18	乌兹别克斯坦	2
瑞典	91	马耳他	91	巴拉圭	13	肯尼亚	1
比利时	91	爱沙尼亚	91	哥伦比亚	12	智利	1

上述统计数据来源于各国向 UPOV 提供和更新的数据，能够大体上反映各国水稻新品种权申请情况。可以看出，受理量突出的国家为意大利、日本和西班牙。UPOV 上未检索到中国水稻新品种权申请情况，农业部植物新品种保护办公室可能没有上传受理数据。本章第三节将对中国水稻新品种权申请和保护现状进行详细分析。

以下对具有代表性的几个国家和地区的数据进一步分析以探究其水稻新品种权申请情况。

一、UPOV 数据中亚洲国家受理量

全球水稻种植业主要分布在亚洲季风区。如表 3.1 所示，日本和韩国的水稻品种权申请量均位列 UPOV 前五，乌兹别克斯坦申请量仅 2 件。

1. 日本受理量

2012—2017 年，日本水稻新品种权申请态势如图 3.1 所示。

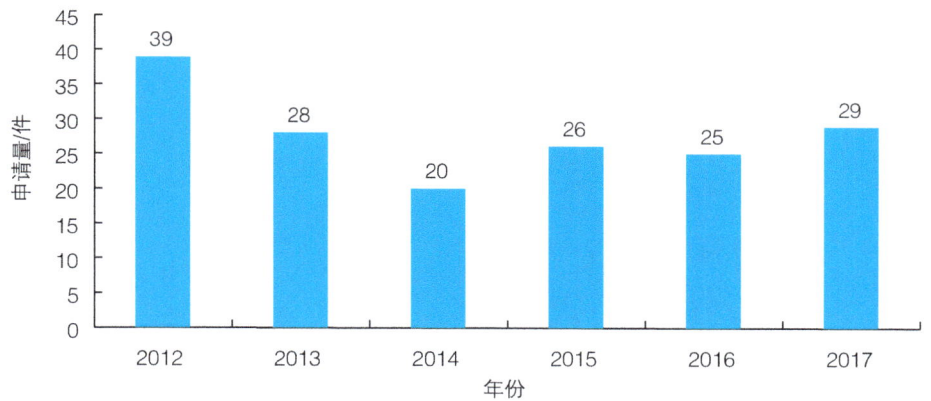

图3.1　日本2012—2017年水稻新品种权申请量

据联合国粮农组织（FAO）统计数据，日本的水稻进出口态势如图3.2所示。可以看出，日本水稻出口量从2012年的22.8万吨迅速下降至2017年的3.4万吨，笔者分析，出口市场行情的巨大振幅对后续几年的水稻品种权申请形成了负反馈，导致2013年和2014年的申请量不断下滑，2015年才开始稍微回升。

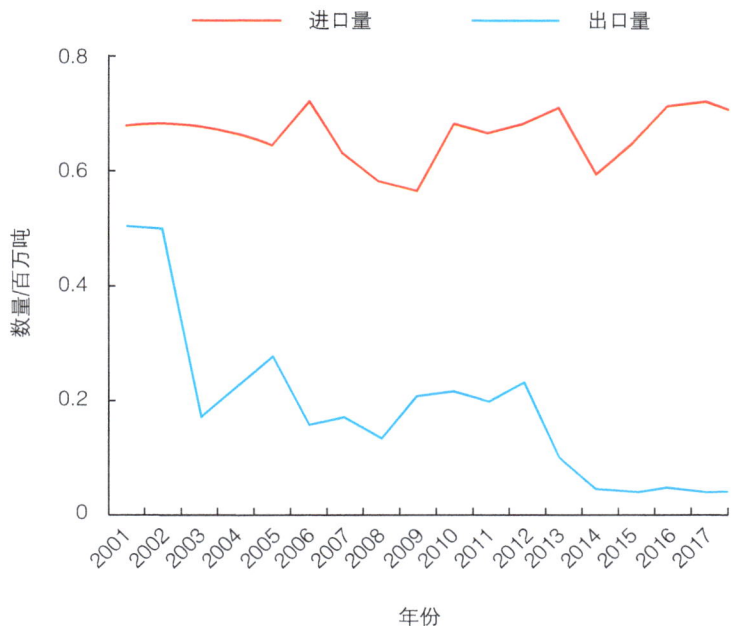

图3.2　日本水稻进出口数据

2. 韩国受理量

2012—2017 年，韩国水稻品种权申请态势如图 3.3 所示。

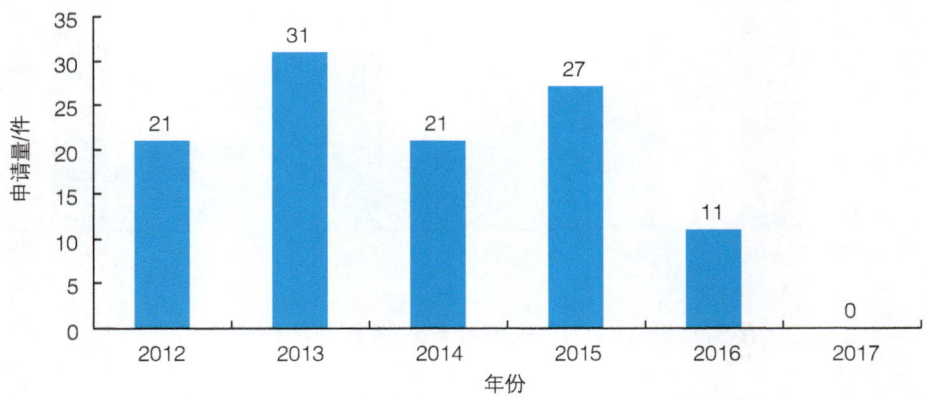

图3.3　韩国2012—2017年水稻新品种权申请量

据联合国粮农组织统计数据，韩国的水稻进出口态势如图 3.4 所示。2012—2017 年，韩国水稻出口量维持在 2000～3000 吨，进口量远远高于出口量，表明其水稻产量难以满足国内需求。

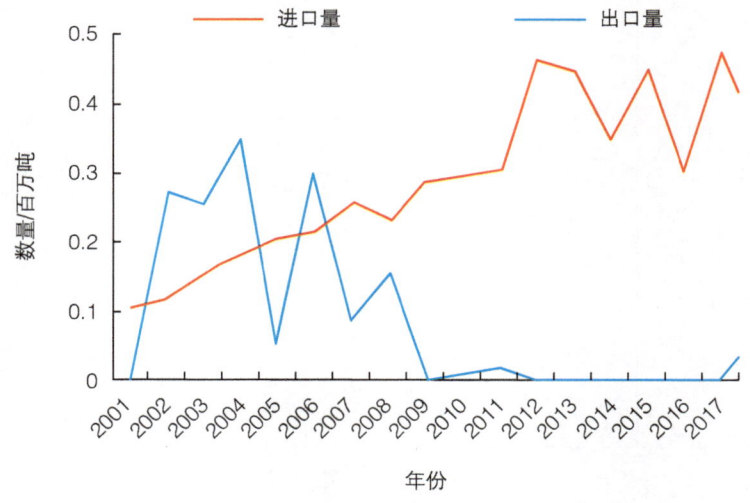

图3.4　韩国水稻进出口数据

二、UPOV 数据中欧洲国家受理量

1. 欧盟及其成员国受理量

欧盟成员国要获得水稻新品种权，可以向欧盟植物品种局提出从而获得欧盟所有成员国的品种权保护，也可以在国内提出申请获得本国保护，但欧盟保护和国内保护不能兼得，所以表 3.1 中各成员国的申请量是欧盟植物品种局申请量和国内申请量的总和。表 3.1 中数据显示，欧盟成员国的水稻新品种权申请量最少为 91 件，即与欧盟申请量相同。欧洲由于热量不足，大部分国家不产水稻，只有意大利、西班牙、法国等地中海气候区有种植。从表 3.1 也可以看出，在欧盟成员国中，仅意大利、西班牙、保加利亚、法国、葡萄牙、匈牙利单独受理了水稻新品种权申请。

欧盟 2012—2017 年水稻新品种权申请态势如图 3.5 所示，2012—2014 年的申请量稳定在每年 16～17 件，2015—2017 年的申请量稳定在每年 8～9 件。

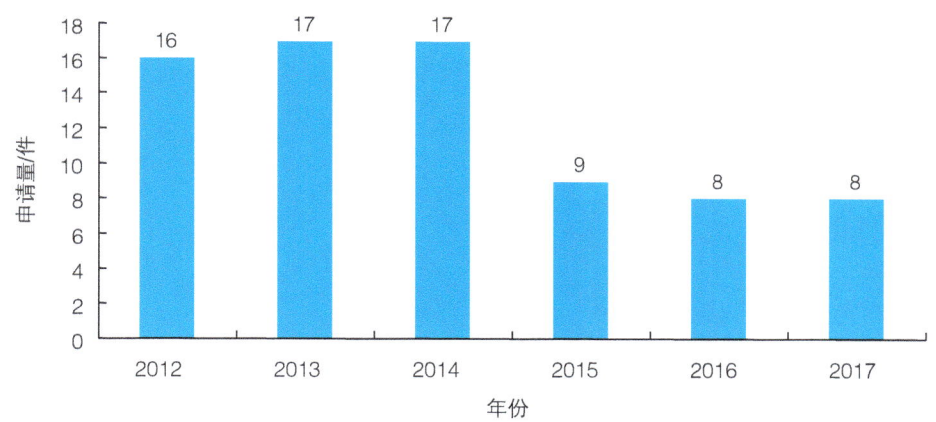

图 3.5　欧盟 2012—2017 年水稻新品种权申请量

欧洲地区由于水热组合不好，不可能大量生产水稻，因此欧盟的水稻品种权申请量和水稻产量极大地受到了限制。据联合国粮农组织统计，欧盟水稻进出口数据如图 3.6 所示，2001—2017 年，欧盟的水稻进口量持续上升，而出口量变化不大，并且每年的水稻出口量均远远低于进口量。

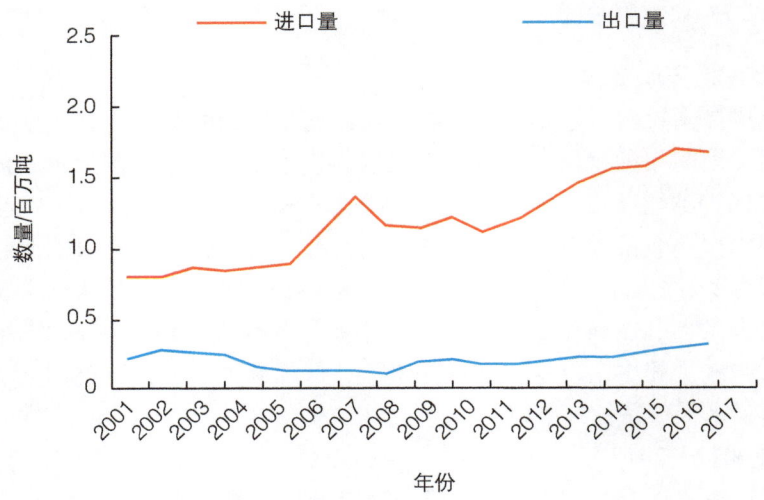

图3.6 欧盟水稻进出口数据

2. 俄罗斯受理量

2012—2017年,俄罗斯水稻新品种权申请态势如图3.7所示,每年的申请量较为稳定,维持在10件左右。

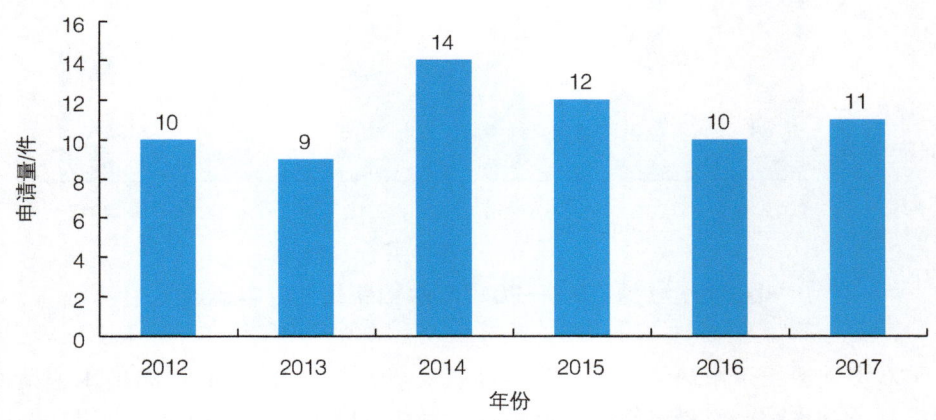

图3.7 俄罗斯2012—2017年水稻新品种权申请量

据联合国粮农组织统计数据,俄罗斯的水稻进出口态势如图3.8所示。2012—2017年,俄罗斯的水稻进口量和出口量基本持平,较为稳定。

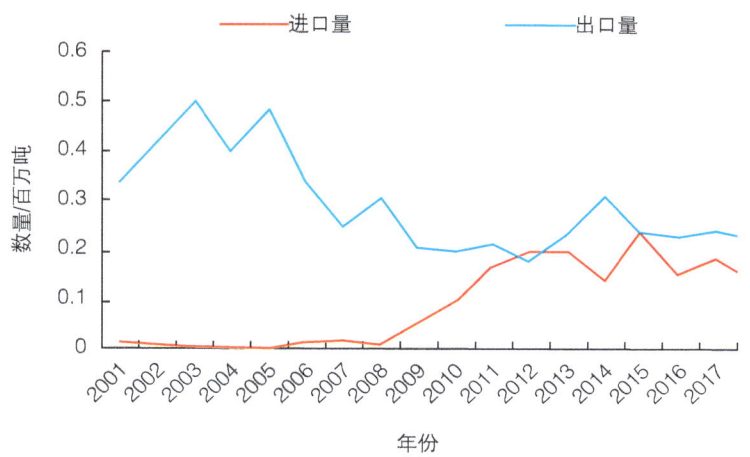

图3.8 俄罗斯水稻进出口数据

三、UPOV 数据中美洲国家受理量

如表3.1所示，在美洲国家的水稻新品种权申请数据中，巴西的申请量最大，其次是美国、墨西哥、巴拉圭、哥伦比亚，申请量较小的有巴拿马、阿根廷、秘鲁、哥斯达黎加和智利。

1. 美国受理量

依据美国的有关法律，与植物品种有关的知识产权保护，根据植物品种本身的情况可以获得植物专利、实用专利、植物新品种认证 3 种途径的保护。表3.1 中的数据是美国农业部（USDA）植物新品种保护办公室受理的水稻新品种权申请量，需要加上美国专利商标局（USPTO）植物专利和实用专利才能反映美国水稻新品种的申请情况。

对美国专利商标局自 2012 年 1 月 1 日到 2017 年 12 月 31 日期间受理的所有水稻相关专利申请进行检索，关键词为"rice cultivar""rice hybrid""rice inbred""rice line"。结果显示，2012—2017 年水稻品种的专利申请量为 26 件，加上美国农业部植物新品种保护办公室受理的 23 件申请，该阶段水稻品种申请总量为 49 件。2012—2017 年，两个机构受理的水稻品种申请态势如图 3.9 所示，2016 年的申请量最高。

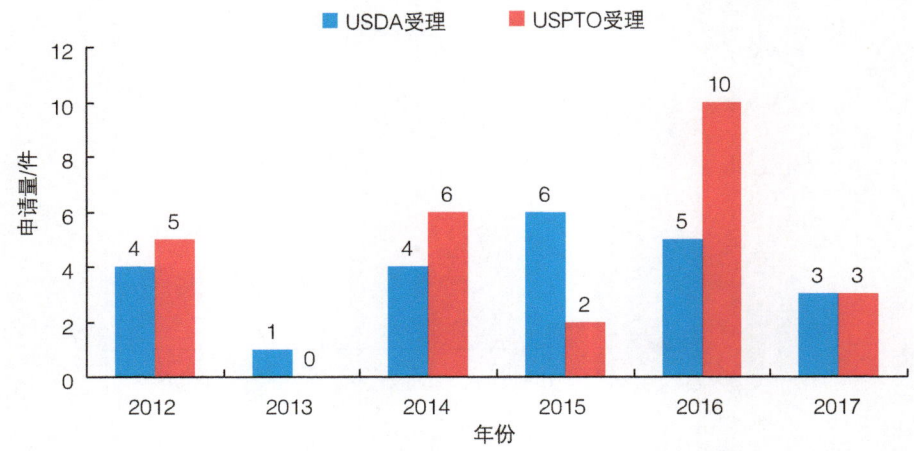

图3.9　美国2012—2017年水稻新品种权申请量

据联合国粮农组织统计数据，美国水稻进出口数据如图3.10所示，2012—2017年美国水稻进口量和出口量没有明显变化。

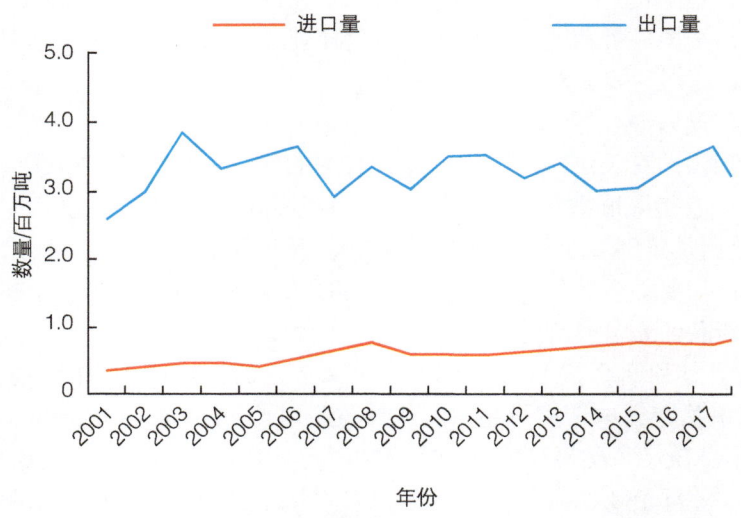

图3.10　美国水稻进出口数据

2. 巴西受理量

2012—2017 年，巴西的水稻新品种权申请态势如图 3.11 所示。其中，2014 年的申请量最大，其余年间的申请量均维持在 4～7 件。

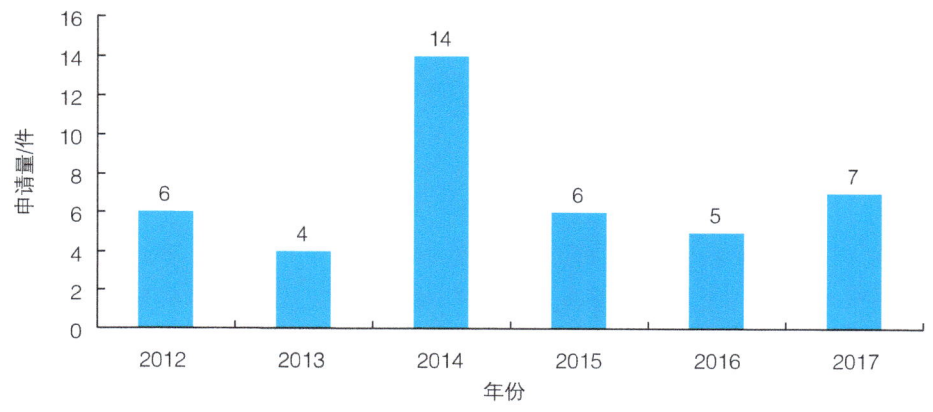

图3.11　巴西2012—2017年水稻新品种权申请量

据联合国粮农组织统计数据，巴西水稻进出口数据如图 3.12 所示。可以看出，2012—2016 年巴西的水稻出口量高于进口量，水稻产量能够满足国内需求。

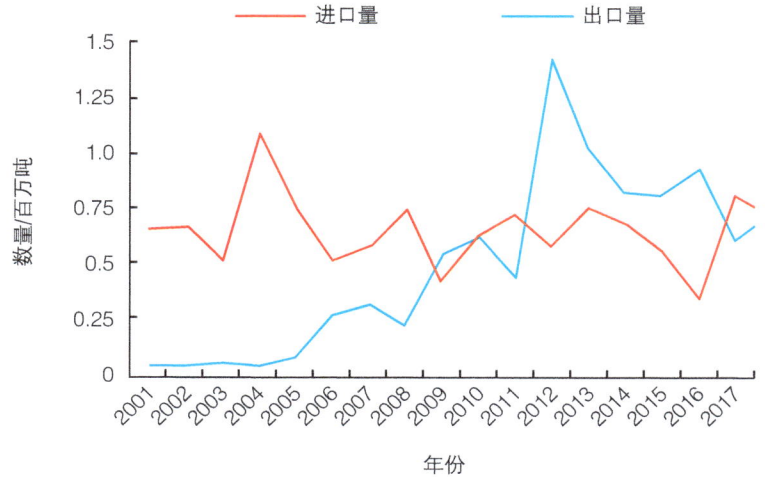

图3.12　巴西水稻进出口数据

第二节　国外水稻新品种权申请和保护现状

全球水稻产量最高的 10 个国家依次是中国、印度、印度尼西亚、孟加拉、越南、泰国、缅甸、菲律宾、巴西和日本，约占世界水稻总产量的 86%。泰国、印度、越南、巴基斯坦、美国是稻米出口大国，这 5 个国家的出口总量占全球出口总量的 80% 以上。本节分析美国、日本和巴西的水稻新品种权申请及授权情况。

一、美国水稻新品种权概况

以美国植物新品种保护办公室官网（https://www.ams.usda.gov/PVPO）上公布的水稻新品种权申请和授权数据为基础进行分析，共 152 项水稻新品种权申请数据。

1. 申请和授权情况

美国 1930 年颁布了《植物专利法》，对无性繁殖的新品种进行保护，但不包括块茎、块根植物，成为世界上第一个授予植物育种者专利权的国家。1970 年美国通过了《植物新品种保护法》并于 1971 年实施，对有性繁殖和其他植物新品种进行保护，旨在为育种者提供更全面的知识产权法律保护。1971 年有了第一件水稻新品种权申请。对于同一水稻新品种，在美国可能既授予植物专利证书，又授予植物品种权证书。《植物专利法》与《植物新品种保护法》的并存成为美国不能加入 1961 年 UPOV 公约的障碍，直到 1978 年 UPOV 公约作了修改，美国才有了成员资格，于 1981 年加入了 UPOV 公约。1985 年美国专利上诉和干预局决定之后，在美国能够向植物新品种授予实用新型专利权。至此，美国对植物新品种的保护有 3 种形式。1995 年以前，水稻新品种保护期为 17～18 年，1995 年以后延长至 20 年。

由于美国的主要粮食作物是玉米和小麦，因此自《植物新品种保护法》颁布 47 年来，水稻新品种权申请总量仅 152 件，总授权率为 92%。从图 3.13 可以看出，1971 年至 2017 年 12 月 31 日，美国水稻新品种权申请量平均每年不到 4 件，仅 1999 年和 2009 年突破了 10 件，统计结果表明，这两年的申请量猛增分别由加州合作水稻研究基金会（California Cooperative Rice Research Foundation, Inc.）和路易斯安那州立大学农业中心（Louisiana State University Agricultural Center）主导。

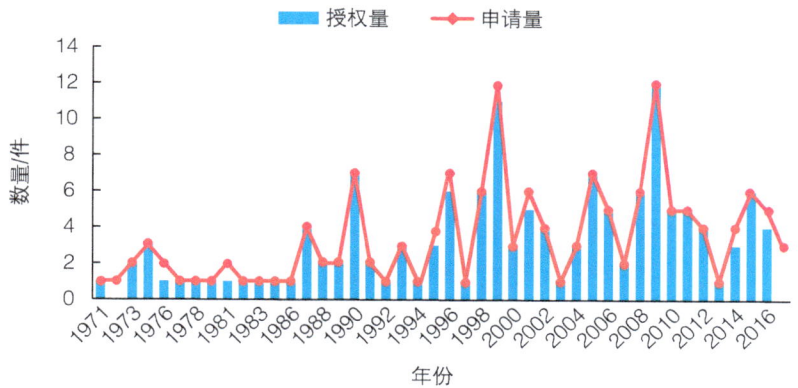

图3.13 美国水稻新品种权申请和授权趋势

2. 申请主体构成

统计数据显示，美国水稻新品种权的申请主体主要为企业，申请量占将近50%；其次是高校，申请量占30%；个人和科研机构的申请量差不多；以政府作为申请人的情况十分少见，只有两件，均为泰国农业部（图3.14）。与中国水稻新品种权申请主体构成不同的是，美国的科研机构申请量占比非常小，将新品种的推广应用交给了企业。从1971年至今，加州合作水稻研究基金会和路易斯安那州立大学农业中心的申请量最大，成为美国水稻新品种权的主要申请人。

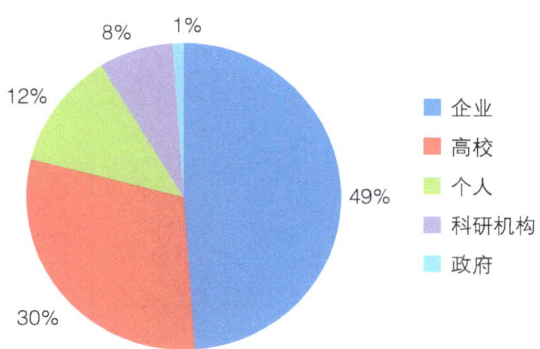

图3.14 美国水稻新品种权申请主体构成

3. 主要申请人

(1) 加州合作水稻研究基金会（CCRRF）

加州合作水稻研究基金会（CCRRF）是美国的一个私人非营利组织，专注于开发改良的水稻品种和农艺管理系统，维持高和稳定的谷物产量和质量，同时将对环境的不利影响降至最低。1988年以来，CCRRF通过植物品种保护法对水稻新品种进行保护。CCRRF的水稻实验站（RES）是美国第一个太阳能实验站，水稻品种的基础种子的生产和维持是重要的RES活动。自1969年开始加速研究计划以来，RES水稻育种计划已在10种不同的市场类型中开发了47个改良水稻品种，截至2016年年底，已申请了30件水稻新品种权，在2006年申请量达到最大；1988—2016年，CCRRF水稻新品种权申请的总授权率为100%（图3.15）。为了促进生物技术部门的发展及CCRRF水稻品种在私人基因工程和育种计划中的应用，2000年CCRRF开始通过美国实用新型专利对水稻新品种进行保护。

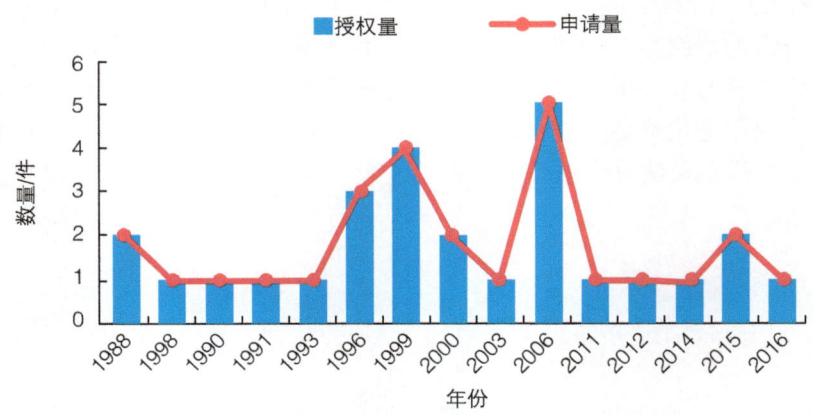

图3.15　CCRRF水稻新品种权申请和授权趋势

(2) 路易斯安那州立大学农业中心（LSU AgCenter）

路易斯安那州立大学农业中心（LSU AgCenter）是路易斯安那州立大学系统中的11个机构之一，通过路易斯安那州农业试验站开展农业研究，并通过路易斯安那州合作推广服务将研究所得知识扩展到路易斯安那州人民。1999年，LSU AgCenter开始通过植物品种保护法对水稻新品种进行保护，截至2017年年底，已申请了27件水稻新品种权，2009年申请量达到最大。1999—2016年，

LSU AgCenter 水稻新品种权申请的总授权率为 96%（图 3.16）。与 CCRRF 相比，LSU AgCenter 的重点研究领域更为广泛，包括作物适应性、生物能源、沿海恢复、功能性食品等。

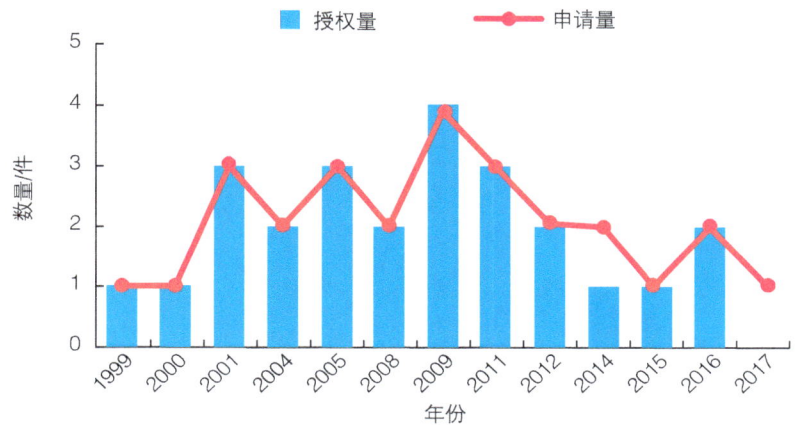

图 3.16　LSU AgCenter 水稻新品种权申请和授权趋势

二、日本水稻新品种权概况

以日本植物新品种保护办公室官网（http://www.hinshu2.maff.go.jp/en/about/outline.html）上公布的水稻新品种权申请和授权数据为基础进行分析，共 983 件水稻新品种权申请数据。

1. 申请和授权情况

日本是亚洲最早实行植物新品种保护制度的国家。1947 年，为了鼓励新品种研发，日本国会通过了《种苗法》，首次确立了品种注册登记制度，当时只有品质优良的品种才能被纳入注册保护范围，主要粮食作物如水稻、小麦、大麦和大豆被排除在保护范围之外。1978 年日本修改了《种苗法》，建立了植物新品种保护制度，1979 年迎来了第一件水稻新品种权申请，随后逐渐增多。1982 年日本加入 UPOV 公约 1978 年文本，1983 年水稻新品种权申请量增加到 20 件，到 1996 年申请量达到 41 件。为了适应 UPOV 公约 1991 年文本需要，1998 年日本再次修改了《种苗法》。1999 年 4 月 1 日种子种苗科组建了植物品种审查办公室，由办公室的审查员对申请品种的名称、DUS 和新颖性进行审查，同年水稻新品种权申请量回落到 21 件，从 2000 年开始又逐渐回升。为了配合国内

国内外主要农作物 品种权保护现状

提出的"知识产权立国"战略,应对频繁发生的海外侵权事件,2003年日本又一次修改了《种苗法》。到2005年,日本在一些植物品种的DNA检测方面取得了实质性进展,在水稻、菜豆、草莓品种上的DNA识别技术已实用化。于是,2005年对《种苗法》又进行了小幅修订,将品种权的范围进一步延伸到了由受保护品种收获材料制成的加工品(图3.17)。

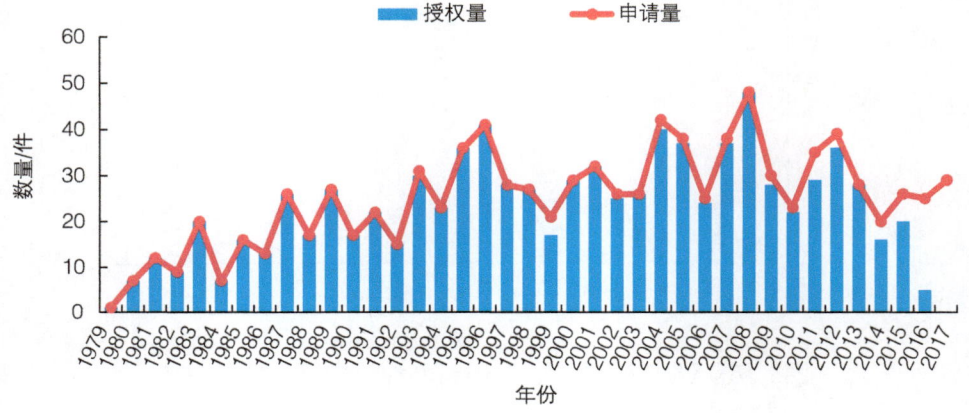

图3.17　日本水稻新品种权申请和授权趋势

日本《种苗法》的特别之处在于该法将植物品种保护制度和品种审定制度融为一体,品种获准注册后,即可自由进入市场,新品种的生命力交由市场而非行政机关主宰。1979—2017年,水稻新品种权申请总量为975件,平均每年25件(图3.17),表明《种苗法》的不断修改适应了知识产权保护形势,使育种者一直保持着育种的积极性。从申请和授权趋势图可以看出,日本水稻新品种权申请的授权率很高,1979—2014年,授权率高达97%。经统计,日本每件水稻新品种权申请的审查周期为2~3年。虽然新《种苗法》规定育种者权的有效期为自品种注册之日起25年,如果是农林水产省令规定的多年生植物,有效期为30年,但是统计数据显示,自1979年至今,水稻新品种的保护期为1~15年不等。

2. 申请主体构成

如图3.18所示,日本水稻新品种权的申请主体构成也十分特别,政府拥有一半以上的水稻新品种权申请,申请量占总申请量的52%;科研机构其次,占25%;企业和个人分别占11%和9%,申请量相差不大;高校的申请量很小,仅占2%。

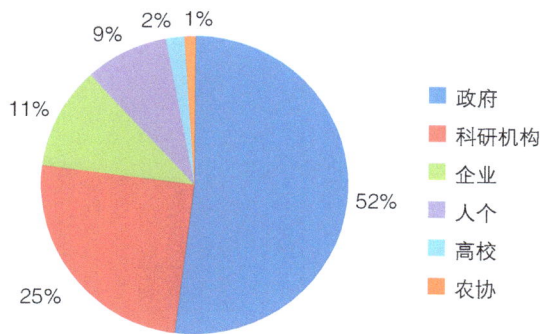

图3.18 日本水稻新品种权申请主体构成

3. 主要申请人

（1）日本农业·食品产业技术综合研究机构

日本农业·食品产业技术综合研究机构（NARO）是日本一家研究机构，总部位于茨城县筑波科学城。2001年，日本农业·食品产业技术综合研究机构作为国家农业研究组织成为独立的行政机构，该组织一直致力于农业相关的科研，研究团队实力雄厚，构成该组织的许多研究机构和研究中心都有超过百年的历史。1985—2013年，该机构共申请了146件水稻新品种权，授权率达到100%，申请量遥遥领先排名第二的申请人爱知县。1996年该组织的申请量出现第一个峰值，达到11件，主导了日本1996年的水稻新品种权申请。自2005年《种苗法》修订后，年申请量较为稳定，平均每年8～9件。2013年出现大幅回落，申请量从2012年的11件骤减至5件（图3.19），并且从2013年至2017年12月31日，该组织没有再继续申请水稻新品种权。

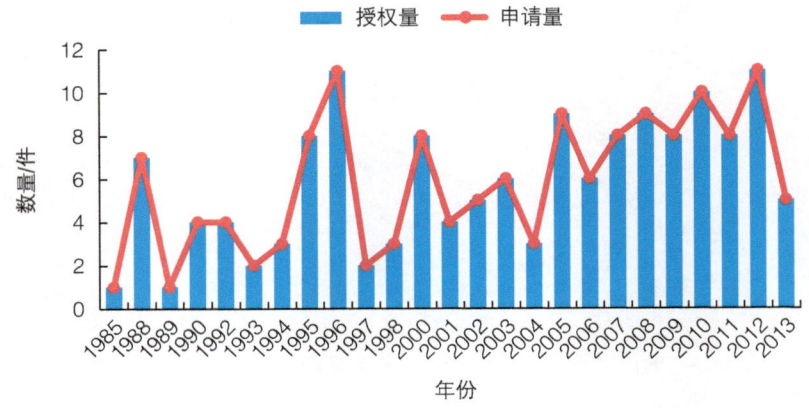

图3.19　NARO水稻新品种权申请和授权趋势

（2）爱知县

爱知县（Aichi Prefecture）位于日本本州岛中部地区的西南部，该县首府位于名古屋市。爱知县原名"吾汤市"，是水田的意思。因为全县地势低洼，适宜水田种植，"吾汤"的日语发音与"爱知"相似，故名爱知县。该县新城市883米高的鞍挂山脚下都是种植水稻的梯田，成为四谷千枚田。早在1957年，日本爱知县农试场将山彦与幸风杂交，取得杂种后代，用一年三代的加速世代法，在6年中育成了日本晴品种，目前已成为全球主要的研究用水稻品种。1980—2015年，爱知县政府共申请了41件水稻新品种权，授权率达到100%。受到日本加入UPOV公约的推动作用，1983年和1985年的申请量达到峰值，每年4件。从整体上看，该县政府的申请量无大幅波动，平均每年1～2件的水稻新品种权申请（图3.20）。

（3）新潟县

新潟县（Niigata Prefecture）位于日本本州岛中北部，地形复杂多变，是日本重要稻米产区，是著名的"越光"大米的产地。越光品种是日本用农林22号为母本、农林一号为父本，于1956年育成的中粳品种，至今已有30年栽培历史，占日本全国栽培面积第一位。新潟作为农业大县，水稻种植面积117 400公顷，2016年稻米产量678 600吨，均为日本第一位。1983—2015年，新潟县政府总共申请了38件水稻新品种权，授权36件。申请主要集中在1992—2004年，1992年之前及2005年之后，申请量都很小，平均每两年申请1件（图3.21）。

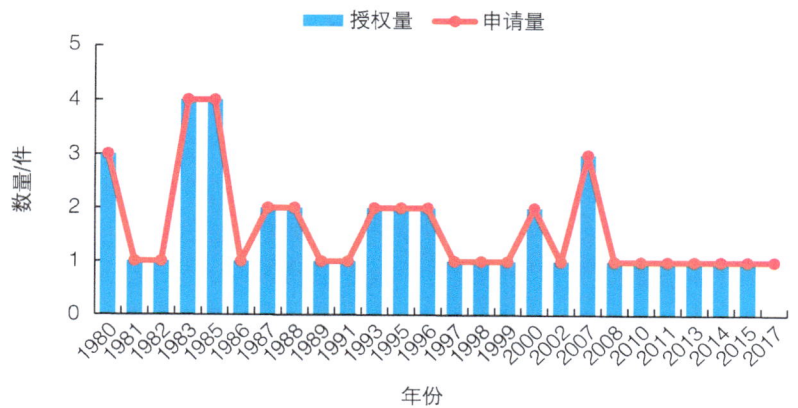

图3.20　爱知县水稻新品种权申请和授权趋势

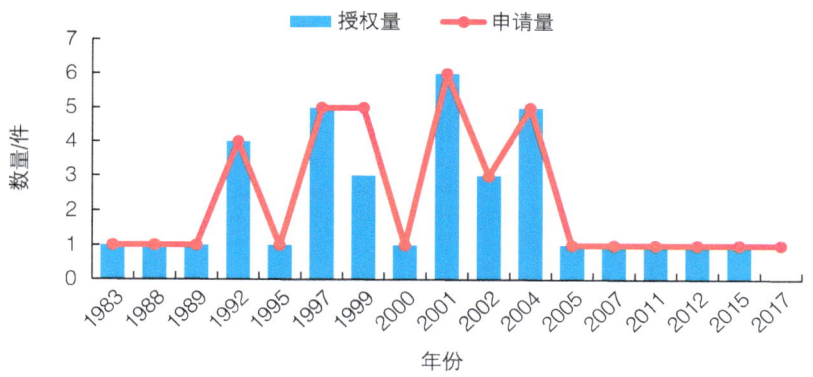

图3.21　新潟县水稻新品种权申请和授权趋势

三、巴西水稻新品种权概况

以巴西植物新品种保护办公室官网（http://sistemas.agricultura.gov.br/snpc）上公布的水稻新品种权授权数据为基础进行分析，共316项水稻新品种权数据。

1. 授权情况

巴西是一个知识产权保护体系相对比较健全的国家，是世界上第四个建立专利制度的国家。20世纪70年代以来，巴西政府相继出台了多个法律法规。在1991年新版本的《种子法》中，巴西依据1978年国际植物新品种保护公约的内容，对部分条款进行了修订。作物品种的知识产权保护期限从授予临时保护证明的时间开始，为期 15 年，葡萄、果树、森林植物和观赏树木除外，这些植物的保护期为 18 年。法律规定，新品种及其衍生品种若能够满足特异性、均一性和稳定性（简称 DUS）的要求，则有权依法受到保护。1995 年，巴西加入 WTO，促使其国内立法发生一系列的改变和调整，尤其是在知识产权领域，对产业链上的利益相关者产生了深远的影响，包括公立和私立的研究机构、种子公司、贸易商，以及政府执行政策的机构。1997 年，巴西颁布了《植物新品种保护法》。随着种子领域新法规的出台，改变了巴西种子生产领域的技术研发模式，巴西种业经历了巨大变革。受到《植物新品种保护法》的推动作用，1998 年巴西水稻新品种权授权量高达 129 件，1999 年骤减至 5 件，进入稳定期。1998—2017 年，巴西总共授予了 316 件水稻新品种权。自 1998 年以后，2007 年和 2014 年先后出现了两个峰值，授权量分别是 22 件和 25 件，除此之外，每一年的授权量均在 20 件以下（图 3.22）。

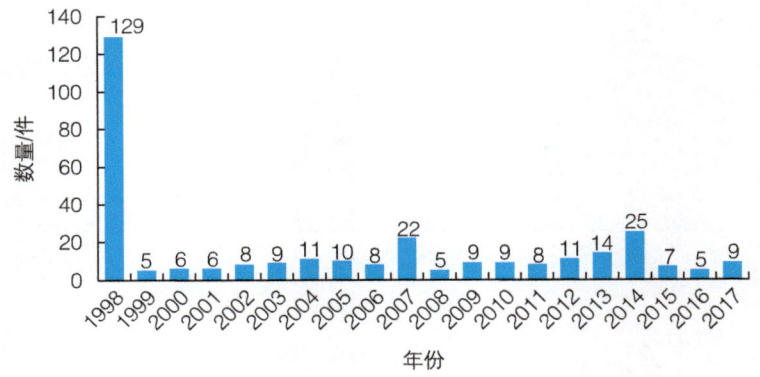

图3.22 巴西水稻新品种权授权趋势

2. 权利主体构成

从权利主体构成可以看出，巴西 79% 的水稻新品种权掌握在企业手中，20% 属于科研机构，个人和高校所拥有的水稻新品种权可以忽略不计（图 3.23）。在巴西新的技术研发模式下，私立机构需要参与新技术的研发，逐步改变种子市场的结构。这些企业为满足市场需要，投入大量资金，极大地促进了水稻新品种的研发和推广应用。由此可见，巴西《植物新品种保护法》在激励企业创新上取得了卓著成效。

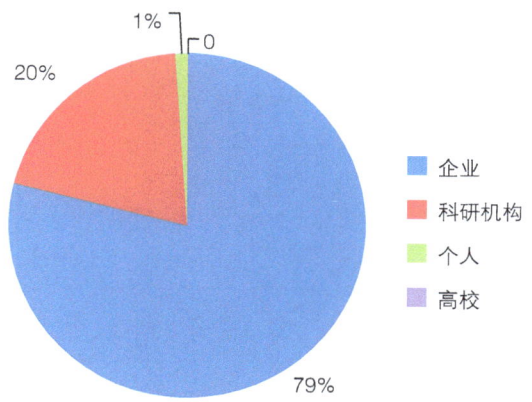

图3.23　巴西水稻新品种权权利主体构成

3. 主要申请人

巴西农业研究公司（EMBRAPA）是一家隶属于巴西农业、食品供应和土地改革部的农业研究开发公司，创建于1973年，拥有多个研究服务单位和种子生产基地，其研究目标是突出改善食品质量，提高粮食产量及降低生产成本。EMBRAPA是巴西最大的制种者，提供菜豆、玉米、大豆、水稻、小麦和棉花等作物种子。80年代中期，该公司建立了巴西国家农业研究体系，使农业院校的农业研究和科学产出得到加强。EMBRAPA注重应用研究，不仅限于简单的发布研究成果和非常初级的成果市场化，其涉及公共和私营部门合作的最成功的案例是72育种计划。最初在公司试验农场进行了育种研究和胚胎开发，最终由私人基金会和种子企业完成新品种交付。

1998—2016年，EMBRAPA总共获得了121件水稻新品种权。从趋势图可以看出，该公司的授权趋势与巴西总体授权趋势相符。1998年获得了69件水稻新品种权，占了当年总授权量的一半以上（图3.24）。可见，1997年巴西颁布《植物新品种保护法》以后，隶属于国家部门的巴西农业研究公司主导了水稻新品种权的申请趋势。

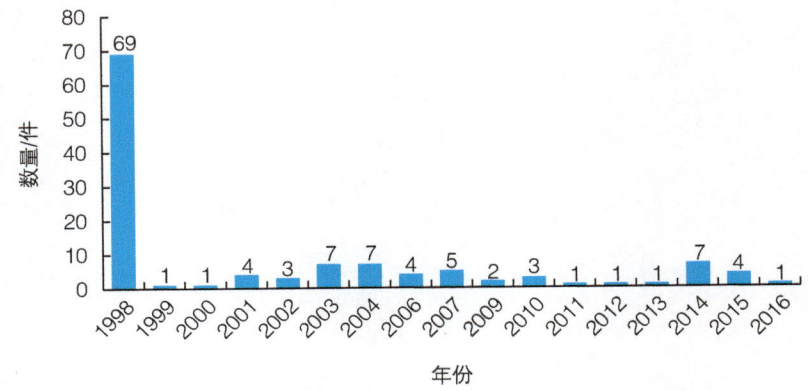

图3.24　巴西农业研究公司水稻新品种权授权趋势

第三节　国内水稻新品种权申请和保护现状

根据品种权公告信息数据库（http://202.127.42.47:6005/）公布的1999年1月1日至2017年12月31日的水稻新品种权申请公告和授权公告信息，经过去重后得到分析数据。

一、申请及授权趋势

从每年的申请数量看，1999—2017年，水稻新品种权申请量总体上呈增长趋势（图3.25）。自1999年植物新品种保护办公室受理水稻新品种权申请以来，水稻新品种权申请数量增长很快，经历了3个时期：①第一增长期（1999—2003年）：《中华人民共和国植物新品种保护条例》的实施在激励育种创新、优化资源配置和促进成果转化等方面的作用日益显现，我国育种者和育种单位知识产权保护意识不断增强，水稻新品种权申请量从1999年的13件增加至2003年的256件，增长了近20倍；②平稳期（2003—2009年）：水稻新品种权的申请量维持在200～300件；③第二增长期（2009—2017年）：从2009年开始，企业参与育种创新积极性提高，水稻新品种权申请量开始增加；受国家相关政策[《全国现代农作物种业发展规划（2012—2020年）》和《关于深化种业体制改革提高创新能力的意见》（国办发〔2013〕109号，"国七条"）]的影响，申请量从2013年的360件迅速增加至2017年的862件。

第三章　国内外水稻新品种权分析

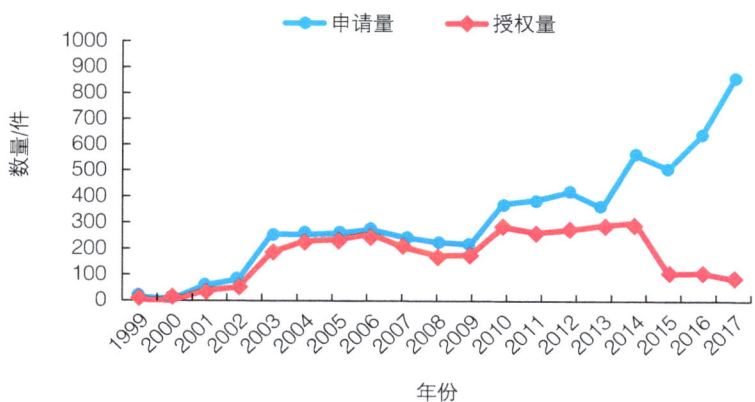

图3.25　1999—2017年水稻新品种权申请及授权总趋势

由于国家积极推进科研院所和高等院校逐步退出商业化育种，建立以企业为主体的育种新机制，因此2012—2013年科研院所和高等院校的申请量下降，年降低率高达25%，导致2013年水稻新品种权的总申请量下降。2014年以后，随着"育繁推一体化"种企自身科研实力的不断强大，加之企业与科研院所、高等院校联合组建技术研发平台和产业技术创新战略联盟，水稻新品种权的申请量又出现快速回升的趋势。2017年的水稻新品种权申请总量比2016年增长了34.9%，再创新高，可见我国水稻育种者的积极性在不断提高。此外，申请量的猛增还得益于国家停征"植物新品种保护权收费"。2017年3月15日，财政部发布的《财政部　国家发展改革委关于清理规范一批行政事业性收费有关政策的通知》（财税〔2017〕20号）中规定，自2017年4月1日起，停征植物品种权申请的申请费、审查费和年费，这一政策极大地提高了育种者申请获得品种权保护的积极性。

通过比较申请量和授权量的走势可以看出，1999—2010年，申请量与授权量的变化趋势基本保持同步（图3.25）。2011—2013年，由于我国对授予植物品种权的审批条件设紧，导致水稻新品种权的授权量出现降低的趋势。目前，我国植物新品种权从申请到授权需要经过新颖性初审，关于特异性、一致性和稳定性的实质性审查（DUS测试）、复审等程序，一般需要3年或更长的时间，因此2014—2017年的授权数据还不全面。

二、申请人类型

1999—2017 年,国内申请人的申请量占 99.68%,国外申请人的申请量占 0.32%。在国内申请人中,科研院所和高等院校申请量最大,为 3358 件,占总申请量的 55.9%;企业申请量次之,为 2456 件,占总申请量的 40.9%;个人申请和联合申请最少,分别占总申请量的 2.7% 和 0.3%。由此可见,科研院所和高等院校是我国水稻品种创新和选育的重要科技力量。种企经过十几年的不断发展,在我国水稻新品种的培育中占据了重要地位,尤其是具有育种能力、市场占有率较高、经营规模较大的"育繁推一体化"种企,成为我国水稻新品种选育的主力军。自 2009 年之后,联合申请平均每年 2 件,并且在 19 件联合申请中,有 12 件为科研院所和企业联合申请,虽然申请量小,但也体现了科研院所、高等院校与企业开展合作研究的发展方向(图 3.26)。

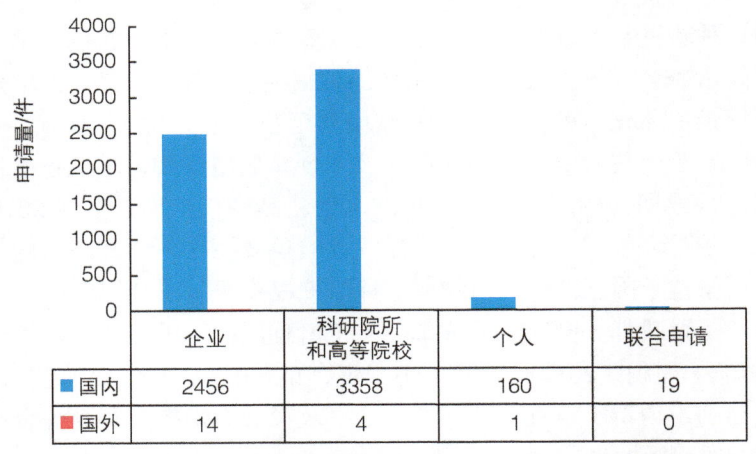

图3.26　1999—2017年水稻新品种权的申请人类型

从申请主体看,科研院所和高等院校的申请趋势与总申请趋势是一致的,经历了 1999—2003 年的第一增长期、2003—2009 年的平稳期、2009—2017 年的第二增长期(图 3.27)。从 2011 年开始,由于我国育种机制改革的成功,科研院所和高等院校退出商业化育种,因此申请量受到影响,连续两年下滑,使科研院所和高等院校的申请量和总申请量在 2013 年均出现一个低点。1999—2012 年,科研院所和高等院校主导了我国水稻新品种权的申请趋势。企业的申请趋势与总申请趋势略有不同,2000 年以后成立的种企,不具备自己的育种能力，起步时主要通过向农业科研院所和高等院校购买具有品种权的新品种进行自主经营，经过 2～3 年的自主研发，开始在水稻育种领域中占有一席之地，2003—2006 年，企业的申请量稳定在 30%～36%，但是与科研院所和高等院校的申请量相比还有很大差距。2006—2009 年，由于国家财政拨款的科研院所、高等院校与企业之间存在不公平竞争，挫伤了企业投资研发的积极性，导致企业在水稻育种中的科研投入减少，申请量急剧下降，年降低率高达 37%。从 2009 年以后，受国家相关政策的影响，申请量回升。2011 年，《国务院关于加快推进现代农作物种业发展的意见》(国发〔2011〕8 号)的出台调动了企业的育种积极性。2013 年，"国七条"继续推进种业体制改革，强化企业的技术创新主体地位。企业的育种创新能力大幅提高，品种权申请量逐渐超过科研院所和高等院校。从 2013 年起，企业每年的水稻新品种权申请量均高于科研院所和高等院校的申请量，具体如下：2013 年，企业占 49.2%，科研院所和高等院校占 47.5%；2014 年，企业占 49.7%，科研院所和高等院校占 46.7%；2015 年，企业占 51.9%，科研院所和高等院校占 46%；2016 年，企业占 50.1%，科研院所和高等院校占 48.4%；2017 年，企业占 54%，科研院所和高等院校占 43%。

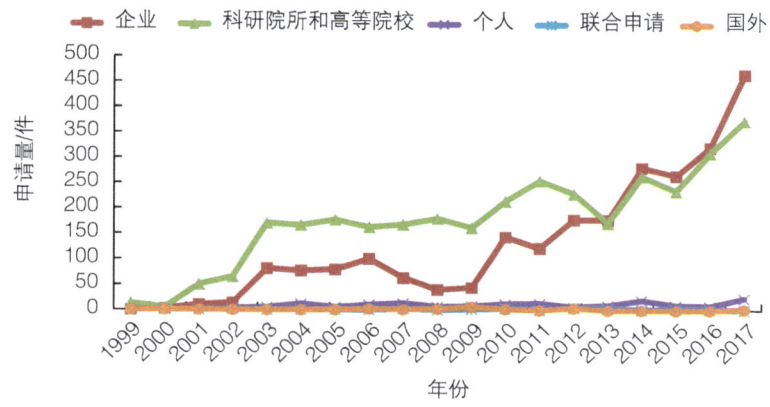

图 3.27　1999—2017 年申请量年度趋势（申请人类型）

三、品种权人类型

植物品种权从申请到授权一般需要 3～4 年，因此仅分析 2013 年以前的授权率。1999—2013 年，国内品种权人占 99.7%，国外品种权人占 0.3%（图 3.28）。水稻新品种权的总授权率为 77.9%。在国内品种权人中，科研院所和高等院校的授权率为 81.6%，企业的授权率为 73.3%，个人的授权率为 65.3%，联合申请的授权率为 7.1%。

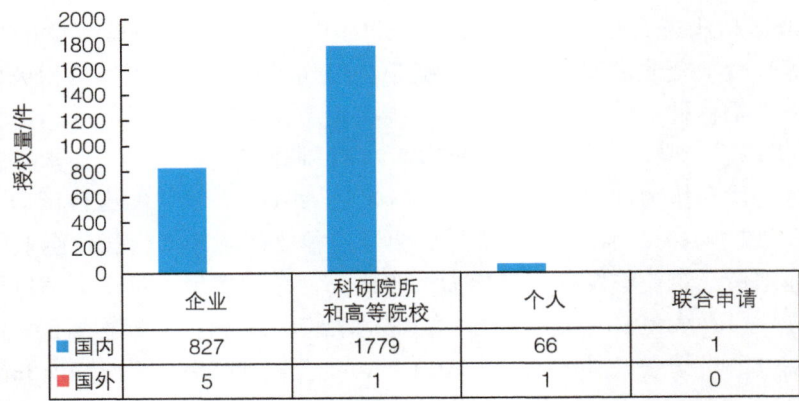

图3.28　1999—2013年水稻新品种权人类型

1999—2013 年，企业、科研院所和高等院校的授权趋势与总授权趋势是一致的。水稻新品种权的授权量随着申请量的提高而提高，授权率基本维持在 70% 左右（图 3.29）。

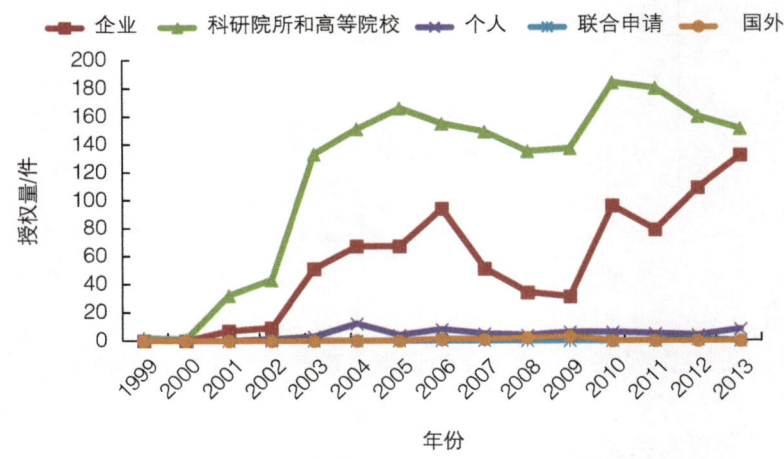

图3.29　1999—2013年授权量年度趋势（品种权人类型）

目前，申请人为了尽快获得水稻新品种权，自行开展水稻品种的 DUS 测试并将测试结果提交至农业部植物新品种保护办公室，使品种权申请的审查周期缩短了 2～3 年。2017 年提交的 862 件申请中，至今已有 86 件申请获得了授权，品种权人中 48% 为企业，52% 为科研院所和高校。其中，袁隆平农业高科技股份有限公司（简称隆平高科）41% 的申请已获得授权，中国水稻研究所 33% 的申请已获得授权，中国种子集团有限公司 15% 的申请已获得授权。可见，大型种企和科研院所不仅申请量大，还十分重视新品种的 DUS 测试，从而加快品种的推广和应用。

四、主要申请人

在 1999—2017 年的水稻新品种权申请中，申请量排名前 5 的申请人分别是北京金色农华种业科技股份有限公司、安徽省农业科学院水稻研究所、中国种子集团有限公司、湖南隆平种业有限公司和中国水稻研究所。其中包括 3 家种企，2 所科研院所，且申请量最大的是北京金色农华种业科技股份有限公司，表明我国已建成以企业为主体的商业化育种体系，种企的核心竞争力正不断提高，在水稻育种领域取得了显著成效。

从申请趋势看，5 个申请人的水稻新品种权申请主要集中在 2010—2017 年（图 3.30），得益于《国务院关于加快推进现代农作物种业发展的意见》（国发

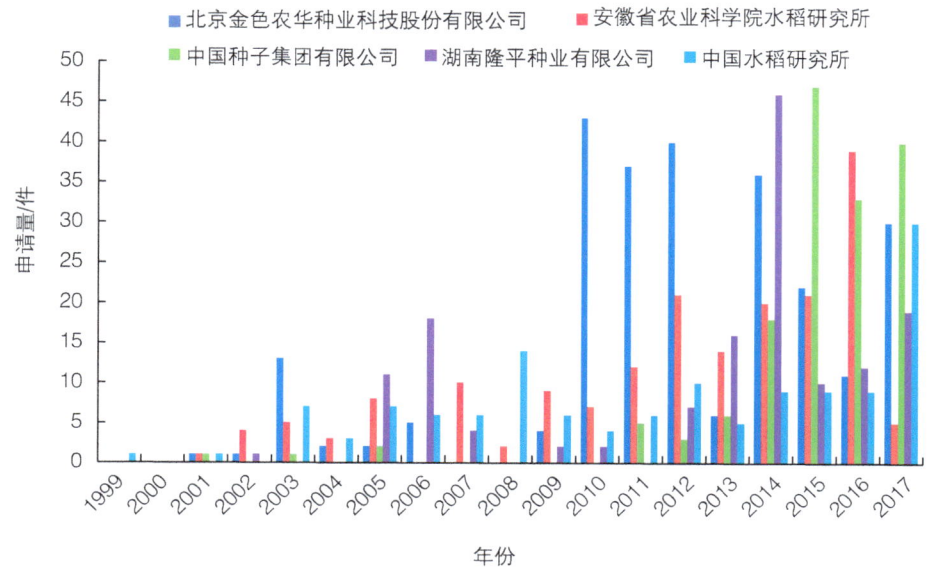

图 3.30　1999—2017 年水稻新品种权排名前 5 申请人的年度申请量

〔2011〕8号)和《国务院办公厅关于深化种业体制改革提高创新能力的意见》(国办发〔2013〕109号)的贯彻落实。

北京金色农华种业科技有限公司是由国家级农业产业化重点龙头企业——大北农集团与农业部科技发展中心、科技部中国农村技术开发中心于2001年10月共同发起并成立的,主营玉米、水稻大田作物良种。1999—2017年,该公司的水稻新品种权申请量经历了两次飞跃。第一次飞跃(2002—2003年):2002年10月,公司科研课题——"简易纯度检测、高效排假型杂交稻不育系及超级组合选育"列入国家863计划,使2003年的申请量提高到13件,其中7件获得授权;第二次飞跃(2009—2010年):公司自2010年在深圳证券交易所挂牌上市以来,集团实现了飞速发展,成为中国农牧行业上市公司中市值最高的农业高科技企业,使2010年的申请量达到43件,其中28件获得品种权。2013年获得"育繁推一体化"《农作物种子经营许可证》。

中国种子集团有限公司是1978年经国务院批准在原农林部种子局基础上成立的我国第一家种企。2007年6月经国务院批准,中国种子集团并入中国中化集团公司,成为其全资子公司,种子业务迎来了更大的发展机遇。2009年,组织承担了国家"十一五"国家科技支撑计划"农作物规模化制种关键技术研究及产业化"项目。2012年被农业部核准为全国首批"育繁推一体化"种业企业。2013年以后,集团的水稻新品种权申请量迅速提高,2015年高达47件。

湖南隆平种业有限公司成立于2003年,是隆平高科旗下最大的核心产业子公司。2013年,公司牵头的"杂交水稻全程机械化制种关键技术研究与示范"项目获科技部批准,同年水稻申请量达到16件,比2012年增长128.6%,其中12件获得授权。2014年,水稻品种权申请量猛增至46件。2016年,公司承担了"十三五"国家重点研发计划"七大农作物育种"中的主要粮食作物分子设计育种项目(编号2016YFD0101800)。

安徽省农业科学院水稻研究所的水稻新品种权申请量呈逐年上升的趋势,表明其科研投入在不断增加。该研究所承担了"十三五"国家重点研发计划"七大农作物育种"中的水稻杂种优势利用技术与强优势杂交种创制项目(编号2016YFD0101100)、主要粮食作物分子设计育种项目(编号2016YFD0101800)、主要农作物诱变育种项目(编号2016YFD0102100),在项目期间内共有3件水稻新品种权申请("天和S"CNA017177E、"时和S"CNA017176E、"皖16S"CNA013554E),获得1项水稻新品种权("N632S"CNA006498G)。

中国水稻研究所每年的水稻新品种权申请量比较稳定，2008—2016年，年均申请量为8件，表明其科研投入始终维持在一定水平上。该研究所承担了"十三五"国家重点研发计划"七大农作物育种"中的主要粮食作物种质资源精准鉴定与创新利用项目（编号2016YFD0100100）、水稻杂种优势利用技术与强优势杂交种创制项目（编号2016YFD0101100），项目期间共有2件水稻新品种权申请（"中18S"CNA015487E、"雨06S"CNA015486E），获得1项水稻新品种权（"中23A"CNA007582G）。2017年该研究所的水稻新品种权申请量猛增至30件。

五、国内申请人地域分布

以2012年1月1日至2017年12月31日的水稻新品种权申请公告信息为基础，统计结果不包含个人申请人的数据。

从地域分布看，除内蒙古、山西、甘肃、青海、西藏及港澳台地区外，其他省市均有水稻新品种权申请。2012—2017年，申请量排名前5的省市分别为湖南、安徽、北京、黑龙江、广东。水稻新品种权申请量与水稻种植面积具有高度的相关性。湖南拥有全国最大的水稻种植面积，在水稻育种方面有着得天独厚的条件，具有多家育种力量雄厚的科研院所和种企，水稻新品种权申请量居全国首位。安徽、黑龙江、广东也是我国水稻的主产省份。北京虽不盛产水稻，但有着北京金色农华种业科技股份有限公司和中国种子集团有限公司两家大型种企，凭借在湖南、湖北、江西等其他南方省市进行水稻育种研究，2010—2017年获得了大量水稻新品种，使北京地区的水稻新品种权申请量位列全国第三（图3.31）。

国内外主要农作物 品种权保护现状

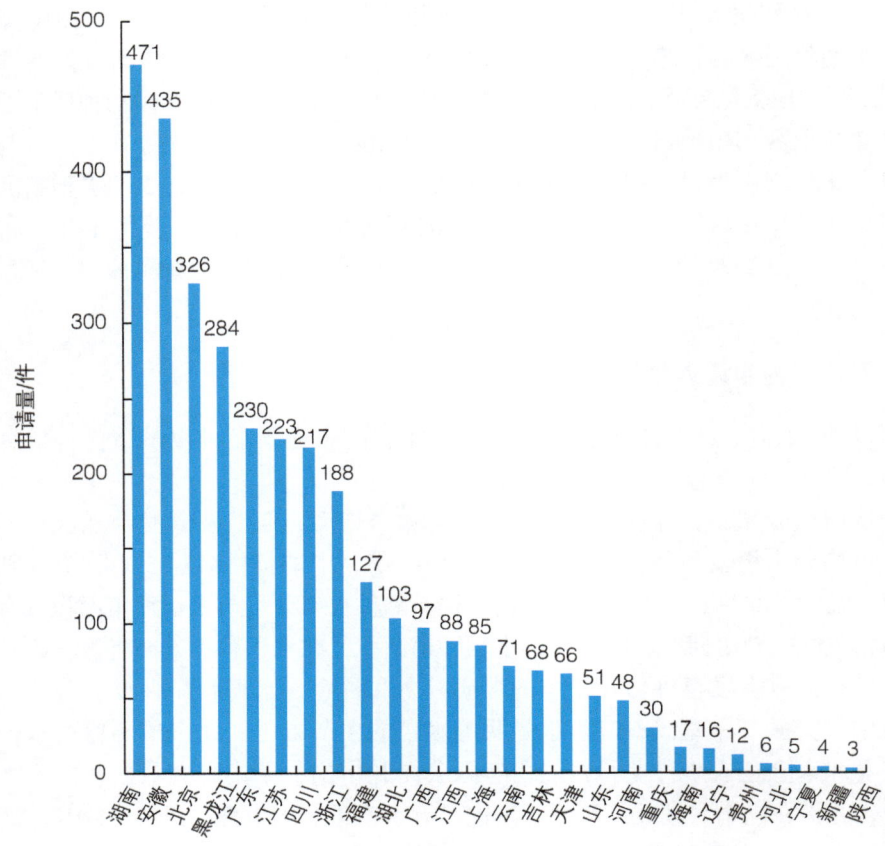

图3.31　2012—2017年国内申请人地域分布

六、水稻新品种权与品种审定的对应关系

2010—2017年总共4112件水稻新品种权申请，其中1128个水稻品种通过审定，占总申请量的27.4%。在每年的品种权申请中，通过审定的品种数量最多不到申请量的50%。因此，水稻新品种权的申请量虽然大，但能够上市的品种仅1/3左右。2010—2013年的水稻新品种权申请中，510个品种通过了品种审定，其中75.1%获得了品种权，剩下的24.9%虽然通过了品种审定，却没有获得品种权（图3.32）。因此，目前存在的问题是有些品种在审定数年甚至进入市场后仍然得不到授权，而有些品种在授权数年后仍然未通过审定，导致育种者的利益受到损失。

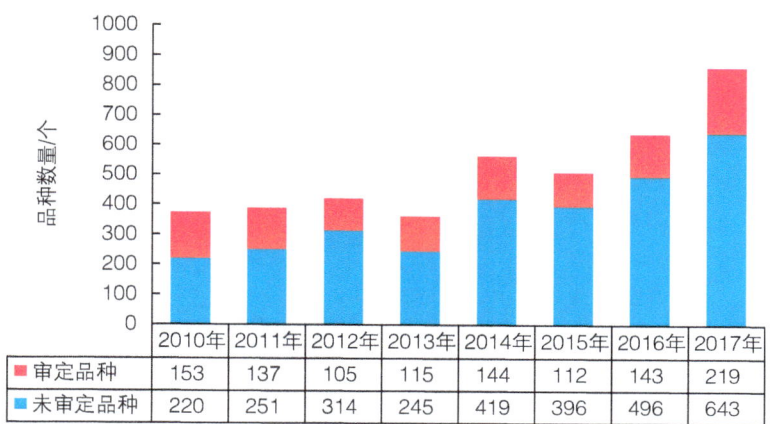

图3.32　2010—2017年申请中审定与未审定品种的构成

七、水稻新品种类型分析

对2010年1月1日至2017年12月31日期间申请品种权的水稻品种类型进行调研，共搜集到1175个水稻品种信息，包括495个常规品种、302个三系杂交品种、275个两系杂交品种和103个不育系品种。常规育种能够选育出具有多种优良性状的新品种，成功率高，技术成熟，因此成为水稻育种的主要手段。三系和两系杂交能够稳定地获得核质结合的优良性状，成为水稻育种的重要手段。基因工程育种具有定向性，但是在分子水平上干预生物的遗传特性较为复杂，且诱变育种具有不定向性，可作为育种辅助手段（图3.33）。

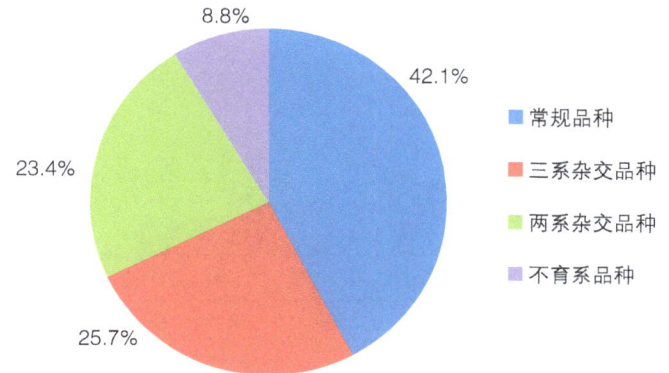

图3.33　2010—2017年水稻新品种权申请中的品种类型统计

2010—2017 年，每年的水稻新品种权申请中，常规品种最多，其次是三系和两系杂交品种，不育系品种最少（图 3.34）。在 2010—2013 年授权的 383 个水稻品种中，常规品种最多，占 49.1%；三系和两系杂交品种次之，分别占 25.1% 和 17.2%；不育系品种最少，占 8.6%。

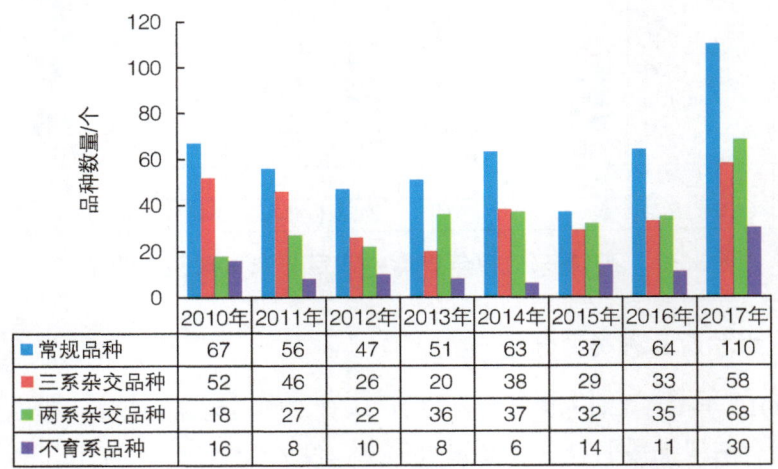

图3.34　2010—2017年水稻新品种权申请中的品种类型

从品种类型看，在 2010—2017 年申请品种权的 1175 个水稻品种中，籼稻占 65.8%，粳稻占 33.7%。在每年的水稻新品种权申请中，籼稻品种数量均多于粳稻品种数量。由此可见，我国培育的水稻以籼稻为主（图 3.35）。

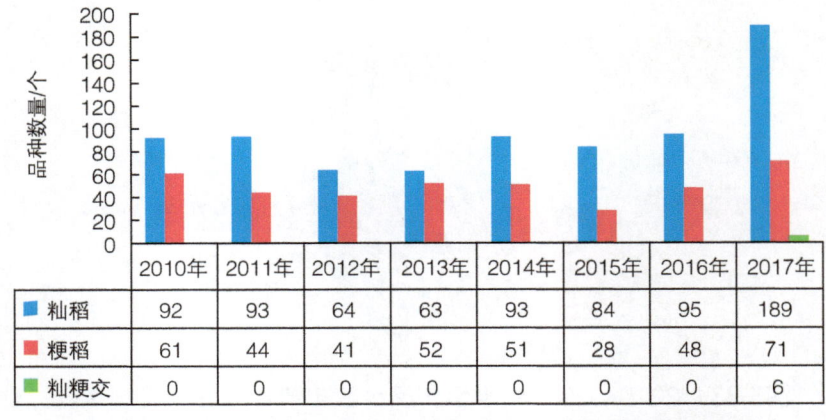

图3.35　2010—2017年水稻新品种权申请中的品种类型

八、国外申请人在中国申请水稻品种权保护情况

1999—2017 年的水稻新品种权申请中,国外申请人仅 5 位,分别是本田技研工业株式会社(12 件)、大韩民国农村振兴厅(2 件)、拜耳作物科学公司(2 件)、今井隆(1 件)、国立研究开发法人农业·食品产业技术综合研究机构(2 件),申请量总共 19 件,占比 0.3%。我国不仅是水稻生产大国,还是水稻科技强国,因此外国很难在水稻育种创新领域占据一席之地,导致我国水稻新品种权申请中很少出现国外申请人。在仅有的 19 件申请中,也没有出现国外的大型种企。

第四节 "七大农作物育种"专项项目承担单位水稻品种权申请情况

一、各项目承担单位的水稻新品种权申请总量统计

按如下检索条件在农业农村部科技发展中心官网上进行检索。
①申请/品种权人:各项目承担单位名称;②植物种类:水稻;③公告类型:申请公告。

对检索数据进行去重,结果如表 3.2 所示,水稻新品种权申请总量排名前 3 的项目承担单位是中国水稻研究所(142 件)、湖南杂交水稻研究中心(96 件)和福建省农业科学院水稻研究所(66 件)。

表3.2　各项目承担单位的水稻新品种权申请和授权总量

单位名称	承担的项目名称	申请总量/件	授权总量/件
中国农业科学院作物科学研究所	主要粮食作物种质资源精准鉴定与创新利用	15	10
	主要农作物诱变育种		
中国科学院遗传与发育生物学研究所	主要农作物染色体细胞工程育种	17	4
	主要粮食作物分子设计育种		
	主要农作物品质性状形成的分子基础		
	主要农作物产量性状形成的分子基础		

续表

单位名称	承担的项目名称	申请总量/件	授权总量/件
南京农业大学	主要农作物养分高效利用性状形成的遗传与分子基础	26	22
	长江中下游粳稻优质高产高效新品种培育		
华中农业大学	主要农作物杂种优势形成与利用机理	14	8
	水稻功能基因组研究与应用		
湖南杂交水稻研究中心	水稻杂种优势利用技术与强优势杂交种创制	96	63
福建省农业科学院水稻研究所	华南籼稻优质高产高效新品种培育	66	45
四川省农业科学院	西南水稻优质高产高效新品种培育	4	3
中国水稻研究所	长江中下游籼稻优质高产高效新品种培育	142	93
沈阳农业大学	北方粳稻优质高产高效新品种培育	29	20

二、各项目承担单位的水稻新品种权申请及授权情况

1. 中国农业科学院作物科学研究所

2003年7月，由原作物育种栽培研究所、作物品种资源研究所和原子能利用研究所的作物育种部分重新组建为中国农业科学院作物科学研究所，以作物种质资源、遗传育种、栽培生理和分子生物学为主要研究领域，与国际水稻所（IRRI）建立了合作关系。该研究所与中国种子协会共同主办了由农业部主管的全国性、专业性、技术性并在国内外公开发行的种业科技期刊《中国种业》。在"七大农作物育种"专项中，该研究所承担了"主要粮食作物种质资源精准鉴定与创新利用"项目。

（1）申请和授权趋势

2005—2017年，中国农业科学院作物科学研究所总共提交了15件水稻新品种权申请。从趋势图看，2005—2015年，申请量总体上呈上升趋势（图3.36）。在国家相关政策[《全国现代农作物种业发展规划（2012—2020年）》和《关于深化种业体制改革提高创新能力的意见》（国办发〔2013〕109号，"国七条"）]

出台后，2013年处于体制改革深化期，未进行水稻新品种权申请，之后两年申请量呈上升趋势，于2015年达到顶峰，2016年出现回落，但由于该研究所每年的申请量仅1～4件，因此总体起伏并不算大，年平均申请量为2件。2005—2014年，授权率为100%，由于植物新品种权申请的审查时间通常为3～4年，因此2015年和2016年水稻新品种权申请的授权数据还不准确。

图3.36 中国农业科学院作物科学研究所水稻新品种权申请与授权趋势

（2）品种类型及品种审定

在15个水稻新品种中，共检索到10个新品种的育种信息。10个水稻品种均为常规水稻品种，其中，60%为粳稻（分别是京粳2号、京粳1号、中作稻3号、中作香糯1号、中稻1号、986083D），40%为籼稻（分别是R9821、R9821、中广优2号、中广香1号）（图3.37）。在15个水稻新品种中，有6个品种通过了审定，获得了市场准入资格。

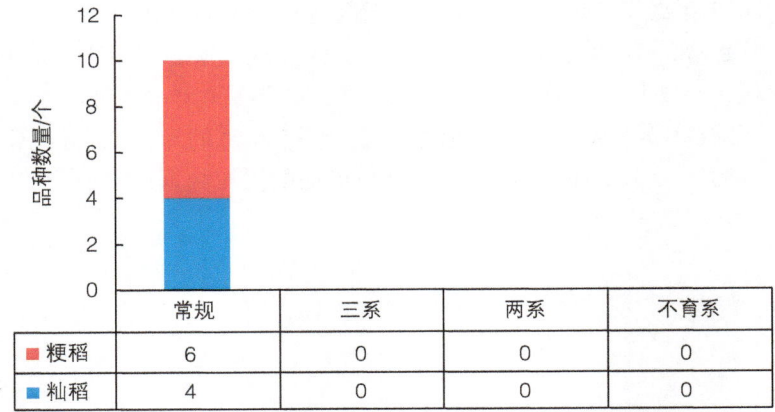

图3.37　中国农业科学院作物科学研究所水稻新品种类型

其中，中稻1号是以1319为母本，以（连96-1×中粳8415）F_1代为父本杂交，经连续7代系统选育而成。该品种熟期适中、产量较高、中感稻瘟病、米质较优，适宜在河南沿黄、山东南部、江苏淮北、安徽沿淮及淮北地区种植。该品种已获得国家植物品种权保护，授权公告号为CNA005048G，并于2010年通过国家农作物品种审定委员会审定，审定编号为国审稻2010046，自1983年以来累计推广超过102万亩，于2016年许可江苏农发种业有限公司进行种子生产经营。京粳1号是由中系8702和雨田102杂交选育而成，适宜河南沿黄及信阳、山东南部、江苏淮北、安徽沿淮及淮北地区种植。该品种已获得国家植物品种权保护，授权公告号为CNA009785G，并于2015年通过国家农作物品种审定委员会审定，审定编号为国审稻2015047。此外，中广优2号自1983年以来累计推广超过11万亩，中广香1号自1983年以来累计推广超过19万亩。

2. 中国科学院遗传与发育生物学研究所

中国科学院遗传与发育生物学研究所最早成立于1959年。2001—2003年，由原中国科学院遗传研究所、发育生物学研究所及石家庄农业现代化研究所整合而成。该研究所分别在江苏扬州、浙江嘉兴、新疆石河子、天津、青岛等地建立了8个以水稻、小麦、棉花、蔬菜等为重点研发对象的分子育种联合中心。在国际合作方面，该研究所分别与先正达生物技术公司和杜邦先锋公司开展合作研究。2017年，由该研究所薛勇彪研究员主持的973计划A类项目"水稻优良品种的分子设计研究"课题结题，该项目培育了28个优质、高产、耐逆的优良水稻新品种，其中分子设计新品种6个，3个通过国审，3个通过省审。

在"七大农作物育种"专项中,该研究所参与的"主要粮食作物分子设计育种""水稻杂种优势利用技术与强优势杂交种创制"项目与水稻育种相关。

(1)申请和授权趋势

2010—2017年,中国科学院遗传与发育生物学研究所总共提交了17件水稻新品种权申请。在"七大农作物育种"专项的支持和推动作用下,2017年的水稻新品种权申请量达到最高。2013年,国务院办公厅印发《关于深化种业体制改革提高创新能力的意见》(国办发〔2013〕109号,"国七条"),强化企业技术创新主体地位,支持科研院所和高等院校与企业开展合作研究,在此深化改革时期,该研究所的申请量出现第一个低谷,从2011年的4件降低至2013年的1件。如图3.38所示,该研究所的水稻新品种权申请的授权率较低,2010—2013年的授权率仅44.4%,除了2010年的4件申请全部授权外,其余年份的申请均未获得授权。

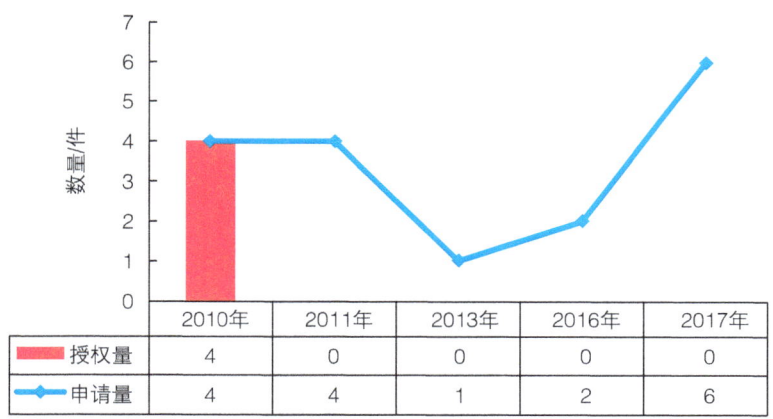

图3.38 中国科学院遗传与发育生物学研究所水稻新品种权申请与授权趋势

(2)品种类型和品种审定

在17个水稻新品种中,共检索到10个新品种的育种信息,其中1个是三系杂交水稻品种(天优1120),其余9个均为常规水稻品种。在10个水稻品种中,粳稻占20%(分别是中科902、中科804),籼稻占80%(分别是多抗639、多抗2号、多抗6号、R9323、中香糯1号、明恢23、天优1120、R723)。在17个水稻品种中,有3个品种通过了审定,获得了市场准入资格(图3.39)。

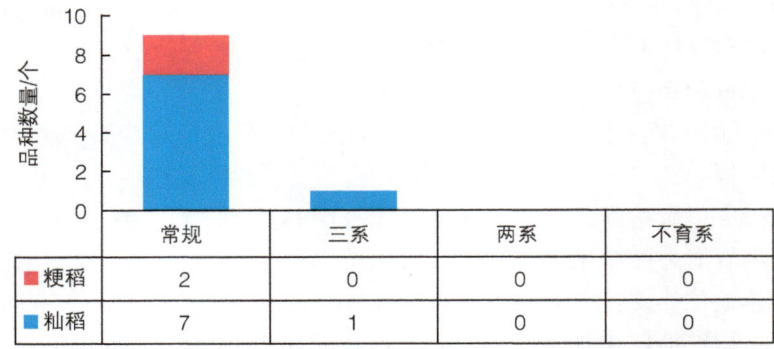

图3.39　中国科学院遗传与发育生物学研究所水稻新品种类型

该研究所姚善国研究组主要致力于东北粳稻的多基因组装设计育种研究。以历史栽培面积最大品种空育131为底盘,通过全基因组深度测序,系统分析了该品种稻瘟病、品质、倒伏、产量等主要农艺性状等位基因型。针对空育131抗稻瘟性极差、无香味等突出问题,研究组发掘了一系列相关性状优良等位变异。通过连续多代回交结合分子标记选择,构建了空育131背景下各优良等位变异单分子模块基础材料。通过对不同单分子模块材料的初步组装,研究组培育了产量、品质、稻瘟病抗性协调提升的分子模块组装新品种中科902。中科902是以(空育131/五优稻4号)为母本,以日立31为父本进行有性杂交,并以空育131为轮回亲本进行连续回交,通过全基因组分子标记背景选择和抗稻瘟病基因 *pi21* 与 *Pb1*、香味基因 *BADH2* 特异性分子标记前景选择培育而成。该品种在保持了空育131耐寒、优质、多分蘖等优良性状的同时携带了两个抗稻瘟病基因 *Pb1* 和 *pi21*,以及香味等位基因 *BADH2*。该品种具有米饭清香、米粒延展性好的特点,食味品质82～86分,是目前黑龙江省唯一的圆粒香稻品种。

3. 南京农业大学

南京农业大学是一所以农业和生命科学为优势和特色的教育部直属全国重点大学,拥有作物学、农业资源与环境、植物保护等一级学科国家重点学科。2010年4月,经教育部批准立项,在江苏南京白马国家农业科技园科技创新核心区建设了南京农业大学白马教学科研基地。2013年,万建民教授带领南京农业大学水稻研究所入驻该基地并开展水稻遗传育种实验。在"七大农作物育种"专项中,该校承担的"长江中下游粳稻优质高产高效新品种培育"项目与水稻育种相关。

（1）申请和授权趋势

1999—2017年，南京农业大学总共提交了26件水稻新品种权申请。2003—2009年，国家财政给予教学科研单位大量的资金支持，该校在此期间平均每年提交2件水稻新品种权申请，2006年的申请量达到最高。2009年以后，受到国家种业体制改革的影响，2009—2013年的年均申请量降低50%。种业体制改革取得显著成效后，科研人员积极性提高，2014年的申请量回升至3件。如图3.40所示，南京农业大学的水稻新品种权申请的授权率较高，1999—2016年，除了1999年的1件申请和2002年的2件申请没有获得授权，其余年份的申请均获得授权，授权率为88%。

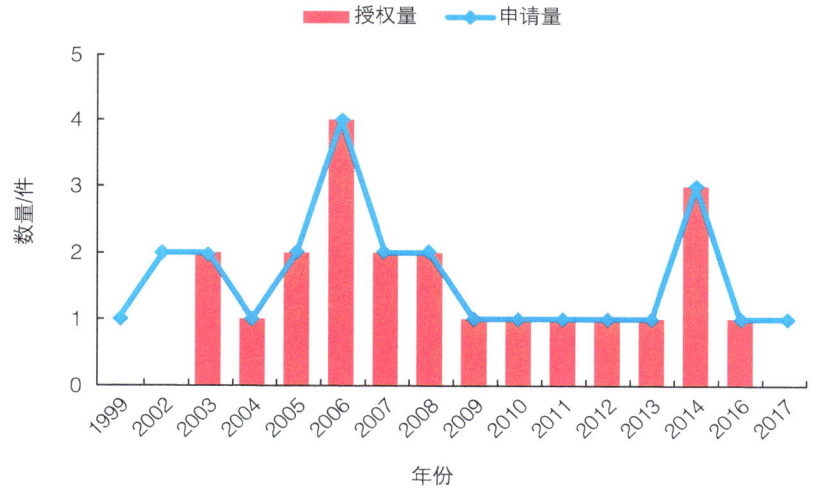

图3.40 南京农业大学水稻新品种权申请与授权趋势

（2）品种类型和品种审定

在26个水稻新品种中，共检索到24个新品种的育种信息，包括17个常规水稻品种，5个三系杂交水稻品种，1个两系杂交水稻品种和1个不育系水稻品种，其中，籼稻占37.5%，粳稻占62.5%。在26个水稻新品种中，12个品种通过了审定，获得了市场准入资格（图3.41）。

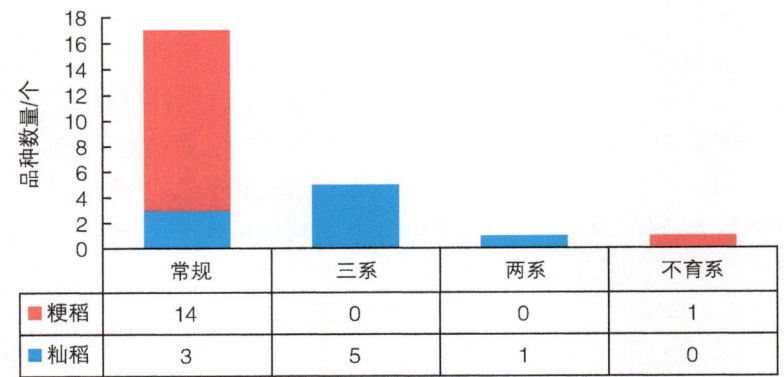

图3.41　南京农业大学水稻新品种类型

2007年农业部公布的12个超级稻示范推广品种中，该校农学院育成的宁粳1号和新两优6380位列其中。其中，宁粳1号（原名W001）是以武运粳8号（9516）为母本、以W3668为父本杂交后，经多代系统选育，于2001年育成的早熟晚粳稻新品种，其主要特点为高产稳产、矮秆抗倒、抗病性强、米质优、适口性好、易种植、风险小，已列入国家超级水稻品种、国家跨越计划推荐品种、国家新品种后补助品种、农业部重大新品种推荐品种和江苏省良种补贴推荐品种。该品种已获得国家植物品种权保护，授权公告号为CNA000638G，并于2004年经江苏省农作物品种审定委员会审定通过，审定号为苏审稻200417，据悉2007年该品种在长江下游种植面积超过了500万亩。新两优6380是用两系法选育的杂交稻新品种，具有抗病、抗虫、抗倒、米质优良、生育期适中等特性，适合在我国南方广大稻区推广种植。2004—2006年该品种参加江苏省杂交稻新品种预备试验、区域试验和生产试验，产量均名列参试品种之首，比对照增产极显著。该品种已获得国家植物品种权保护，授权公告号为CNA002686G，并于2007年通过江苏省审定，破格进入国家生产试验。目前，该品种已转让给江苏中江种业股份有限公司独家经营。

4. 华中农业大学

华中农业大学是中国教育部直属的一所以生命科学为特色的全国重点大学。2010年，"绿色超级稻新品种培育"获科技部批准，列入国家863计划重点资助。该项目由华中农业大学主持，联合国内27家水稻育种机构共同组织实施。该项目整理了5000份以上的水稻亲本/品种的重测序或芯片数据，形成大型种质资源基因指纹数据库，通过全基因组选择和标记辅助聚合实现不同优良基因向高产品种背景的转移和累加，培育出具备多个绿色性状（抗 2～3 种主要病虫害或节水抗旱、优质高产）的水稻新品种 65 个，育成了具备多个绿色性状的不育系和恢复系 20 多个，新品种累计商业化推广面积达 9000 万亩。

（1）申请和授权趋势

2000—2015 年，华中农业大学共提交了 14 件水稻新品种权申请，申请量较小，并且自 2016 年至今没有新申请。2014 年的申请量达到最大，但是也只有 3 件。该校的水稻新品种权申请情况与科研实力不符，并且自承担"七大农作物育种"专项项目以来，没有新申请出现。究其原因，可能是该校主要参与上游的理论研究，而下游的育种工作交给了水稻育种机构。如图 3.42 所示，2013 年以前，除 2000—2002 年的 3 件申请未获得授权外，其余申请均获得了水稻新品种权，授权率为 70%。

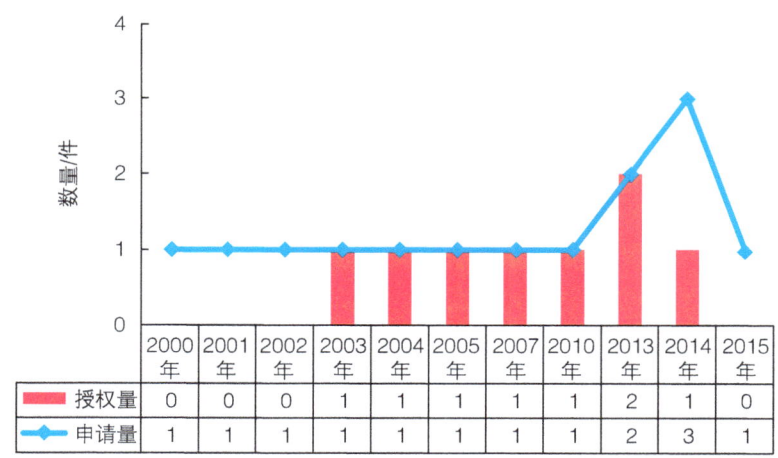

图3.42　华中农业大学水稻新品种权申请与授权趋势

（2）品种类型和品种审定

在 14 个水稻新品种中，共检索到 12 个新品种的育种信息，包括 4 个常规水稻品种、1 个两系杂交水稻品种及 7 个不育系水稻品种，其中，籼稻占 91.7%，粳稻占 8.3%。在 14 个水稻新品种中，50% 通过了审定，获得了市场准入资格（图 3.43）。

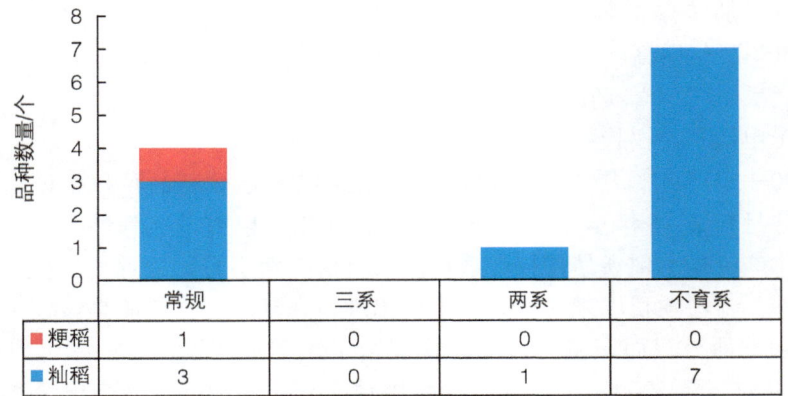

图3.43 华中农业大学水稻新品种类型

其中，华恢1号是由华中农业大学培育的高抗鳞翅目害虫转基因水稻品系，属于籼型常规水稻。华恢1号的受体品种是水稻三系恢复系明恢63，外源基因是由我国科学家人工改造合成的苏云金芽孢杆菌杀虫蛋白融合基因 *cry1Ab/cry1Ac*，其表达产物可以专一、高效地控制二化螟、三化螟和稻纵卷叶螟等水稻鳞翅目害虫。外源抗虫基因通过基因枪介导转化法导入，经多代选择获得能够稳定遗传表达的恢复系。华恢1号对二化螟、三化螟和稻纵卷叶螟等鳞翅目害虫表现出很强的田间抗性，抗虫效果稳定在80%以上，可大幅降低水稻生产中农药用量。1999年华恢1号通过农业部组织的成果鉴定。2000年7月28日，华中农业大学针对该品种提交了植物新品种权申请，但未获得授权。经过近10年安全性评价，2009年农业部为华恢1号颁发了农业转基因生物安全证书。虽然农业部给转基因抗虫水稻颁发了安全证书，但至今却没有出台配套的转基因水稻品种审定管理办法。2010年3月，农业部新闻办公室在官网发文强调，此前农业部批准发放转基因抗虫水稻华恢1号安全证书并不等于就允许商业化生产。农业部从未批准任何一种转基因粮食作物种子进口到中国境内商业化种植，在国内也没有转基因粮食作物种植。华中农业大学转基因水稻研发团队于2013年向美国FDA正式提交申请。由于整个申请流程非常复杂，FDA于2016年6月13日正式收到了来自华中农业大学的安全应用申请，受理编号BNF000156。2018年1月9日，华恢1号正式获得美国FDA的食用许可，如果要到美国种植，则还需要USDA的审批。

5. 湖南杂交水稻研究中心

湖南杂交水稻研究中心是国内外第一家专门从事杂交水稻研发的科研机构，以杂交水稻育种为重点，进行杂交水稻高产、优质、多抗新品种的选育。该中心拥有杂交水稻国家重点实验室、水稻国家工程实验室（长沙）、杂交水稻国际科技合作基地、联合国粮农组织（FAO）杂交水稻研究培训参考中心和长沙、三亚两大研究试验基地等科技创新平台。自中心成立以来，主持承担了国家攻关计划、科技支撑计划、863计划、973计划、国家自然科学基金、总理基金、农业部超级稻专项、转基因专项等多项国家和省部级科研项目。在国际合作方面，与国际水稻研究所建立了研发合作关系，在国际组织和中国的帮助下，杂交水稻在越南、印度、菲律宾、孟加拉、美国等国家已实现商业化生产应用，还有许多国家正在试种和示范。2013年国外杂交水稻年种植面积已达到600万公顷。该中心承担了"七大农作物育种"专项中的"水稻杂种优势利用技术与强优势杂交种创制"项目。

（1）申请和授权趋势

1999—2017年，湖南杂交水稻研究中心共提交了96件水稻新品种权申请。如图3.44所示，该中心的申请量波动比较明显，出现了"三起三落"，年申请量最高28件，最低1件。1999—2003年，全国的水稻新品种权申请经历了第一增长期，不管是科研院所还是企业的水稻新品种权申请，在2003年均出现第一个峰值，《中华人民共和国植物新品种保护条例》的实施在激励育种创新上取得了显著成效。湖南杂交水稻研究中心的水稻新品种权申请量从2001年的3件猛升至2003年的28件，达到第一个峰值。2004年骤减至3件，然后开始回升，在2006年申请量达到第二个峰值，但仅仅是2003年申请量的50%。2007年骤减至2件，然后开始回升，在2011年申请量达到第三个峰值。2011以后，年申请量均在10件以内。1999—2014年，该中心水稻新品种权申请的授权率为64.4%。

（2）品种类型和品种审定

在96个水稻新品种中，共检索到82个新品种的育种信息，包括19个常规水稻品种、28个三系杂交水稻品种、15个两系杂交水稻品种和20个不育系水稻品种，全部是籼稻。在96个水稻新品种中，52%通过了品种审定（图3.45）。

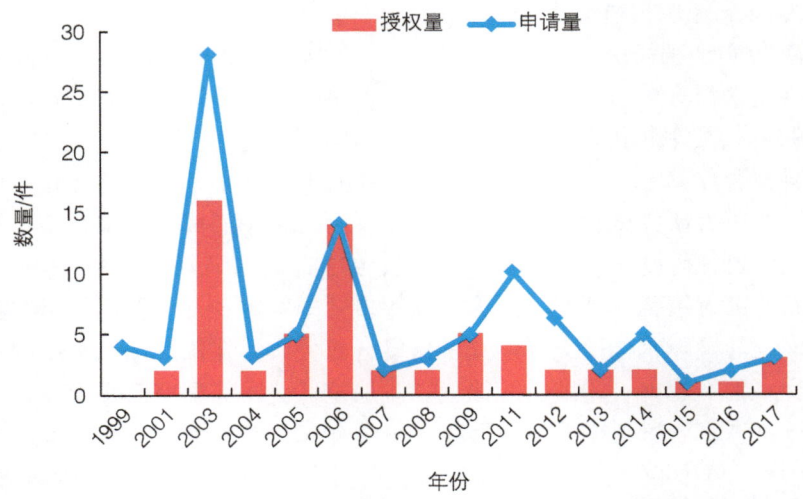

图3.44 湖南杂交水稻研究中心水稻新品种权申请与授权趋势

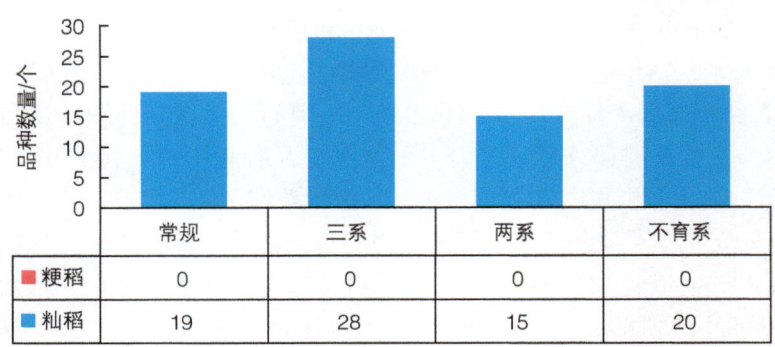

图3.45 湖南杂交水稻研究中心水稻新品种类型

其中,培矮64S是以农垦58S为母本、培矮64为父本杂交,在F_2代选择与培矮64相似的核不育株再与培矮64回交,其杂种后代经长沙、海南多代双向选择育成的籼型水稻低温敏雄性不育系。与对照品种培矮64相比,培矮64S需在18～23℃的冷水条件下才能繁殖,不育感温较强,不育起点温度低(23.3℃),穗颈伸长度短,终花时间较长。培矮64S适宜我国长江以南稻区使用,适宜在低温水灌溉的田块繁殖,在不育敏感期需冷水串灌繁殖田,维持18～23℃冷水条件才能繁种成功。该品种在2001年获得了国务院授予的国家科技进步奖一等奖。先恢207是以R432为母本、轮回422为父本进行杂交,经多代选择筛选出的野败型三系恢复系。该品种系弱感光性恢复系，解决了长江流域杂交晚稻秧龄弹性小、易早穗的育种难题；籼粳成分合理，是集优质、多抗、配合力于一体的杂交晚稻优异恢复系；已成为杂交稻的骨干亲本，利用先恢207已创制出了一系列带有先恢207血缘的衍生系、改良系和先恢207系列杂交稻新组合。先恢207是目前全国应用最广、面积最大和配组最多的恢复系之一。1999—2008年，累计推广面积8153.0万亩，增产稻谷26.316亿kg，新增产值39.387亿元。该品种于2009年获得了湖南省科技进步奖二等奖。

6. 福建省农业科学院水稻研究所

福建省农业科学院水稻研究所成立于1935年，是福建省唯一学科齐全的省属公益类水稻专业研究所。该研究所承担了国家科技部863计划现代农业技术领域"绿色超级稻新品种选育"重大项目、福建省科技重大专项"粮食作物优质、高产、抗逆育种及关键技术研究"、农业部公益性行业（农业）科研专项中的"亲本种子制备及遗传纯度保持关键技术研究与示范"和"再生稻高效生产模式关键技术研究与示范"等项目。

（1）申请和授权趋势

2001—2017年，福建省农业科学院水稻研究所共提交了66件水稻新品种权申请。如图3.46所示，年申请量分别在2005年、2010年和2013年出现峰值，除了2013—2015年，申请趋势与全国水稻新品种权申请总趋势相符。2001—2014年，该研究所水稻新品种权申请的授权率达79.6%。

（2）品种类型和品种审定

在66个水稻新品种中，共检索到53个品种的育种信息，包括18个常规水稻品种、20个三系杂交水稻品种、4个两系杂交水稻品种，以及11个不育系水稻品种。已知的53个品种全部为籼稻（图3.47）。在66个品种中，通过水稻品种审定的占55%。

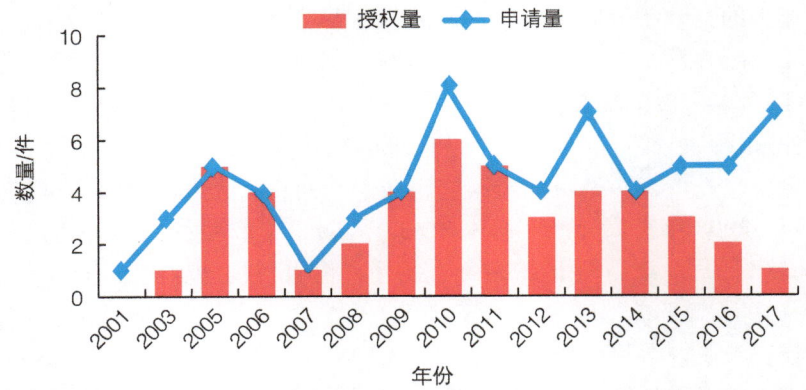

图3.46　福建省农业科学院水稻研究所水稻新品种权申请与授权趋势

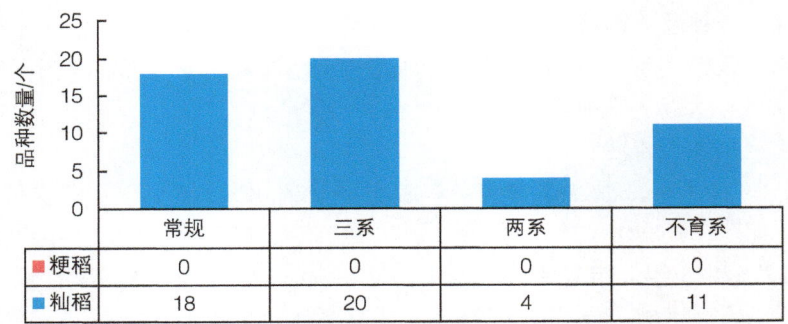

图3.47　福建省农业科学院水稻研究所水稻新品种类型

其中，两优616是采用两系不育系广占63-4S与自育恢复系福恢616配组而成的中籼两系杂交稻品种，具有株叶形态理想、根系发达、生机旺盛、结实率高、丰产性和稳产性好、适应性广、米质优、抗瘟性较强等特性，2012年通过福建省农作物新品种审定。2009—2010年，两优616参加福建省区域试验，两年平均亩产617.86 kg，比超级稻对照品种优明86增产10.10%。国家农业部发布公告，确认福建省农业科学院水稻所培育的两优616等18个品种为2014年超级稻品种。至此，农业部冠名的超级稻示范推广品种有111个，其中福建省农业科学院培育的超级稻占6个，分别是特优航1号、优航1号、优航2号、天优3301、宜优673和两优616。

7. 四川省农业科学院

四川省农业科学院成立于1938年。"十五"以来，承担有863、973、国家自然科学基金、跨越计划、水稻丰产工程、四川省攻关等国家、省部级科研项目40余项，培育的5个杂交稻品种被农业部确定为超级稻品种。水稻创造高产新纪录，德优4727创造单块田亩产1155.6 kg高产纪录，花香7号创造航天水稻亩产1055.51 kg全国高产纪录。在"七大农作物育种"专项中，该院承担了"西南水稻优质高产高效新品种培育"项目。

水稻新品种权申请主要以该院下属的四川省农业科学院水稻高粱研究所的名义提交，因此，四川省农业科学院名下的水稻新品种权申请至今只有4件，2000年1件，2001年2件，2002年1件，其中3件申请获得授权。4个水稻新品种全部为籼稻，包括3个不育系水稻品种和1个三系杂交水稻品种。

8. 中国水稻研究所

中国水稻研究所是一个以水稻为主要研究对象的多学科综合性国家级研究所。自1981年建所以来，先后与多个国家及联合国粮农组织、国际粮食政策研究所、国际水稻研究所、瑞士先正达公司、美国水稻技术公司、比利时DEVGEN公司建立合作关系，开展水稻生物技术、遗传育种、品种资源等众多领域的合作研究。累计承担国际合作研究的项目达87项，国家重点国际合作项目6项，省部级国际合作项目16项。该研究所主办的国家水稻数据中心是一个以水稻为主题的大型数据库平台，为育种者提供了大量的生物数据。

（1）申请和授权趋势

1999—2017年，中国水稻研究所共提交了142件水稻新品种权申请，申请量在"七大农作物育种"专项的项目承担单位中居于首位。从图3.48中可以看出，该研究所的年申请量稳中求涨，2003—2016的年均申请量为8件。2017年的申请量最高，达到26件。1999—2014年，该研究所的水稻新品种权申请的授权率为73.5%。

（2）品种类型和品种审定

在142个水稻新品种中，共检索到111个品种的育种信息，包括33个常规水稻品种、44个三系杂交水稻品种、8个两系杂交水稻品种、26个不育系水稻品种。111个品种中，81%为籼稻，19%为粳稻（图3.49）。在142个水稻新品种中，50%通过了品种审定。

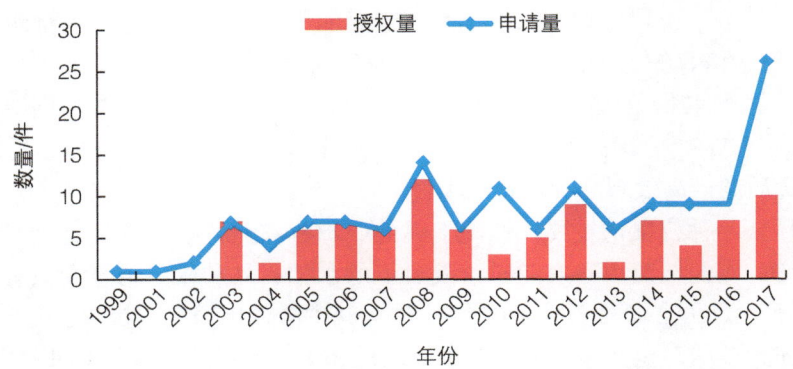

图3.48　中国水稻研究所水稻新品种权申请与授权趋势

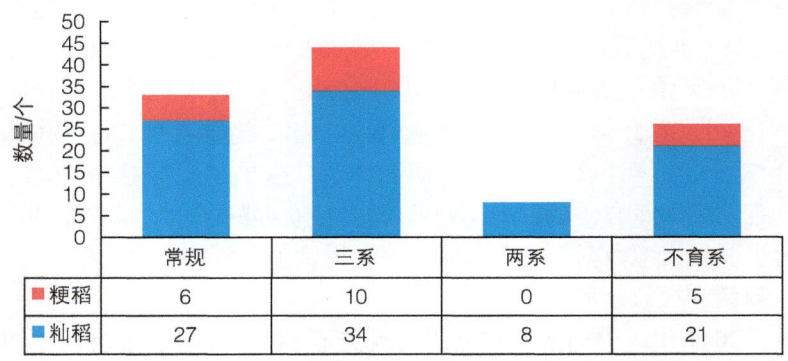

图3.49　中国水稻研究所水稻新品种类型

其中,天优华占是以野败型高异交性三系不育系天丰A为母本、强配合力华占为父本组配而成,属籼型三系杂交水稻。该品种熟期适中、产量高、中感稻瘟病、感白叶枯病和褐飞虱、米质优,适宜在广西中北部、广东北部、福建中北部、江西中南部、湖南中南部、浙江南部的白叶枯病轻发的双季稻区作为晚稻种植,于2008年通过国家农作物品种审定委员会审定(国审稻2008020),2012年被国家农业部列入水稻主导品种之一。

9. 沈阳农业大学

沈阳农业大学设有农业部东北水稻生物学与遗传育种重点实验室、国家水稻区域技术创新中心、北方粳型超级稻成果转化基地、北方超级粳稻原原种扩繁基地、北方粳稻遗传育种重点实验室。该校的水稻研究所长期从事籼粳稻杂交、理想株型及超高产育种等基础和应用基础研究,其中粳型常规超级稻研究是优势研究领域。该所自成立以来，承担了 20 多项国家科技攻关、国家自然科学基金、863 计划等国家和省部级科研项目，与国际水稻研究所开展了全球水稻分子育种合作研究，与日本和韩国开展了水稻产量潜力及超级稻穿梭育种研究。

（1）申请和授权趋势

2003—2017 年，沈阳农业大学共提交了 29 件申请。如图 3.50 所示，年申请量分别在 2003 年、2007 年和 2016 年出现峰值，最高为 2016 年的 8 件。2003 年是水稻新品种权申请量猛增的一年，大部分科研院所和高校在这一年均出现申请量的峰值。育种具有周期性，因此申请量会出现起伏现象。2003—2012 年，该校的水稻新品种权申请的授权率为 75%。

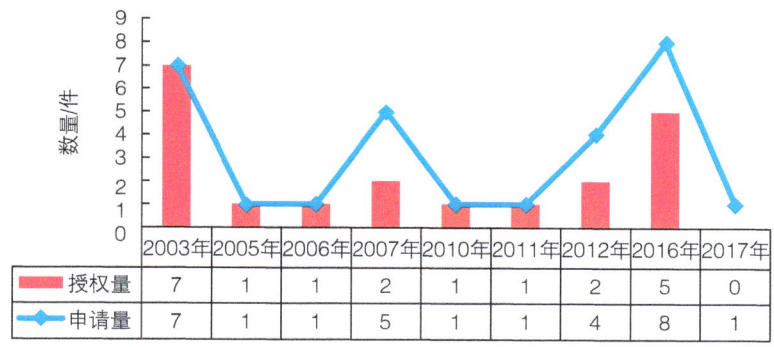

图3.50　沈阳农业大学水稻新品种权申请与授权趋势

（2）品种类型和品种审定

在 29 个水稻新品种中，共检索到 22 个品种的育种信息，全部为粳型常规水稻。所有水稻品种中，72.4% 通过了品种审定。其中，沈农 9816 是沈阳农业大学水稻研究所 1998 年以江西丝苗为母本、辽粳 454 为父本人工去雄杂交，再以辽粳 454 为轮回亲本回交系选而成的粳稻品种，具有优质、高产、多抗、适应性广的特点，商品价值高，于 2010 年被国家农业部确认为超级稻品种，并连续 3 年入选农业部主导品种名录。

第五节　国内水稻品种审定情况

以中国种业大数据平台（http://202.127.42.47:6010/SDSite/Home/Index）上公布的2012—2017年国家审定的水稻品种信息为基础进行分析。

一、审定量统计

从每年的审定数量看，水稻品种的国家审定数量2012—2017年呈逐年上升的趋势。2013年，国务院办公厅发布《关于深化种业体制改革提高创新能力的意见》（国办发〔2013〕109号，"国七条"），推动了种业体制改革，调动了科研人员的育种积极性，使近年来水稻新品种的研发育种效率提高，国审水稻品种数量逐年上升。2017年，由于绿色通道政策的实施，国家共审定水稻品种178个，比上一年增长169.7%（图3.51）。

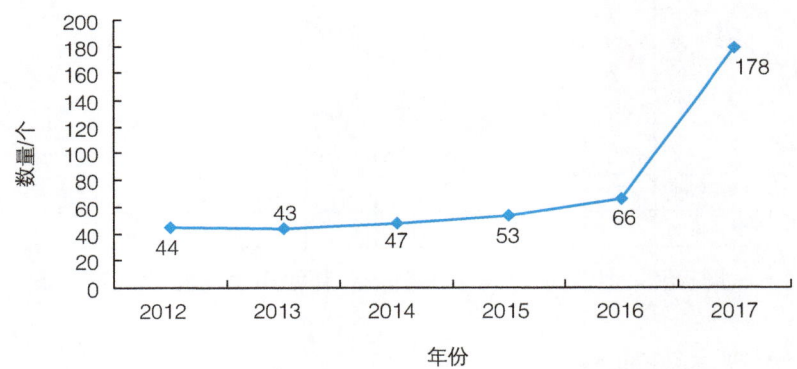

图3.51　2012—2017年国审水稻品种数量

二、申请主体

2012年以来，企业选育的品种数量占比不断提升，受益于2014年开始试行的绿色通道政策，2016年和2017年企业选育的品种数量分别达到43个和144个，占当年国审品种比重的65.2%和80.9%，表明企业技术创新主体地位彰显，我国商业化育种体系建设效果显著（图3.52）。

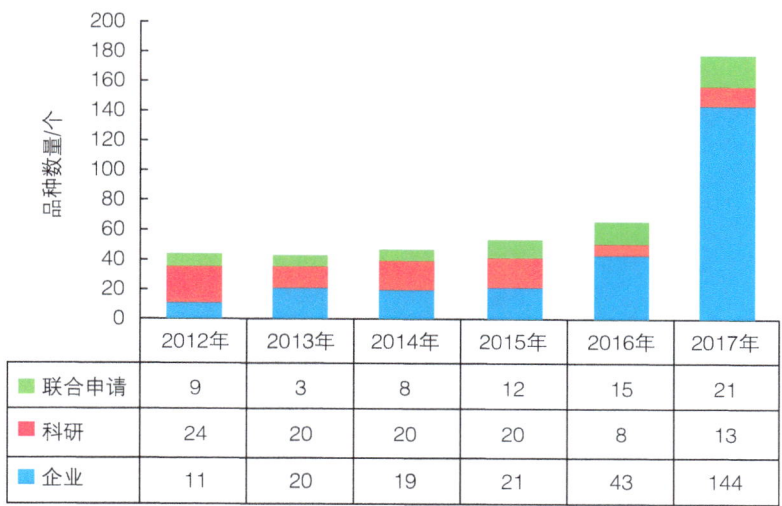

图3.52　2012—2017年国审水稻品种中的申请主体构成

三、主要水稻新品种权申请人的国审情况分析

如图3.53所示，在各个单位通过审定的品种中，仅5%～30%具有品种权。其中，科研院所的审定品种中，具有品种权的水稻品种占比高于大型种企。

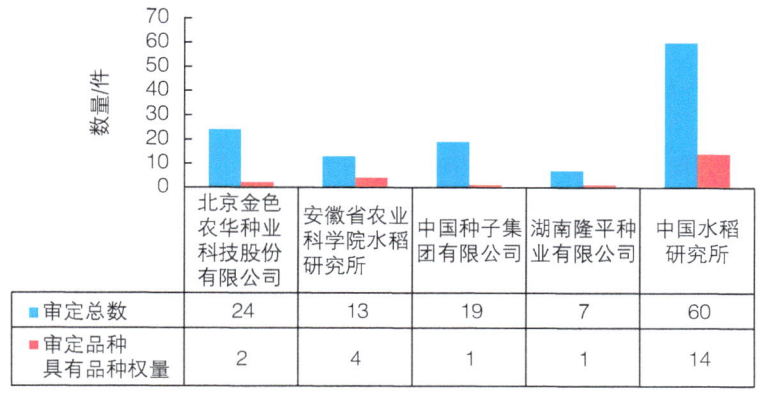

图3.53　主要水稻新品种权申请人审定品种的品种权情况

第四章
国内外玉米新品种权分析

本章基于 UPOV 2012 年 1 月 1 日至 2017 年 12 月 31 日的数据及各成员国官方数据统计显示的玉米新品种申请量集中地区/国家，结合全球玉米主产区进出口统计数据，得出全球主要的玉米新品种权申请国及在这些国家的主要申请人，对这些主要申请国的玉米新品种权申请进行统计分析，了解年度间申请态势、各国家主要申请人之间的关联性/重叠情况，以及申请人的玉米申请布局趋势和重点。

本章还从中国受理的玉米新品种权出发，分析中国 2012 年 1 月 1 日至 2017 年 12 月 31 日受理的玉米新品种总量、态势、申请人构成情况，以及其中国外申请人在中国提交的玉米新申请情况，进一步重点分析了承担"七大农作物育种"专项单位的玉米品种权申请情况，以及该时期内我国玉米品种审定概况、品种审定和品种权申请之间的关联情况。

第一节 全球玉米新品种权申请总体概况

为了解全球玉米新品种权申请分布，在 UPOV 网站检索 2012 年 1 月 1 日之后各国受理的玉米申请量，得到统计数据如表 4.1 所示。

第四章 国内外玉米新品种权分析

表4.1 UPOV数据统计的各国玉米申请量

受理国家/地区	申请量/件	受理国家/地区	申请量/件	受理国家/地区	申请量/件	受理国家/地区	申请量/件
意大利+欧盟	4496	西班牙+欧盟	1706	爱尔兰+欧盟	1464	瑞士	50
法国+欧盟	3357	斯洛维尼亚+欧盟	1676	欧盟*	1464	格鲁吉亚	41
斯洛伐克+欧盟	3024	比利时+欧盟	1647	芬兰+欧盟	1464	韩国	41
德国+欧盟	2436	丹麦+欧盟	1583	乌克兰	1416	日本	26
捷克+欧盟	2356	立陶宛+欧盟	1572	塞尔维亚	1135	加拿大	16
匈牙利+欧盟	2191	罗马尼亚+欧盟	1476	俄罗斯	1017	秘鲁	13
荷兰+欧盟	2144	爱沙尼亚+欧盟	1474	墨西哥	858	巴西	10
奥地利+欧盟	2119	拉脱维亚+欧盟	1468	美国*	472	澳大利亚	4
波兰+欧盟	2010	瑞典+欧盟	1466	南非	367	智利	4
保加利亚+欧盟	1873	塞浦路斯+欧盟	1464	阿根廷	360	厄瓜多尔	2
葡萄牙+欧盟	1789	卢森堡+欧盟	1464	摩尔多瓦	182	玻利维亚	1
英国+欧盟	1763	希腊+欧盟	1464	巴拉圭	135	中国*	0
克罗地亚+欧盟	1725	马耳他+欧盟	1464	土耳其	113		

表4.1中的统计数据来源于各国向UPOV提供和更新的数据，存在不准确，但是能够大体上反映各国玉米新品种申请情况。可以看出受理量突出的为欧盟国家、乌克兰、俄罗斯、美国和南美国家，其中美国和中国的受理量需做进一步检索修正。

以下对具有代表性的几个国家和地区的数据进一步分析，以探究其玉米品种权申请情况。

一、UPOV数据中欧盟及其成员国申请量

欧盟成员国要获得玉米新品种权，可以向欧盟植物品种局提出从而获得欧盟所有成员国的品种权保护，也可以在国内提出申请获得本国保护，但欧盟保

护和国内保护不能兼得，所以表4.1中各欧盟成员国的申请量是欧盟植物品种局申请量和国内申请量的总和。

表4.1中数据显示，欧盟成员国的玉米新品种权申请量至少为1464件，即与欧盟申请量相同；同时，表4.1中数据也显示，在欧盟成员国中意大利、法国、斯洛伐克、德国、捷克、匈牙利、荷兰、奥地利、波兰等国家也单独受理了大量玉米品种权申请。

欧盟2012—2017年受理玉米品种权态势如图4.1所示，各年间申请比较稳定，2014年和2015年申请量较大。

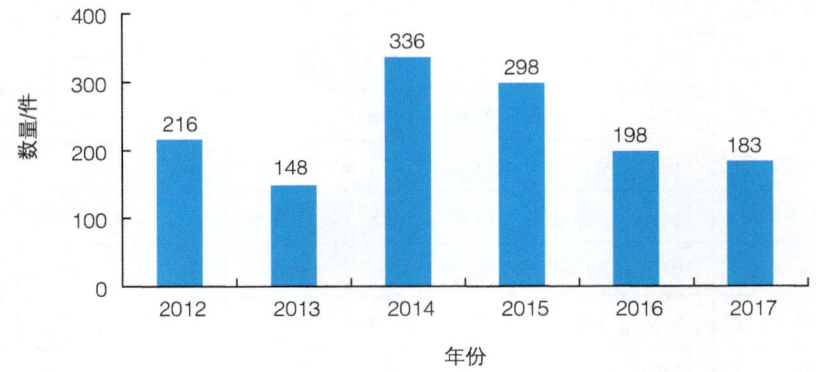

图4.1　2012—2017年欧盟玉米品种权申请量

据联合国粮农组织（FAO）统计，欧盟玉米进出口数据如图4.2所示，2012—2015年，欧盟玉米出口量持续上升，与同期内的品种权受理量态势相似。

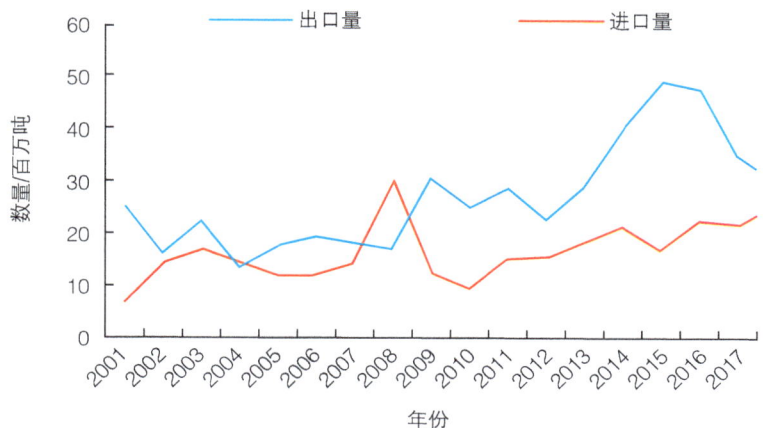

图4.2　欧盟玉米进出口统计数据

出口与进口数据对比发现，品种权申请到受市场需求趋势驱动。

二、UPOV数据中美国受理量

表4.1中显示美国申请量为472件，此数据不能反映美国的玉米新品种申请情况，因为依据美国的有关法律，与植物品种有关的知识产权保护，根据植物品种本身的情况可以获得以下3种途径的保护。

①植物专利：在人工栽培状态下发明或发现的，并且已经进行了无性繁殖的具有新颖性和特异性的植物，可以向美国专利商标局（USPTO）提交申请获得植物专利。

②实用专利：针对植物品种有性繁殖和无性繁殖的实用专利，向美国专利商标局（USPTO）提交申请。

③植物新品种认证：针对已进行有性繁殖或块茎繁殖的任何具有特异性、一致性、稳定性的植物新品种，向美国农业部（USDA）植物新品种保护办公室提交申请。

表4.1中的472件申请是美国农业部（USDA）植物新品种保护办公室受理的，需要加上美国专利商标局（USPTO）植物专利和实用专利数据才能反映美国玉米品种的申请情况。

通过对所有玉米相关植物专利申请进行关键词分析，得到检索方案，检索统计了美国的全部玉米植物专利申请及2012年1月1日到2017年12月31日期间受理的玉米植物专利，如表 4.2 所示。

表4.2　美国专利商标局（USPTO）受理的玉米品种专利检索方案及数据

品种类型	关键词所覆盖的植物专利名称	2012—2017 年受理量 / 件
maize hybrid	Maize hybrid	368
maize inbred	Maize inbred	453
corn variety	Plant and Seed of hybrid corn Variety； Plant and Seed of corn Variety； hybrid corn Variety	771
variety corn	Variety corn line	113

2012—2017 年申请量为 1705 件，加上美国农业部（USDA）的植物新品种保护办公室（USDA）受理的 472 件申请，该阶段玉米品种权申请总量为 2177 件。各年间两个机构受理的玉米品种申请态势如图 4.3 所示，各年间申请量呈缓慢下降趋势。美国农业部植物新品种保护办公室受理的美国玉米新品种申请数量 2013—2014 年递减，在 2015 年回升至高位。

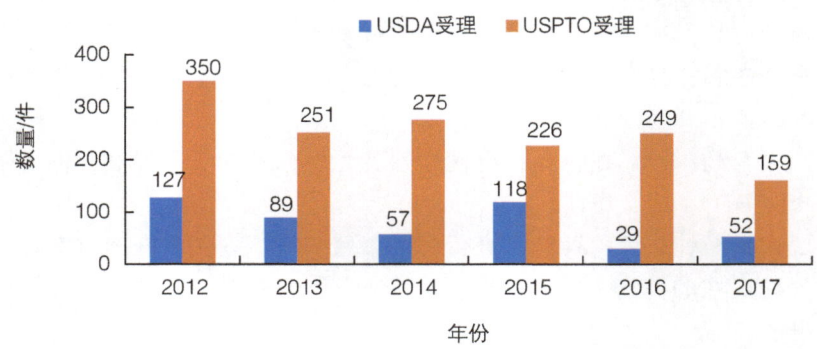

图4.3　美国USDA和USPTO的玉米新品种权申请受理量态势

同期内，据联合国粮农组织（FAO）统计数据，美国玉米品种进出口数据态势如图 4.4 所示。

第四章　国内外玉米新品种权分析

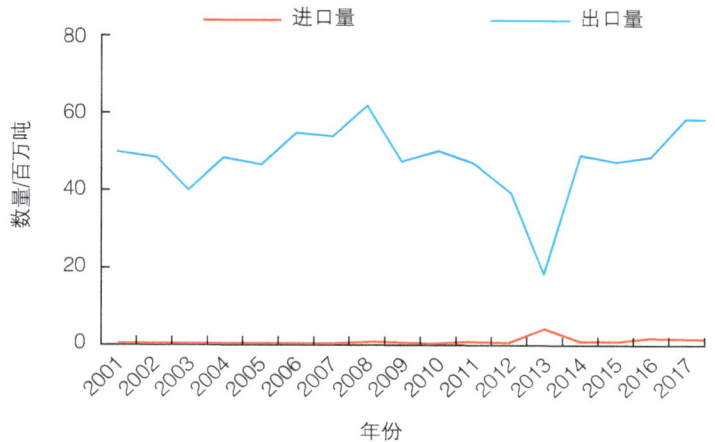

图4.4　美国玉米进出口量统计

从图4.4中可以发现，2012年美国玉米出口从平均4000万吨以上水平降到2000万吨水平，出口量骤减50%以上，出口市场行情的这一巨大振幅对后续几年的品种权申请形成了负反馈和抑制，因此如图4.3所示2013—2014年美国农业部（USDA）植物新品种保护办公室受理的美国玉米新品种申请数量递减。

三、UPOV数据中的中国受理量总数

UPOV上未检索到中国玉米申请量。笔者分析，数据不是必须上传到UPOV，农业部植物新品种保护办公室可能未向UPOV上传受理数据。

根据检索农业部植物新品种保护办公室网站公告数据，2012年1月1日至2017年12月31日，玉米新品种申请量合计为4082件（表4.3）。

表4.3　2012—2017年玉米新品种权申请统计

年份	申请量/件
2012	490
2013	460
2014	624
2015	782

103

续表

年份	申请量/件
2016	719
2017	1007
合计	4082

中国受理量超过表 4.1 中的意大利,为全球玉米品种受理量最大的国家。中国作为玉米消耗量最大的国家,是全球多个国家玉米出口的主要目的地,各国玉米生产企业不仅仅以贸易方式向中国输出玉米,中国也是其布局申请玉米品种权的必选之地[39]。

四、UPOV 数据中的俄罗斯和乌克兰的受理量

2012—2017 年,俄罗斯玉米新品种申请量如图 4.5 所示,可以看出各年间申请量稳定。

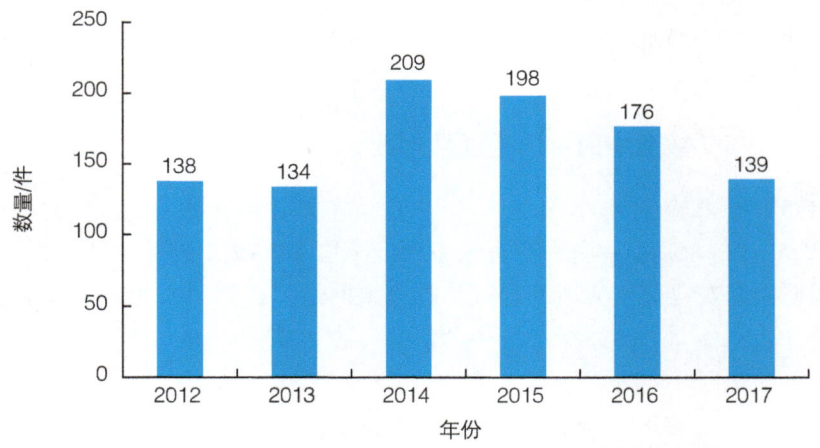

图4.5 俄罗斯玉米新品种权申请受理量态势

据联合国粮农组织(FAO)统计数据,俄罗斯在玉米的需求方面处于自给自足状态。

2012—2017 年,UPOV 上检索到乌克兰的玉米新品种申请数据共 1416 件(表 4.1),全部数据为 1505 件,年度申请态势如图 4.6 所示。

第四章 国内外玉米新品种权分析

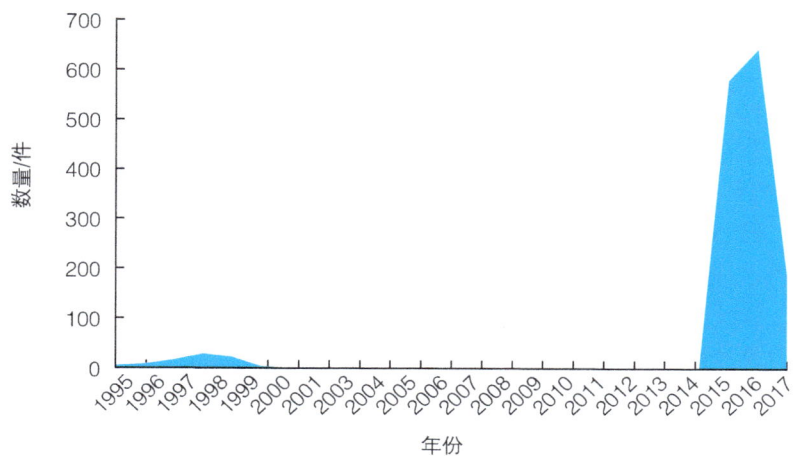

图4.6 乌克兰玉米新品种权申请受理量态势

图4.6显示，乌克兰的玉米新品种申请，相比过去一直几近于无的申请量，2016年和2017年两年的申请总量直接达到1255个玉米品种，与此前几十年形成鲜明的反差。

据联合国粮农组织（FAO）统计数据（图4.7），同时期乌克兰玉米出口量年年增长，与玉米品种权申请态势相呼应。

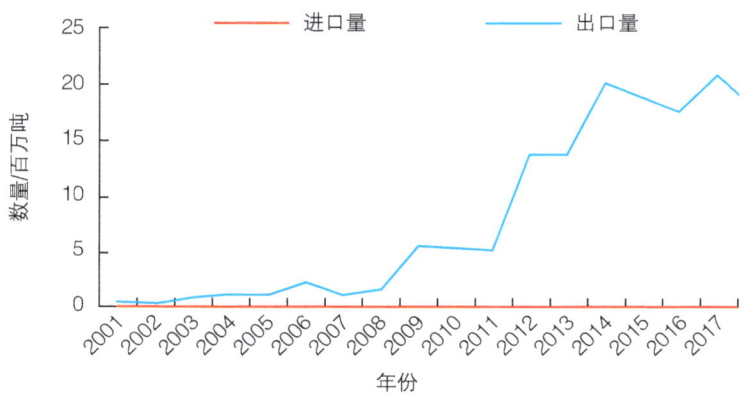

图4.7 乌克兰玉米出口量态势

另外，进出口数据显示，我国玉米进口主要来自于美国和乌克兰，且乌克兰的订单占比越来越大。中国成为乌克兰玉米出口的主要目的地。笔者推断，

105

中国巨大的市场需求是刺激乌克兰玉米新品种申请量跃升的主要驱动力。

五、UPOV 数据中南美国家玉米品种的受理量

南美是全球玉米主要出口地区之一。表 4.1 显示，玉米品种权申请国有墨西哥、阿根廷和巴西。据联合国粮农组织（FAO）统计数据，墨西哥、阿根廷和巴西的玉米进出口数据态势如图 4.8 所示。

从图 4.8 可以看出，墨西哥玉米进口量远高于出口量，但是，阿根廷、巴西的玉米出口量远高于进口量，2017 年阿根廷的玉米出口量达 2598 万吨，几乎没有进口，是全球的主要玉米出口国。

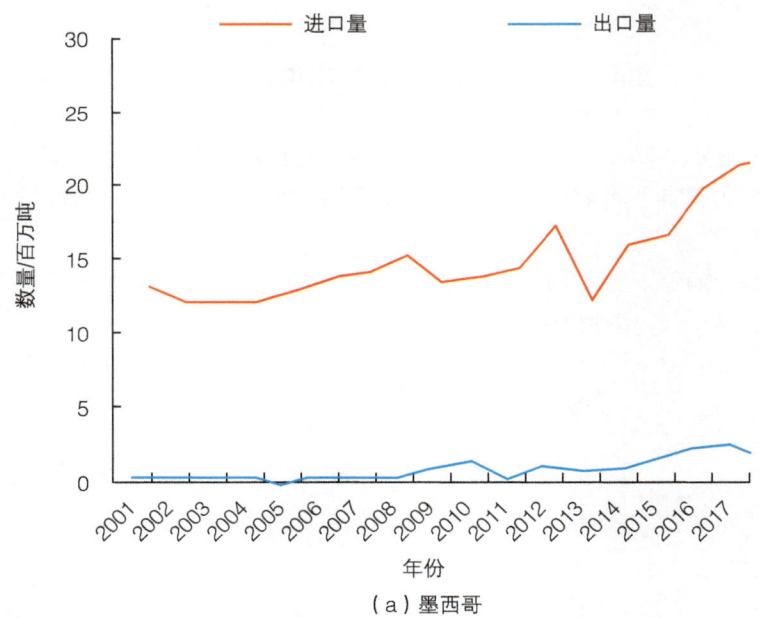

（a）墨西哥

第四章 国内外玉米新品种权分析

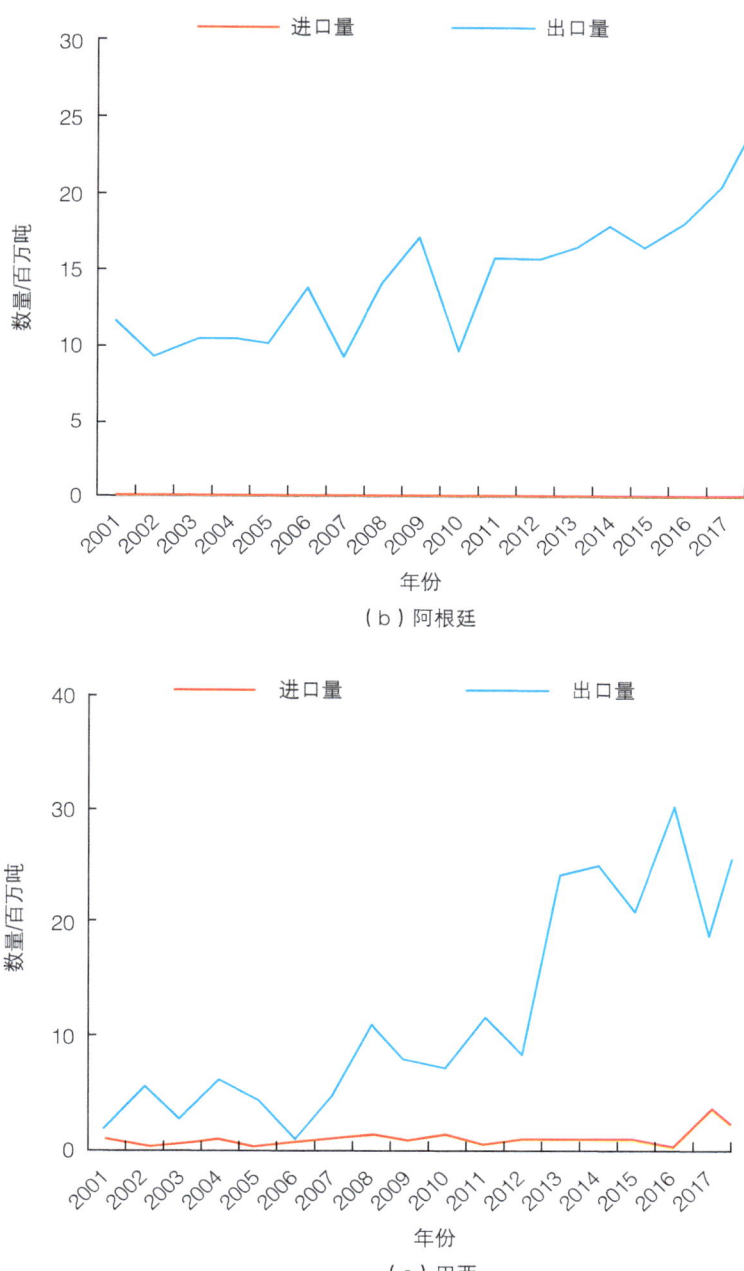

(b) 阿根廷

(c) 巴西

图4.8 墨西哥、阿根廷和巴西玉米进出口量态势

同期墨西哥的玉米新品种权申请受理量态势如图4.9所示，2014年申请量稍多，其余年份基本持平。

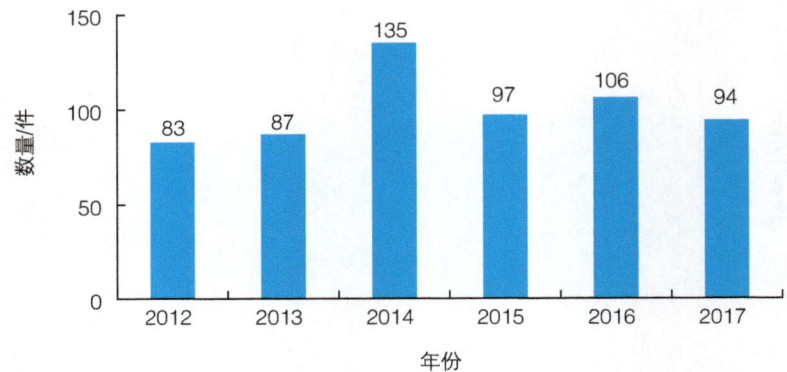

图4.9　墨西哥玉米新品种权申请受理量态势

同期，巴西和阿根廷的玉米新品种权申请受理量态势如图4.10和图4.11所示。

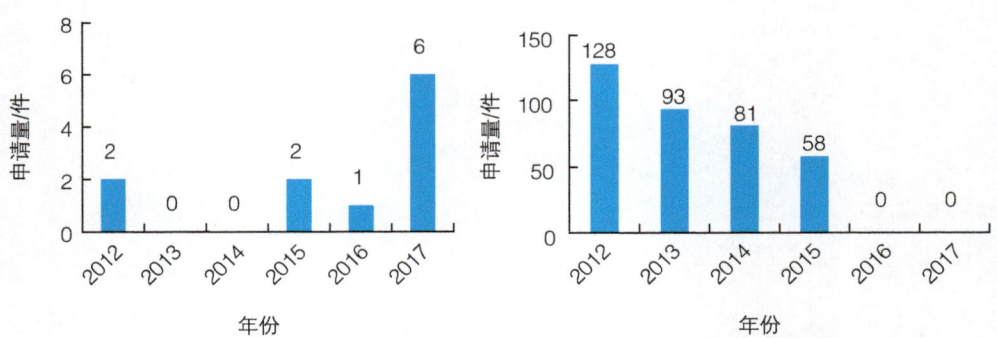

图4.10　巴西玉米新品种权申请受理量态势　　图4.11　阿根廷玉米新品种权申请受理量态势

从图4.10中可以看出，巴西总体上玉米新品种权申请量极低，2017年明显升高，也仅有6件申请。阿根廷申请量较大，但是申请量逐年显著减少。

第二节 国外主要申请人玉米新品种权申请和保护现状

根据 UPOV 统计数据，国外申请量突出的国家或地区是欧盟、乌克兰、俄罗斯、美国、阿根廷、巴西等。联合国粮农组织（FAO）统计的各国玉米进出口数据显示，现阶段玉米出口量从大到小依次为美国、巴西、欧盟、阿根廷、乌克兰。

欧盟覆盖 20 多个成员国，2012—2017 年玉米品种权受理量为 1464 件；而 2012—2017 年美国玉米新品种权受理量超过 2000 件且出口量占第一位。因此，对欧盟和美国的申请人进行分析，选出具有代表性的主要申请人进行分析，通过这些申请人的玉米品种权申请情况了解国外申请人的玉米新品种申请和保护情况。

一、欧盟和美国主要申请人

检索欧盟植物品种局 CPVO 网站（https://cpvoextranet.cpvo.europa.eu/mypvr/#!/en/publicsearch）上 2012 年 1 月 1 日至 2017 年 12 月 31 日的玉米新品种数据，检索到的玉米新品种申请量为 1379 件，对申请人信息进行统计，结果如表 4.4 所示。

表4.4 欧盟和美国的玉米新品种申请人统计

欧洲		美国 USDA 受理		美国 USPTO 受理	
申请人	申请量/件	申请人	申请量/件	申请人	申请量/件
先锋	462	先锋	206	孟山都	723
KWS Saat SE	236	孟山都	186	先锋	592
利马格兰欧洲	203	先正达	70	先正达	86
孟山都	164	优利斯	8	其他	304
优利斯	97	其他	2		
RAGT 2n S.A.S	80				
Caussade Semences S.A.	57				
先正达	28				
Crookham Company Inc.	7				

从表 4.4 看到，欧盟和美国的申请人都相对集中。

欧洲申请人中，孟山都、先正达、先锋、KWS Saat SE、利马格兰欧洲为主要申请人，优利斯（Euralis）、RAGT 2n S.A.S 申请量也非常突出，其中优利斯（Euralis）在美国也有少量申请。而美国的申请人中，先正达、先锋和孟山都三大巨头的申请总量占美国玉米品种专利申请总量的 86% 以上，占据绝对地位。因此，选取孟山都、先锋、先正达、KWS Saat SE、利马格兰欧洲 5 个申请主体进行分析。

二、国外主要申请人分析

1. 孟山都玉米申请分析

孟山都科技公司总部位于美国密苏里州圣路易斯市，在全球 66 个国家和地区设有分支机构，拥有员工总数 2 万多人。生产包括玉米、大豆和棉花等主要农作物及果蔬种子。

统计分析孟山都科技公司在美国、欧洲和中国的玉米申请，如图 4.12 所示。

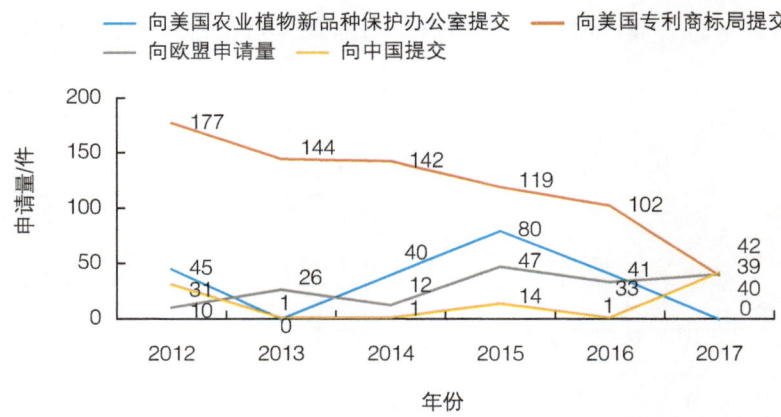

图4.12 孟山都科技公司在欧盟、美国和中国的玉米新品种权申请态势

从图 4.12 可以看出，孟山都公司 2013—2016 年玉米新品种的申请量在美国本土显著高于在欧盟和中国提交的申请。在 2017 年的申请中，孟山都公司在中国和欧盟的申请量高于在美国的申请量，其向美国专利商标局提交的玉米品种专利的申请量显著降低，这一态势的发生时间正好与拜耳收购孟山都的发生时间相重叠。同时说明，中国种业市场的巨大潜力对其具有持续的吸引力，近

几年的一系列政策法律的调整和实施都在促进种企加大在中国的投入。

从美国专利商标局网站上检索到的玉米植物专利类型看，孟山都的玉米品种专利所涉及的品种类型有杂交种、自交系、常规品系等，技术储备雄厚。

2001年孟山都科技公司与中国种子集团公司合资成立"中种迪卡种子有限公司"，开始在中国推广迪卡品牌的杂交玉米种子；2009年孟山都中国生物技术研究中心成立，通过与中国科研机构的合作开展研发；2013年孟山都公司与中种集团达成协议，将孟山都公司在华育种研发平台全部合并至该合资公司，同时对合资公司开放孟山都公司的全球种质资源，合资公司更名为"中种国际种子有限公司"，2017—2018年孟山都被拜耳收购。目前在中国销售的玉米品种迪卡系列和M753（山西）、M753（新疆）、M751一共15个玉米品种，覆盖东北、华北、黄淮海、西北和西南地区，由中种国际种子有限公司生产销售。

经检索和统计，2012—2017年，以孟山都科技责任有限公司为申请主体提交了90个玉米品种申请，同期其合资公司"中种国际种子有限公司"有玉米新品种申请82项。

2. 先锋国际良种

先锋国际良种公司是杜邦集团下的子公司，拥有世界上最大规模的玉米种质资源库，覆盖了60%以上的玉米种质资源，并在全球建立了126个育种站，110个研发中心，遍及25个国家，有4000多名科学家。每年投入不少于销售额10%的资金用于种子研发。

统计分析先锋国际良种公司在美国、欧洲和中国的玉米申请，如图4.13所示。

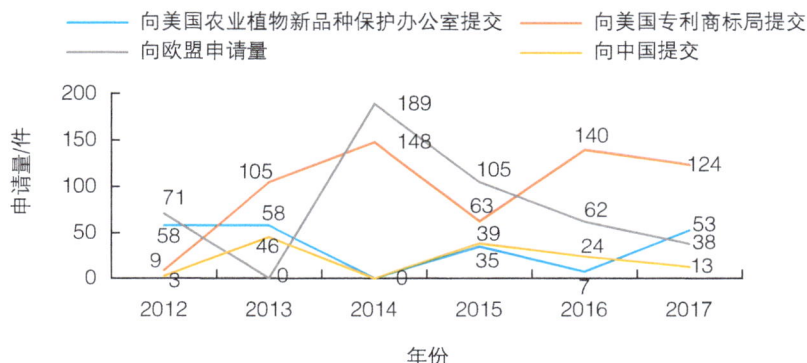

图4.13 先锋国际良种在欧盟、美国和中国的玉米新品种权申请态势

图 4.13 显示，先锋国际良种的玉米品种权申请量主要分布在美国和欧盟。欧盟始终是先锋国际良种获取玉米新品种权保护的重要地区，除了 2013 年，向欧盟提交的申请量始终显著高于向中国提交的玉米新品种申请，一些年份甚至显著高于在美国提交的申请量。

先锋国际良种 2012—2017 年向 USPTO 提交的玉米品种专利申请恰好与向 USDA 和中国提交的品种申请形成补偿的关系，在提交玉米新品种申请较多的年份，玉米品种专利数量就少，反之亦然。显示出"研发/技术储备"和"申请新品种权为玉米品种进入市场"交替进行的节奏。根据美国专利商标局数据，先锋国际良种的玉米品种专利包括两种类型：一类是玉米杂交种（maize hybrid），一共 241 项申请；一类是玉米自交种（maize inbred），共 349 项申请。这说明先锋国际良种在新品种和亲本品系的方面都有充分储备。

杜邦先锋公司北京办事处设立于 1997 年，1998 年成立铁岭先锋种子研究有限公司，之后相继成立山东登海先锋种业有限公司、敦煌种业先锋良种有限公司、北京未名凯拓农业生物技术研究中心有限公司 3 家合资企业。

铁岭先锋种子研究有限公司为杜邦先锋的全资子公司，主要从事农作物和粮食产品及相关技术的培育、筛选、亲本测试、评价和其他研究活动，提供相关服务，授予第三方种子和相关技术的使用权等。

山东登海先锋种业有限公司是先锋国际良种公司与山东登海种业股份有限公司共同投资的合资公司，销售范围集中在黄淮海地区，目前主要品种有先玉 335、先玉 508、先玉 696、先玉 688。

敦煌种业先锋良种有限公司是先锋国际良种公司与甘肃省敦煌种业股份有限公司共同投资的合资公司，销售范围主要集中在东北和西北地区，目前主要品种有先玉 335、先玉 508、先玉 696、32D22 等。

北京未名凯拓农业生物技术研发中心有限公司主要进行农艺性状基因的研发，这是中国第一个生物技术合资公司，同时也是杜邦全球第五个生物技术研发中心。

经检索，2012—2017 年，以先锋国际良种公司为申请主体申请了 125 个玉米新品种。上述 4 个在华投资的公司都没有玉米新品种申请行为，其所有销售玉米品种的新品种权都在先锋国际良种公司名下。

3. 先正达公司

先正达总部位于瑞士巴塞尔。2000 年 11 月 13 日，诺华和捷利康合并旗下农业部门，成立了先正达公司。

统计分析先正达公司在美国、欧洲和中国的玉米申请，如图4.14所示。

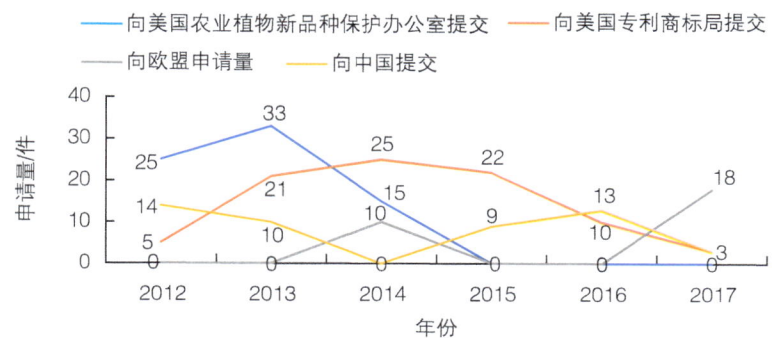

图4.14　先正达公司在欧盟、美国和中国的玉米新品种权申请态势

图 4.14 显示，先正达公司（包括先正达农业保护公司和先正达参股公司）的玉米品种权申请量在美国、欧盟和中国总体上呈下降趋势，只有 2017 年在欧洲的申请突然升高，显示出该公司对欧洲玉米市场的逐渐偏移。

在中国，先正达成立了先正达（中国）投资有限公司、先正达参股股份有限公司、先正达农作物保护股份公司、先正达（中国）投资有限公司隆化分公司，以及合资企业三北种业公司。三北种业公司是 2008 年经农业部批准由先正达与上源实业发展公司合资成立的。

先正达在中国生产销售的玉米品种如下。

春玉米品种：先达 408，先达 201，先达 203，先达 205，先达 101。

夏玉米品种：济丰 96，三北 21，蠡玉 13，三北 218，先达 301。

热带和亚热带品种：三北 2，三北 89，先达 901，先达 903，先达 905。

甜玉米品种：库普拉，双色先蜜，米哥，奥弗兰，脆王，瑞甜，先甜 5 号，先甜 90 号，佛甜 2 号，农甜 88。

2012—2017 年，以先正达为申请人在中国提交了 92 件玉米新品种申请。

4. KWS 种子股份有限公司

KWS 种子股份有限公司总部在德国爱因拜克市，在全球 70 个国家和地区有子公司和合资公司；主导产品是甜菜，紧随其后的是玉米（包括油料作物和其他大田作物）和禾谷类。

统计分析后发现，KWS 种子股份有限公司在美国没有申请记录，在欧洲和中国的玉米新品种申请如图 4.15 所示。

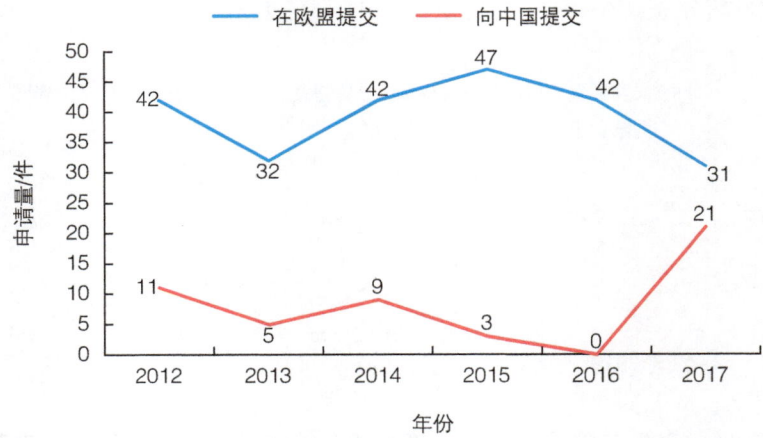

图4.15　KWS种子股份有限公司在欧盟、中国的玉米新品种权申请态势

从图 4.15 中可以看出，KWS 种子股份有限公司的玉米品种权申请重心在欧洲，但是在中国的玉米新品种申请稳中有升，在 2017 年显著增加。在中国现通过省级审定的品种有 12 个，分别为垦沃 1 号、垦沃 2 号、垦沃 3 号、德美亚 1 号、德美亚 2 号、德美亚 3 号、新引 KWS9384、新引 KWS3376、新引 KWS7461、新引 KWS2564、新引 KWS3564、新引 KWS4574。

根据这些品种的审定申请者检索到 KWS 种子股份有限公司在中国的合作公司是北大荒垦丰种业股份有限公司。

5. 利马格兰欧洲

利马格兰欧洲（简称利马格兰）是一家国际性的农业合作社集团，位居世界种业第四，专业致力于大田种子、蔬菜种子与谷物产品，由法国农民于 1942 年在奥弗涅地区（位于法国中部）成立，距今已有 70 年的发展历史（据其官方网站介绍）。

利马格兰在美国没有申请记录，在欧盟和中国的玉米新品种申请，统计结果如图 4.16 所示。

第四章 国内外玉米新品种权分析

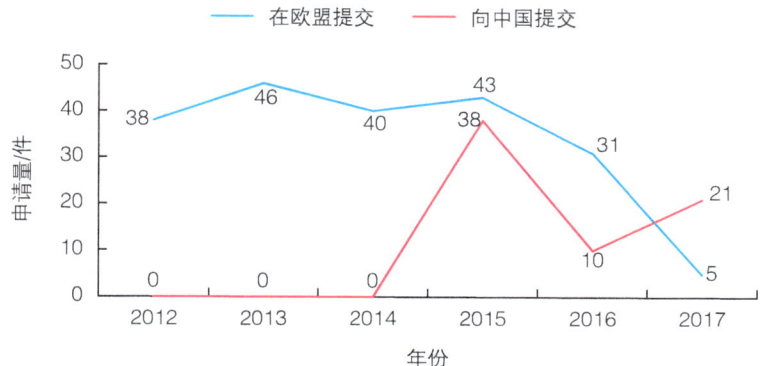

图4.16 利马格兰欧洲公司在欧盟、中国的玉米新品种权申请态势

图4.16显示，利马格兰欧洲在欧盟的申请稳中有降，尤其是2017年急剧下降；2015开始在中国提交玉米品种权申请。

1993年利马格兰开始进驻中国市场，于1997年在中国正式成立公司，利马格兰种业是大田种业位居世界第三的种子企业，每年将13%的专业销售额投入研发。子公司遍布全球39个国家。自1997年以来，在中国山西、山东、河南成立了玉米研究站，2007年成立威迈香港有限公司VHK；2015年威迈香港有限公司VHK与甘肃恒基种业有限责任公司合资成立恒基利马格兰种业有限公司，标志着大田种业位居世界第三的种子企业完成在中国的重新布局，业务的重点则是在大田玉米的销售、推广。

恒基利马格兰种业有限公司目前以利合16号等品种为主发展东北市场，黑龙江和吉林将是目标市场。

第三节 中国玉米品种权申请分析

品种权数据来源于农业农村部科技发展中心网站公告；玉米品种国审数据来源于农业部公告。省级审定数据来源于各省／直辖市农业行政单位网站。

一、中国玉米新品种权申请情况

在农业农村部科技发展中心网站（http://www.nybkjfzzx.cn/p_pzbh/sub_gg.aspx?n=21）上检索用于分析的基础数据，如表4.5所示。

表4.5 玉米新品种申请和授权检索结果

	玉米新品种申请数据检索方案	玉米新品种授权数据检索方案
公告类型	申请公告	授权公告
植物种类	玉米	玉米
日期	申请日：2012年1月1日至2017年12月31日	公告日：2017年1月1日至2018年5月31日
检索结果	1022件	875件

1. 申请趋势

申请日在2012年1月1日至2017年12月31日的农业农村部科技发展中心网站上公告的玉米新品种权申请数据共1022件，其中2017年1007件，2012—2017年申请态势如图4.17所示。

从图4.17可以看出，2015—2016年的玉米新品种申请较2012—2014年呈增长态势，2017年的玉米新品种权申请延续了增长态势，而且与2015年的782件、2016年的719件相比，2017年申请量涨幅呈跃升状态，申请量达到历史最高。

图4.17 2012—2017年玉米新品种权申请总量

2. 申请主体构成

从图4.18所示的申请主体构成看，2017年申请量高企主要来自研究所和企业的贡献。企业申请量占73%，仍然占据绝对优势；但是研究所的申请量绝对增长数量达到99件，涨幅达到200%。

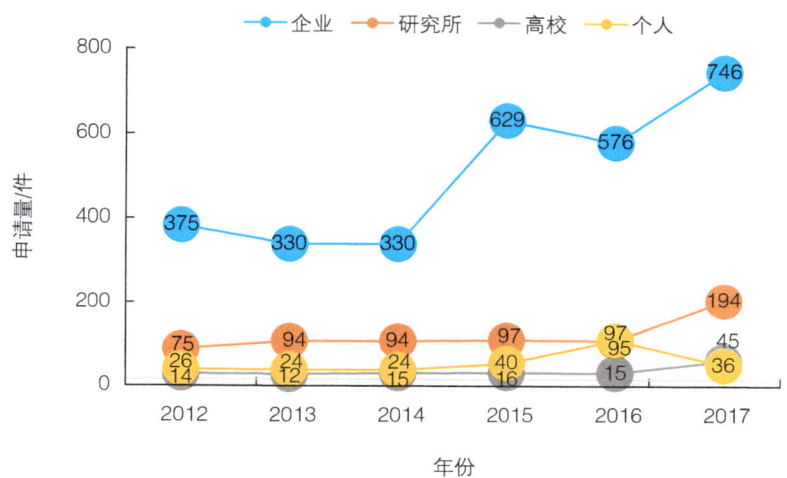

图4.18　2012—2017年玉米新品种权申请主体构成

2017年申请量增长态势的延续及申请的突破，与2014—2016年对种业在市场、政策和法律环境上的系统调整和帮扶政策及种质资源上的支持分不开。

图4.18显示，2013年和2014年出现了增长停滞，该时间点正是国家相关部门对植物新品种保护及种业领域相关法规政策进行修改和改革的酝酿期，种企单位对行业/市场政策的高度敏感性，使其采取了保守观望的姿态等待新的政策走向。2014—2016年玉米申请量的持续升高，显示国家在这期间对种业在体制、政策和法律环境上的系统调整和帮扶政策，以及种质资源上的支持，推动了不同生态区育种单位新品种选育，起到了立竿见影的效果，例如，"国七条"提出"有利于促使产学研相结合，以企业为创新主体，育种资源向企业有序流动"。研究所类单位申请量激增，"促进产学研结合"这一资源政策方面的引导积极促使研究所将育种成果申请新品种权并逐渐推向市场。另外，2017年4月1日起停征植物新品种保护权收费，停征的费用包括申请费、审查费和年费；这一调整，显著减轻申请单位申请品种权的成本，对企业和研究所的玉米新品种权申请量跃升起到积极作用。

二、国内玉米新品种权授权情况

检索2012—2017年的玉米授权公告，统计数据如图4.19所示，2012年和2013年数量相当，以后逐年升高，与玉米申请趋势相符。

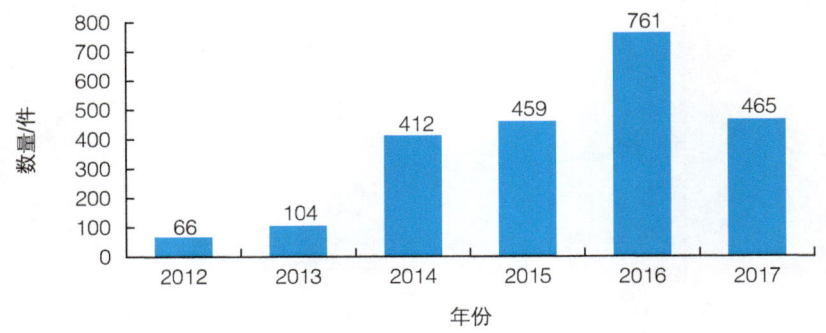

图4.19　国内玉米新品种权授权态势统计

图4.19统计的数据是指中华人民共和国农业农村部科技发展中心授权的数量，包含了国外申请人和国内申请人的授权量。

对2017年内授权品种的申请主体构成进行分析，显示11%为国外企业，其余89%为国内申请人。

三、在中国提交玉米新品种权申请的国外申请人申请情况分析

在2012—2017年中国受理的玉米新品种权申请中，对外国申请人的申请数据进行统计分析。统计显示，在中国申请玉米新品种权的国外企业有孟山都科技有限公司、先正达参股股份有限公司、先锋国际良种、KWS种子股份有限公司、利马格兰欧洲、RAGT 2n S.A.S和优利斯种业。

对比发现，在中国提交玉米新品种权申请的国外申请人与第四章第二节中分析的欧盟主要申请人完全重叠（表4.4）。

这些国外种企2012—2017年在中国的玉米新品种权总申请量如表4.6所示。

表4.6　国外申请人在中国的申请量

申请人	先锋国际良种	孟山都科技有限责任公司	利马格兰欧洲	先正达参股股份有限公司	KWS种子股份有限公司	RAGT 2n S.A.S	优利斯种业
申请量/件	125	90	69	49	56	32	11

2012—2017年国外申请人在中国各年间的玉米新品种权申请态势如图4.20和表4.7所示。

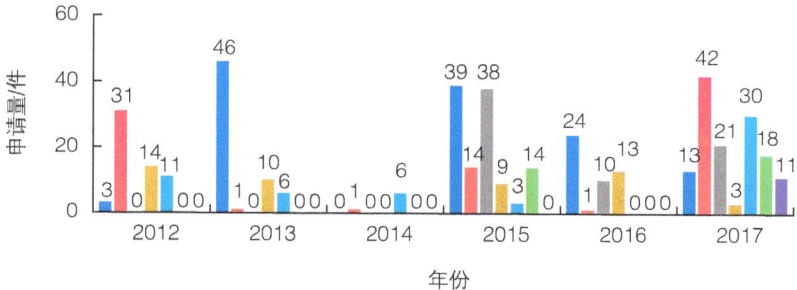

图4.20　国外申请人在中国各年间的玉米新品种权申请态势

表4.7　2012—2017年国外申请人在中国各年间的玉米新品种权申请

申请人	先锋国际良种	孟山都科技有限责任公司	先正达参股股份有限公司	KWS种子股份有限公司	RAGT 2n S.A.S	优利斯种业	利马格兰欧洲
2012年	3	31	14	11	0	0	0
2013年	46	1	10	6	0	0	0
2014年	0	1	0	6	0	0	0
2015年	39	14	9	3	14	0	38
2016年	24	1	13	0	0	0	10
2017年	13	42	3	30	18	11	21

图 4.20 和表 4.7 显示，2012—2017 年国外主体在中国的玉米新品种权申请在 2014 年和 2016 年都出现了触底式的回落。尤其在 2014 年，国外申请人都不约而同地暂缓在中国提交玉米新品种权申请，从总体态势上看呈观望状态。中国的企业申请人在 2014 年的申请量较 2013 年也没有增长。该时间点恰逢我国相关部门对植物新品种保护及种业领域相关法规政策进行修改和改革的酝酿期。种企单位对行业/市场政策高度敏感，使其采取了保守观望的姿态等待新的政策走向。2017 年，除先正达参股股份有限公司之外，这些国外企业在中国的申请量同时迅速回升，此时中国的总受理量也达到高峰，突破 1000 件申请（图 4.17）。

美国的 3 个种企孟山都科技有限责任公司、先正达参股股份有限公司、先锋国际良种的申请量变化趋势不同，但每年都有申请。

欧洲种企中，KWS 种子股份有限公司最早进入中国申请玉米新品种，且每年都有一定申请量。RAGT 2n S.A.S 和利马格兰欧洲 2015 年开始在中国申请玉米品种，优利斯种业 2017 年开始在中国申请玉米品种。

四、国内主要申请人统计

对国内申请人申请量进行统计，主要申请人及其申请量如图 4.21 所示。

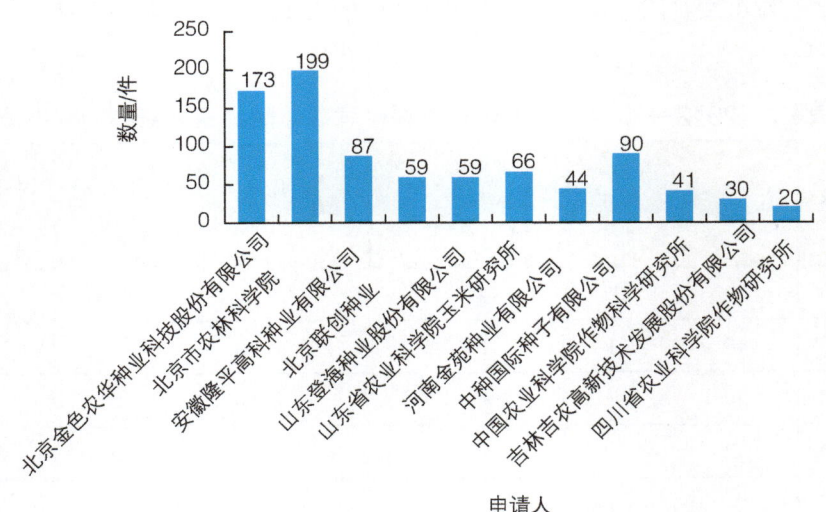

图4.21　国内主要玉米新品种权申请人申请总量统计

从图4.21可以看出，申请量排名前十的申请人中，7家是企业，3家为科研单位。其中，排名前五申请人各年间申请态势如图4.22所示。

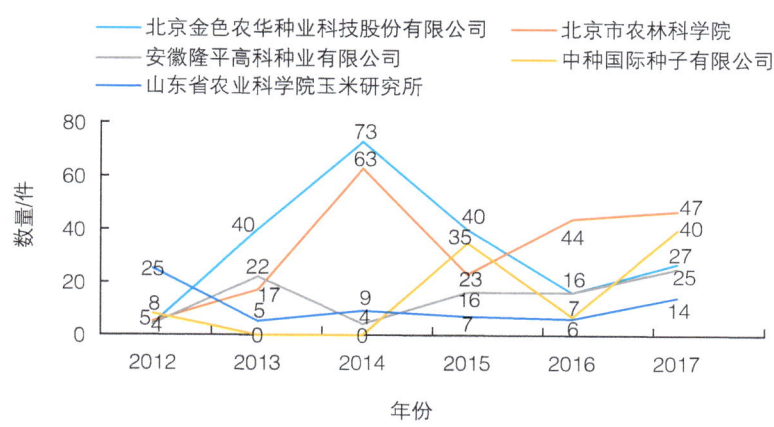

图4.22　国内排名前五申请人各年间申请态势

从图4.22可以看出，排名前五的申请人中，北京金色农华种业科技股份有限公司与北京农林科学院，2014年申请量都达到峰值，2015年下降。其余单位的申请趋势在各年间变化较平缓，在2014年稍微下将，2015年申请量回升。各申请人申请量态势堆积图显示，总体上，2012—2016年申请量呈明显的上升趋势。

从玉米新品种申请的态势可以看出，2013—2016年国家相继出台各种政策法规，对玉米种业环境起到了积极的助推作用。其中部分企业在2015年、2016年的申请量呈轻微下降趋势，推测与2013—2014年玉米杂交种子严重供过于求、大型企业库存压力大等严峻形势（参见《中国种子协会玉米种业分会2014年会纪要》）引起的滞后效应有关。据报道，2013—2014年，种子库存量超过需求量1倍，大多数种企都暂停了1年的制种计划，推测这种供过于求的局面主要存在于中小种企中，由玉米品种同质化严重引起。

五、国内排名前五申请人调研

1. 北京金色农华种业科技股份有限公司

北京金色农华种业科技股份有限公司是2001年10月成立的集科研、繁育、生产、加工、推广为一体的大型种业科技企业，公司主营玉米、水稻大田作物良种，拥有全资子公司江西先农种业有限公司、湖南金色农华种业科技有限公司、湖北华占种业科技有限公司和江西赣兴种业有限责任公司,并在全国20多个省(市、区)设立了分支机构,科普服务队伍遍及全国。科研实力雄厚,建有1个转基因研究实验室、5个亲本鉴定点、7个育种中心、123个试验站,每年保持年销售额10%以上的研发投入,科研成果卓著,杂交玉米育种能力居同行首位;在生产上,常年制种面积约20万亩。在推广上,在全国建立了3000多个定位试验点、20 000多个定点示范户。2012—2017年提交了173件玉米品种权申请,在此期间通过国审玉米品种18个,其中12个国审品种集中在2017年内通过。从其品种权申请态势来看,2015—2016年有所回落,但是在品种审定上成绩斐然。

2. 北京市农林科学院

北京市农林科学院的玉米研究中心,是经北京市政府批准成立的专门从事玉米研究及开发的科研机构,主要任务是集玉米新品种选育、示范推广、良种繁殖、良种良法配套及生产咨询五位一体,实施育、繁、推一体化的产业工程。承担国家转基因重大专项、国家现代产业技术体系、973、863、948、农业部专项、科技成果转化、北京农业育种基础研究创新平台、DH工程化育种、人才培养等,参与多项国家科技支撑计划课题。在国内率先启动"超级玉米"系统研究,系统阐述了超级玉米5项指标,提出了以耐密植为核心的多抗、广适、稳产性育种路线,创新形成了综合运用"高大严"、DH、IPT、MAS和多年多点鉴定筛选技术相结合的育种体系。

该院成立有北京农科院种业科技有限公司,承担自育品种成果转化工作,自2000年以来,选育并通过审定玉米品种53个77品次,其中国审品种19个,京科25、京单28等早熟、高产系列品种已成为京津唐区主导品种。这是国内产学研结合的典范。2012—2017年玉米品种权申请量171件,通过国审玉米品种9个。

3. 安徽隆平高科种业有限公司

安徽隆平高科种业有限公司成立于2002年5月,是从事水稻、玉米、小麦、棉花四大农作物集科研、生产、销售为一体的现代专业化种子公司。每年公司科研投入占销售额的6%~7%,2014年公司科研投入达4000多万元,有自己的玉米研究所、7个玉米育种站、46个生态鉴定点。2013年,成立安徽隆平北美分公司,从事玉米育种和玉米优质资源的研究。

2012—2017年,玉米品种权申请66件,通过国审品种10个。

截至2017年10月底,隆平高科营业额达到3.04亿欧元,进入全球种业前十强，排名第九。

4. 山东省农业科学院玉米研究所

山东省农业科学院玉米研究所（简称山东玉米所）成立于1979年，是山东省唯一专门从事玉米研究的省级科研单位。建有小麦玉米国家工程实验室、国家玉米改良中心济南分中心、国家黄淮海转基因玉米中试与产业化基地、农业部黄淮海北部玉米生物学与遗传育种重点实验室、国家玉米原种繁育基地和山东省中—印尼玉米研发中心等国家和省部级研发平台；"八五""十五"被评为"全国农业科研开发综合实力百强研究所"。

山东玉米所学科较为齐全，主要从事种质资源、高产育种、品质育种、诱变育种、鲜食玉米、分子遗传、栽培生理和种子生理研究；拥有"百千万人才工程"国家级人选、国家有突出贡献中青年专家、全国农业科研杰出人才、"泰山学者"、山东省有突出贡献中青年专家等在内的科技人员55人。其中，正高级12人、副高级17人、博士16人；玉米遗传育种和栽培生理研究团队获"中华农业科技优秀创新团队奖"，遗传育种团队获农业部"黄淮海生态区玉米遗传育种创新团队"称号。

山东玉米所自成立以来，先后主持承担联合国开发计划署（UNDP）、国家转基因重大专项、国家和山东省重点研发计划、国际合作专项、国家和山东省玉米产业技术体系岗位专家等省部级以上科研项目100余项。先后荣获国家和省部级科技奖励60余项；育成鲁玉13号、鲁单50和鲁单981等玉米杂交种50余个，多个品种和多项技术被推荐为国家和山东省主导品种和技术，品种累计推广2亿亩以上，增加社会效益100多亿元；获得植物新品种权72件、专利70项，软件著作权48项，制定地方标准16项；主编《中国玉米栽培学》《中国玉米品种及其系谱》《山东玉米》等学术专著。积极推进和实施与中农发种业、山东黎明种业、山东鑫丰种业、安徽丰大集团、河南豫玉种业和河南中棉种业等企业的科企合作，也是国内产学研结合的典范。

2012—2017年玉米品种权申请量达66件。

5. 中种国际种子有限公司

中种国际种子有限公司前身为美国孟山都公司于2001年与中国种子集团合资成立了的中国第一家经营玉米等大田作物种子的中外合资企业——中种迪卡种子有限公司，主要生产经营迪卡系列玉米杂交良种。2013年中种集团与孟山都深化在玉米常规育种领域的战略合作，由中种国际获得孟山都在中国的玉米种子常规育种资源与基地，组建中种集团控股的育繁推一体化的中种国际种子有限公司，中种国际也成为第一家由外国母公司向其在华合资企业注入育种研发能力和体系的中外合资种子企业。

目前，在中国生产销售的玉米品种迪卡系列和M753（山西）、M753（新疆）、M751一共15个玉米品种，覆盖东北、华北、黄淮海、西北和西南地区。

第四节 "七大农作物育种"专项项目承担单位玉米品种权情况

一、"七大农作物育种"专项项目承担单位玉米新品种权申请总量统计

项目承担单位及承担项目名称数据来源于中国农村技术开发中心网站公告。新品种数据检索要求如下。

① 申请/品种权人：各项目承担单位名称。
② 植物种类：玉米。
③ 公告类型：申请公告。

检索结果如表4.8所示。

表4.8 "七大农作物育种"专项项目承担单位玉米新品种权申请统计

项目承担单位	承担项目名称	玉米新品种权申请总量/件
北京市农林科学院	玉米杂种优势利用技术与强优势杂交种创制	229
	主要农作物种子分子指纹检测技术研究与应用	
黑龙江省农业科学院玉米研究所	东华北区早熟抗逆耐密适宜机械化玉米新品种培育	62
中国农业科学院作物科学研究所	玉米遗传改良与材料创制	53
	主要农作物诱变育种	
	主要农作物优异种质资源形成与演化规律研究	
	主要粮食作物种质资源精准鉴定与创新利用	
	黄淮海耐密抗逆适宜机械化夏玉米新品种培育	

续表

项目承担单位	承担项目名称	玉米新品种权申请总量/件
中国农业大学	作物功能基因组研究与应用	40
	玉米杂种优势利用技术与强优势杂交种创制	
	主要农作物产量性状形成的分子基础	
	主要农作物品质性状形成的分子基础/玉米营养和健	
	康功能品质形成与改良的分子基础	
	主要农作物优异种质资源形成与演化规律研究	
中国科学院遗传与发育生物学研究所	主要农作物染色体细胞工程育种	22
	主要粮食作物分子设计育种	
	主要农作物产量性状形成的分子基础	
	主要农作物品质性状形成的分子基础	
华中农业大学	主要农作物杂种优势形成与利用机理	8
南京农业大学	主要农作物养分高效利用性状形成的遗传与分子基础	1
中科院上海生科院植物生理生态研究所	主要农作物抗病虫抗逆性状形成的分子基础	0
中国农业科学院油料作物研究所	主要经济作物种质资源精准鉴定与创新利用	0

表4.8所列项目承担单位中，玉米新品种权申请总量排名前五的项目承担单位分别是北京市农林科学院（229件）、黑龙江省农业科学院玉米研究（62件）、中国农业科学院作物科学研究所（53件）、中国农业大学（40件）、中国科学院遗传与发育生物学研究所（22件）。

各单位玉米新品种申请权年度趋势如图4.23所示。

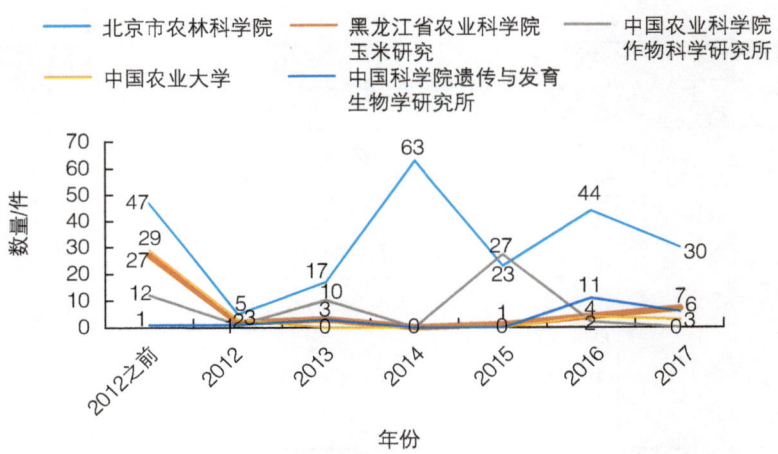

图4.23 玉米新品种权申请量突出的项目承担单位申请态势

这几个项目承担单位的玉米新品种申请量在2015—2016年都出现了小幅上扬，除北京市农林科学院，其余单位总体上申请量并不突出。分析原因，一方面，玉米新品种权申请是与市场行为紧密相关的商业行为，2013—2016年的一系列种业市场政策、法律方面的利好信息对于企业具有显著的激励效果，企业申请人申请量2014—2016年呈现跃升，其他类型申请人总体上呈现平稳态势，对于科研单位、高校和个人来说，一系列政策仅产生一定的引导作用；另一方面，项目承担单位为研究型单位，承担课题的研究目标并不单纯指向获得新品种，而更多的是基础性研究工作，玉米新品种仅仅是部分研究成果，项目成果还包括学术期刊论文、专利等。

二、各项目承担单位玉米新品种权分析

1. 北京市农林科学院

北京市农林科学院在"七大农作物育种"专项项目中承担了两个项目："玉米杂种优势利用技术与强优势杂交种创制""主要农作物种子分子指纹检测技术研究与应用"。

2012—2017年，申请了与玉米分子指纹检测技术、强优势育种技术相关的发明专利约30件。申请了近180件玉米新品种权，历年申请及对应申请的授权数据如图4.24所示。

第四章 国内外玉米新品种权分析

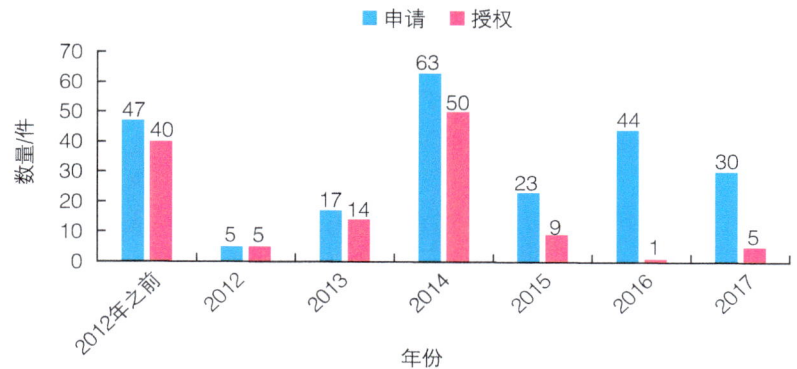

图4.24 北京市农林科学院玉米新品种权申请及授权历年统计

从图4.24中可以看到，2014之前提交的69件新品种权申请中，已经获得59件授权，授权率在85%以上，并未查到驳回、撤回或视为撤回等公告，说明剩余10件申请还处于未决状态。2014年申请的新品种也近80%获得授权；2015年申请的23件玉米新品种权申请共有9件已经获得授权；申请授权周期平均为3～4年。

北京市农林科学院在玉米新品种权申请上的长盛不衰，一方面，自然是其强大的研发实力的体现；另一方面，与其健康完善的产学研结合管理机制密不可分，其成立了北京农科院种业科技有限公司，专门承担自育品种成果转化工作，科研成果的转化对科研形成持续良性激励。

2000年以来，选育并通过审定玉米品种53个77品次，其中国审品种19个，京科25、京单28等早熟、高产系列品种已成为京津唐区主导品种；2012—2017年的玉米新申请中，通过国审玉米品种9个，分别为京农科728、MC670、农科玉368（2015年，2016年）、京科甜533、京科甜179、NK971、京科糯569、京科665和MC220。农科728不仅通过多省审定，还成为第一批通过国家审定的8个机收品种之一。NK815成为通过2017年度京津冀三地首次联合审定的唯一一个夏播玉米品种。NK718分别通过了内蒙古、陕西、山西、河北、山东五省审定。

2. 黑龙江省农业科学院玉米研究所

黑龙江省农业科学院玉米研究所在"七大农作物育种"专项项目中承担了"东华北区早熟抗逆耐密适宜机械化玉米新品种培育"项目。

黑龙江省农业科学院玉米研究所是黑龙江省唯一一家专门从事玉米育种、栽培、品种研发的国有专业研究机构，是全国唯一同时承建两个国家级玉米中心（分中心）的省级玉米研究单位，即国家玉米区域技术创新中心（黑龙江）和国家农作物玉米改良中心哈尔滨分中心的依托单位。"十五"以来，玉米研究所承担国家863计划、农业部948项目、国家转基因重大专项、国家粮食丰产科技工程、省重点科技攻关、省自然科学基金、青年基金、对俄项目等40余项。

截至2017年，申请了62件玉米新品种权，历年申请及对应申请的授权数据如图4.25所示。

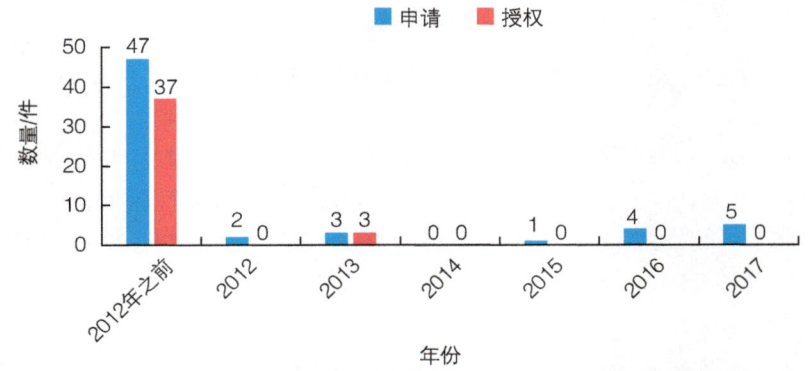

图4.25 黑龙江省农业科学院玉米研究所玉米新品种申请及授权态势

从图4.25中可以看到，2012之前提交的47件新品种申请中，37件获得授权，授权率在78%以上。2013年申请的3件新品种全部授权，2014年申请量较低。

根据黑龙江省农业科学院玉米研究所网站介绍内容，其目前推广常规玉米单交种50余个，高赖氨酸玉米品种2个，青贮玉米品种3个，糯玉米品种1个；自育品种覆盖全省第一至第五积温带，在生产上应用面积较大的品种：常规玉米有龙单13、龙单16、龙单19、龙单20、龙单21、龙单23、龙单25、龙单26、龙单27等，青贮玉米有黑饲1号、龙单24、龙青1号、龙辐单208，2015—2017年播种面积都在1000万~1200万亩，占黑龙江全省玉米种植面积的30%~40%。先后取得了国家科技进步奖、农业部科技进步奖、省科技进步奖、省农业科技进步奖等各种奖项80余项，其中"北方早熟高产优质春玉米杂交种龙单13的选育与推广"于2003年获国家科技进步二等奖、"优质、高产、抗病玉米新品种龙单16选育与推广"和"北方早熟春玉米种质创新及利用研究"分别于2004年、2005年获得了黑龙江省科技进步一等奖。自"六五"以来在国家、省、市级刊物上发表科技论文260余篇。

3. 中国农业科学院作物科学研究所

在"七大农作物育种"专项项目中承担的项目有"玉米遗传改良与材料创制""主要农作物诱变育种""主要农作物优异种质资源形成与演化规律研究""主要粮食作物种质资源精准鉴定与创新利用""黄淮海耐密抗逆适宜机械化夏玉米新品种培育"等。

在玉米新品种培育方面，获得省级审定品种13个，3个国审品种。2012—2017年，申请了52件玉米新品种权，历年申请及对应申请的授权数据如图4.26所示。

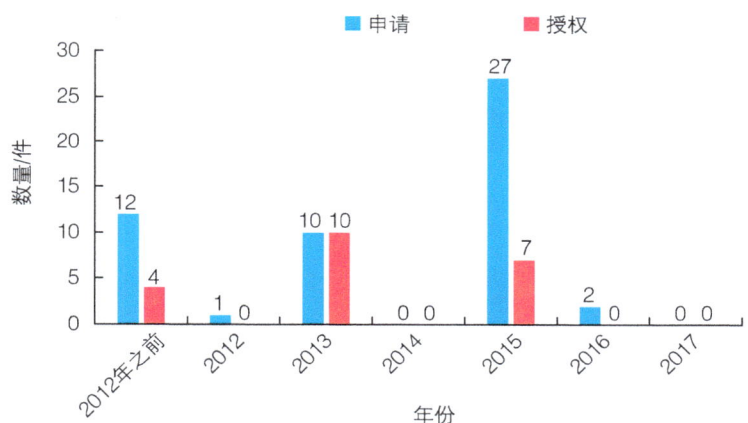

图4.26 中国农业科学院作物科学研究所玉米新品种权申请及授权历年统计

从图4.26中可以看出，2012年之前提交的12件新品种权申请中，已经获得4件授权；2013年提交的10件申请全部授权；2015年申请量突增至27件，已经获得7件授权；2016年之后申请品种较少。

在玉米研究方面，2012—2017年，中国农业科学院作物科学研究所在承担玉米相关重大课题方向发表了50余篇高影响因子期刊论文，申请发明专利40件。可以看出，研发成果大部分以期刊和专利申请的方式公布，符合其作为非营利性研究单位以基础研究为主的角色定位。

4. 中国农业大学

中国农业大学在"七大农作物育种"专项项目中承担的项目有"作物功能基因组研究与应用""玉米杂种优势利用技术与强优势杂交种创制""主要农作

物产量性状形成的分子基础""主要农作物品质性状形成的分子基础/玉米营养和健康功能品质形成与改良的分子基础""主要农作物优异种质资源形成与演化规律研究"。

中国农业大学是一所以农学、生命科学、农业工程和食品科学为特色和优势的研究型大学,在国家"985"工程和"211"工程的支持下,10余年来在师资队伍、人才培养、科学研究、条件建设和社会服务等方面取得了突出进步。在基本科学指标(ESI)中,农业科学、植物学与动物科学、环境/生态学、生物学与生物化学、化学、微生物学、工程学、分子生物学和遗传学等8个领域的论文总引用量进入了世界前1%,其中农业科学和植物与动物科学两领域的论文总引用排名均居中国高校首位。

在玉米研究方面,作为依托单位,经农业部批准建立国家玉米改良中心。国家玉米改良中心自组建以来,已经在遗传材料的创制、大规模重要农艺性状的基因/QTL定位、功能基因的克隆和利用方面取得了一系列重要成果,创制了玉米转基因抗虫和抗旱新材料,建立了玉米转基因、分子标记辅助选择和双单倍体育种(DH)等技术体系,对提升我国的玉米研究水平做出了重要贡献。截至2015年,国家玉米改良中心已经完成国家各类科研项目131项,现承担国家各类科研项目21项及企业委托项目23项。在国内外学术刊物发表论文301篇,其中SCI刊源的论文159篇。近年来,连续在国际顶尖刊物 *Nature Genetics*、*PNAS* 发表文章,备受国际同行瞩目。培育通过省级以上审定的玉米新品种55个,其中国家审定品种17个。获得新品种保护29件。申请专利39件,获得授权专利29件。培育的农大系列玉米新品种在全国玉米产区推广,其中农大108连续3年(2001—2003年)的推广面积居全国第一名,获国家科技进步一等奖。育成抗多种病害、高配合力自交系综3、综31、P138、178等,其中综3、综31选育获2005年国家科技进步二等奖。高油玉米种质创新获2006年国家技术发明二等奖。通过玉米重要营养品质优良基因发掘与分子育种,育成中农大甜413、中农大414、中农大甜419等品种,该成果获2016年国家技术发明二等奖。根据农业部农技推广中心不完全统计,1998—2015年,农大系列玉米新品种在全国的累计推广面积达到3.57亿亩,增产142.8亿kg,新增效益228.4亿元。

根据检索,2012—2017年申请了40件玉米新品种权,历年申请及对应申请的授权数据如图4.27所示。

第四章　国内外玉米新品种权分析

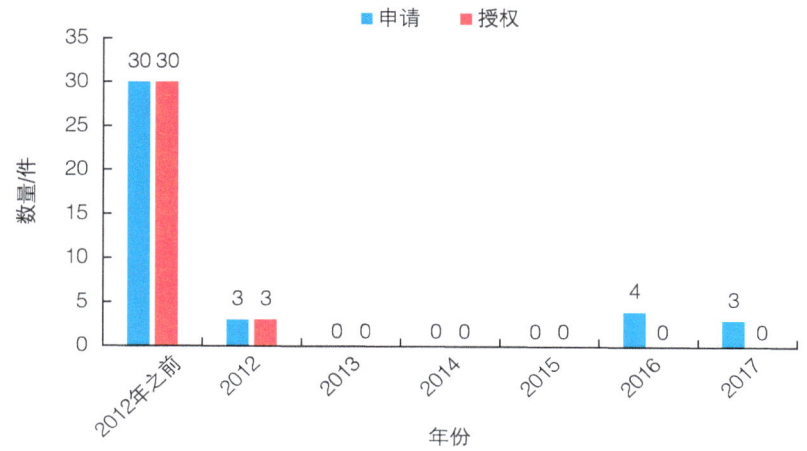

图4.27　中国农业大学玉米新品种申请及授权历年统计

从图4.27中可以看出，2012年及之前申请的33件新品种权全部获得授权，授权率100%。2013—2015年，没有提出新品种申请，2016年和2017年分别提交了4件和3件新品种权申请，近年来品种申请量稀少，但是2012—2017年11个品种通过省级以上审定，其中两项通过国审。

在技术成果方面，获得玉米育种技术领域相关专利16件；"玉米重要营养品质优良基因发掘与分子育种应用"成果获得2013年和2016年度教育技术发明奖一等奖和二等奖；"玉米单倍体育种高效技术体系的创建"成果获得2016年度高等学校科学研究优秀成果技术发明奖。

在学术成果方面，成果卓著，在分子育种、单倍体育种、分子标记辅助选择、转基因技术方面获得突出的成绩。2012—2017年，发表期刊论文123篇（数据统计来自国家玉米改良中心官网"科研成果"一栏），具有代表性的显著影响力的成果：中国农业大学国家玉米改良中心田丰教授团队与金危危教授团队、杨小红教授团队、美国威斯康星大学麦迪逊分校John Doebley教授团队合作题为"ZmCCT9 enhances maize adaptation to higher latitudes"的研究论文，于2017年12月26日在美国科学院院报 PNAS 杂志在线发表。该研究发现一个Harbinger-like转座子通过抑制 ZmCCT9 基因表达促进玉米在长日照条件下开花，深入揭示了玉米从短日照低纬度地区向长日照高纬度地区散播的分子适应机制。

以玉米单倍体诱导系为核心的单倍体育种技术，可以加快育种进程，提高育种效率，是现代玉米育种的关键核心技术。中国农业大学一直从事玉米单倍体育种技术及诱导机理研究。陈绍江课题组和金危危课题组多年来合作开展有关玉米诱导系诱导机理的研究（Planta，2009；J Exp Bot，2013）。两个课题组利用含 B 染色体和荧光信号的特殊诱导系，直接证实了"染色体消除"是单倍体形成重要机理（Plant Physiology，2015）。陈绍江课题组通过多年研究精细定位了两个玉米单倍体诱导的主效的 QTL（TAG 2013，2015）。在此基础上，2017 年年初陈绍江和金危危课题组联合华中农业大学严建兵课题组，克隆了主效基因 *ZmPLA1*（Molecular Plant，2017）。

2016 年 8 月 15 日，《自然 – 遗传学》（Nature Genetics）杂志在线发表了中科院植物所秦峰研究员课题组和中国农业大学国家玉米改良中心杨小红课题组合作研究的最新成果。本研究为玉米苗期耐旱自然变异的遗传基础提供了新的见解，而在本研究中鉴定的基因或位点为玉米耐旱性状的遗传改良奠定了基础。

国家玉米改良中心林中伟教授课题组关于作物开花期 *HD1* 基因平行驯化的研究成果在《分子生物学与进化》（Molecular Biology and Evolution）发表。本研究发现同源基因在不同作物驯化过程中分别固定了高频、低频甚至稀有的功能性位点，这可能是作物驯化综合特征共有分子基础的代表性特征之一。该研究为开展作物比较功能基因学的研究提供了重要借鉴。

中国农业大学国家玉米改良中心李建生教授课题组"全基因组关联分析剖析玉米籽粒油分合成的遗传结构"研究论文在 Nature Genetics 在线发表。该研究还发掘出一些玉米油分相关性状的有利等位基因。从全基因组水平较深入地解析了玉米籽粒油分的遗传基础，为认识高油玉米的遗传结构变异提供了理论基础，对进一步改良玉米油分的含量和质量有重要指导意义。

中国农业大学农学与生物技术学院徐明良教授领导的研究团队在玉米抗病研究中取得了重大进展：该课题组历经 10 年的研究，克隆了玉米抗丝黑穗病的数量性状基因，揭示了抗病机理及分子进化机制。该研究成果以长篇研究论文形式在线发表于 Nature Genetics 杂志上。

5. 中国科学院遗传与发育生物学研究所

中国科学院遗传与发育生物学研究所由原中国科学院遗传研究所、发育生物学研究所及石家庄农业现代化研究所整合而成。研究所下设基因组生物学、分子农业生物学、发育生物学、分子系统生物学和农业资源 5 个研究中心。拥有植物基因组学、植物细胞与染色体工程、分子发育生物学 3 个国家重点实验室，是国家植物基因研究中心（北京）的依托单位；建有中国科学院农业水资源和河北省节水农业 2 个院省级重点实验室及河北栾城农田生态系统国家野外观测试验站，设有栾城农业生态系统试验站、南皮生态农业试验站、太行山山地生态试验站、海南陵水南繁育种基地。

中国农业大学在"七大农作物育种"专项项目中承担的项目："主要农作物染色体细胞工程育种""主要粮食作物分子设计育种""主要农作物产量性状形成的分子基础""主要农作物品质性状形成的分子基础"。

2012—2017 年，检索到两件与玉米育种相关领域的发明专利申请。

截至 2017 年年底，共申请了 22 件玉米新品种权，历年申请及对应申请的授权数据如图 4.28 所示。

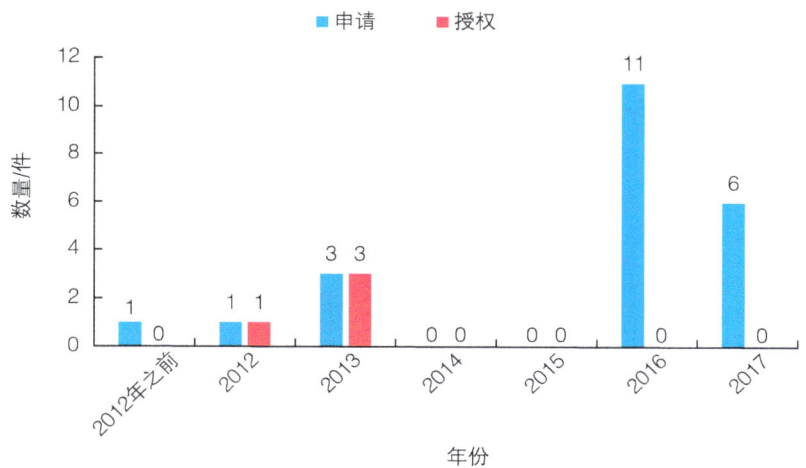

图 4.28　中国科学院遗传与发育生物学研究所玉米新品种申请及授权历年统计

从图 4.28 可以看出，在 2016 年之前，玉米品种申请非常少，在 2016 年突增；同年中国科学院遗传与发育生物学研究所申报并承担"七大农作物育种"专项中的 4 个项目，且其中 1 个品种院军一号 2017 年通过国审，与沈阳军区直属农副业基地管理局、魏巍种业（北京）有限公司为共同申请人。

第五节 国内玉米品种审定情况分析

一、玉米审定量统计分析

根据农业部公告统计 2012—2017 年每年玉米品种审定数据，统计数据显示如图 4.29 和表 4.9 所示。2012—2017 年，国审品种呈现持续增长态势，在 2017 年玉米品种国审品种呈现井喷之势，从 2016 年之前的几十个的体量突然上升到 171 件，与 2017 年玉米新品种权申请量跃升相巧合，之前的年度中最多的是 2015 年的 55 件。

图4.29 2012—2017年国审玉米品种态势

表4.9 品种权申请量和国审量统计

品种权申请量 / 件		国审量 / 件		国审数据来源
2012 年	490	2012 年	20	农业部第 1877 号公告
2013 年	460	2013 年	18	农业部第 2011 号公告
2014 年	624	2014 年	29	农业部第 2209 号公告
2015 年	782	2015 年	55	农业部第 2296 号公告
2016 年	719	2016 年	34	农业部第 2424 号公告
2017 年	1012	2017 年	171	农业部第 2547 号公告

第四章 国内外玉米新品种权分析

从缓慢上升到2017年发生跃升，这一现象恰好发生在国家相关政策制定实施之后的几年时间里。

2013年出台的"国七条"提出加快种子生产基地建设，把优势基地建设上升到国家战略层面予以加强。"国七条"提出加强种子市场监管，营造公平竞争的市场环境，要继续严厉打击侵犯品种权和制售假劣种子等违法犯罪行为，涉嫌犯罪的要及时向公安、检察机关移交；还要求打破地方封锁，废除任何可能阻碍外地种子进入本地市场的行政规定。

新修订的《品种审定办法》中鼓励申请人自行开展DUS测试，这一举措也极大提高了品种审定效率。玉米种企，特别是具有研发能力的种企，具有进行高质量、高标准DUS测试的实力和条件，自行测试提高了国审品种的审批效率。

国家农作物品种审定委员会制定并于2014年5月26日施行的《国家级水稻玉米品种审定绿色通道试验指南（试行）》也起到关键的促进作用：2017年通过审定的品种中，共有119个玉米品种经由绿色通道通过国家审定，占总审定数量的比重为69.6%。

二、主要玉米新品种权申请人的国审情况分析

对主要玉米新品种权申请人的国审情况进行分析，结果如图4.30所示。

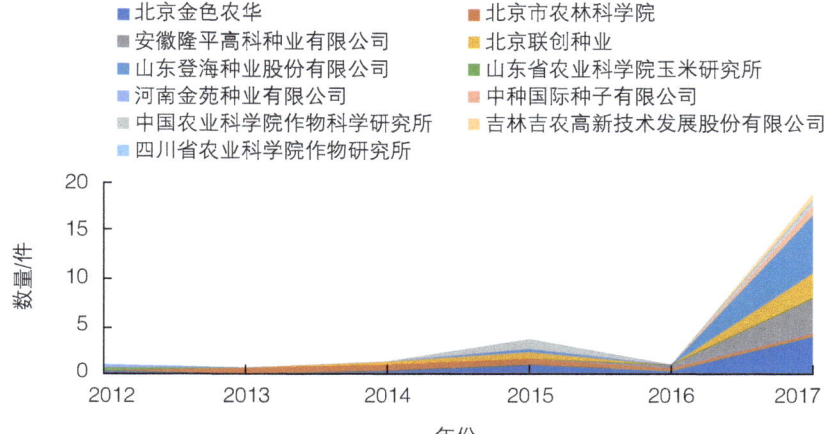

图4.30　2012—2017年主要玉米品种权申请人的玉米品种国审审定态势

从图 4.30 可以看出，2017 年，登海种业有 18 个玉米新品种通过国家品审会审定，位列榜单第一；金色农华有 12 个玉米新品种通过国家品审会审定；安徽隆平高科及下属公司安徽华皖种业自主培育的 11 个玉米新品种通过国审。

据大北农官网介绍，经过农业部玉米专家指导组的实测验收，金色农华玉米品种 MC670 以 1517.11 kg/ 亩的测收产量获得玉米单产第一，刷新全国玉米高产纪录。

其中，以玉米品种权申请前五的单位为例分析通过审定的品种中的品种权保护情况，如图 4.31 所示。

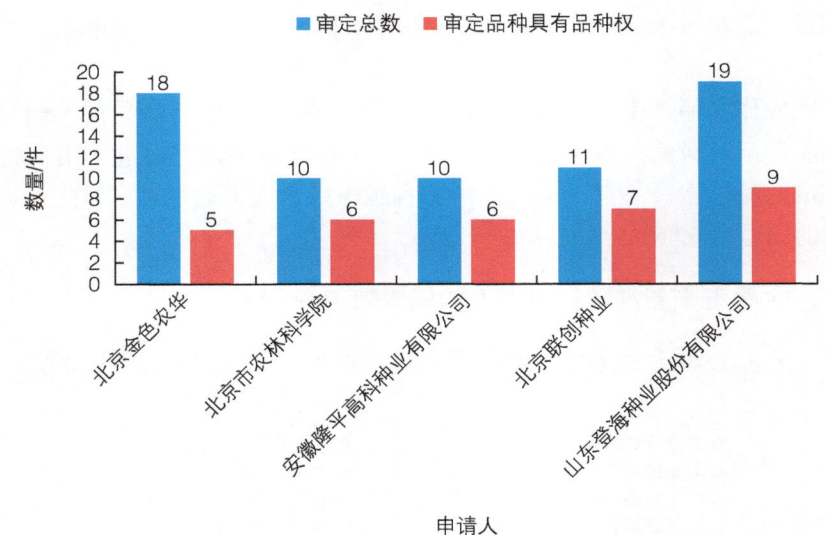

图 4.31 玉米新品种权部分主要申请人通过国审审定品种的品种权情况

从图 4.31 可以看出，在各个单位通过审定的品种中，27% ~ 64% 的具有品种权。深入分析发现，没有品种权的审定品种，其亲本基本都有品种权。这反映出大型中企具备良好的知识产权保护意识，进入生产经营阶段的品种的知识产权保护较完善。

三、主要玉米新品种权申请人的省级审定现状

统计各省 / 直辖市的玉米新品种权申请量，排名前五的省 / 直辖市如图 4.32 所示。

第四章 国内外玉米新品种权分析

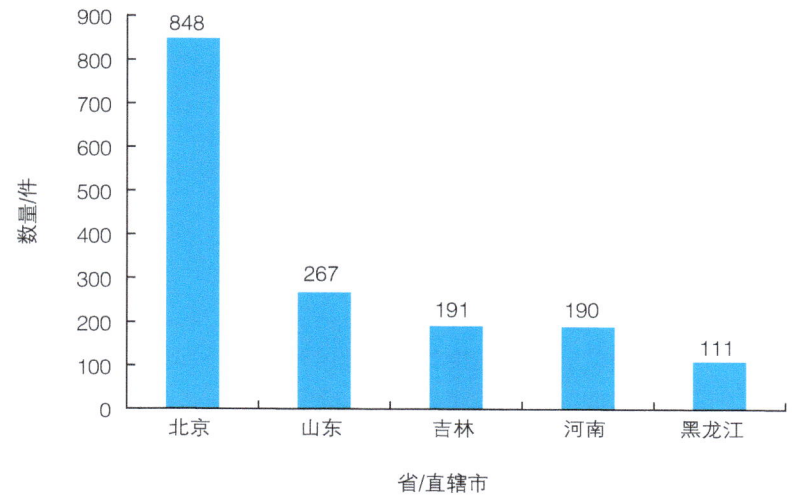

图4.32 玉米新品种权申请量排名前五的省/直辖市

根据各省/直辖市农业行政单位网站公布数据，对排名前五的省/直辖市申请的玉米新品种权省级审定情况进行统计，结果如图4.33所示。

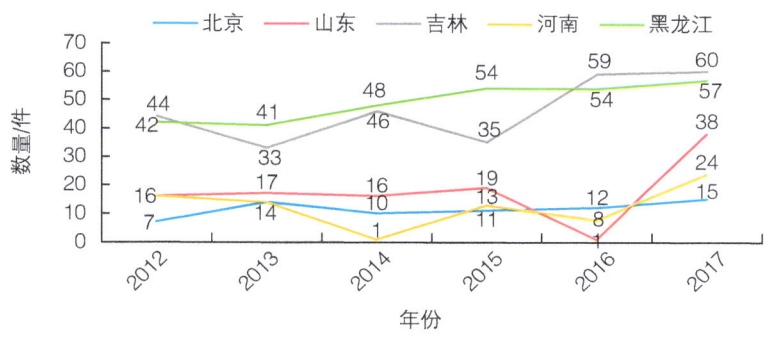

图4.33 玉米新品种权申请量排名前五的省/直辖市的省级审定态势

从图4.33中可以看出，各省/直辖市的省级审定品种总体上呈平缓上升趋势。2012—2017年，国家根据"国八条"提出的针对市场秩序依然较为混乱问题，提出要打破地方封锁，加大对违法犯罪行为的查处力度，构建种业公平竞争环境。这促使种企积极推出更多的品种参与省级审定，进行推广应用。2017年审定量出现了一个小高峰，这与2016年年中修订发布施行的《主要农作物品

137

种审定办法》有关。《主要农作物品种审定办法》鼓励品种审定申请人自行开展DUS测试，这极大地提高了新品种培育单位的审定积极性，并简化审定程序、提高审定效率。

四、国外申请人在中国投资公司的品种审定情况

1. 先锋国际良种公司在中国的玉米品种审定情况

2012—2017年，通过的国审玉米品种的育种者名单中没有出现先锋国际良种公司。

根据2017年全国各省/直辖市农业行政单位网站公布的省级审定玉米品种数据，分析先锋国际良种公司在中国投资公司作为育种者的审定品种，结果如表4.10所示。

表4.10　2017年先锋国际良种公司在中国投资公司的审定品种统计

品种名称	省市	品种来源	育种者
先玉1366	河北	PH1JYA × PH1N2D	铁岭先锋种子研究有限公司
			山东登海先锋种业有限公司
先玉1466		PH1DP8 × PH1T8W	铁岭先锋种子研究有限公司
			河北科润农业技术研究所
先玉1321		PHHJC × PH1N2D	铁岭先锋种子研究有限公司
先玉045		PH1DP8 × PHRKB	铁岭先锋种子研究有限公司
先玉1267	北京	PH1DP8/PH1N2D	铁岭先锋种子研究有限公司北京分公司
先玉1360	贵州	PH1DP2 × PH1K3J	铁岭先锋种子研究有限公司北京分公司
先玉1366	陕西	PH1JYA × PH1N2D	铁岭先锋种子研究有限公司
先玉1267		PH1DP8 × PH1N2D	铁岭先锋种子研究有限公司
先玉027	宁夏	PHHJC × PH12RP	铁岭先锋种子研究有限公司
新玉111号	新疆	PH1KG5 × PH1K3J	铁岭先锋种子研究有限公司
			敦煌种业先锋良种有限公司

从表 4.10 所列的审定品种的亲本可以看到,都是先锋国际良种公司的玉米品种,主要是如表 4.11 所列的 5 个品种作为亲本。

表4.11 审定品种的亲本品种权信息

申请号	植物种类	品种名称	申请日	公告类型
20130724.6	玉米	PH1DP8	2013/8/16	申请公告
20151600.1	玉米	PH1K3J	2015/11/20	申请公告
20150837.8	玉米	PH1DP2	2015/6/16	申请公告
20150844.9	玉米	PH1JYA	2015/6/16	申请公告
20171820.3	玉米	PH1T8W	2017/7/17	申请公告

2. 孟山都科技责任有限公司在中国的玉米品种审定情况

经检索和统计,2012—2017 年,以孟山都科技责任有限公司为申请主体在中国提交了 90 件玉米品种权申请,同期其合资公司中种国际种子有限公司有 82 件玉米新品种权申请。在此期间,中种国际种子有限公司通过国审的品种有 3 个(表 4.12)。

表4.12 2012—2017年中种国际种子有限公司通过国审的品种

品种名称	审定编号	品种来源	育种者
迪卡 517	国审玉 20170005	D1798Z × HCL645	远东有限公司北京代表处、中种国际种子有限公司
A1589	国审玉 20170016	D1798Z × B2340Z	中国种子集团有限公司、中种国际种子有限公司
S1651	国审玉 20176041	D1798Z × D6925Z	中国种子集团有限公司、中种国际种子有限公司

3 个国审品种的亲本 D1798Z 和 D6925Z 都是孟山都科技有限责任公司名下的玉米新品种。

省级审定品种涉及的 13 个亲本品种也都是孟山都科技责任有限公司在中国申请的玉米新品种（表 4.13）。

表4.13　2017年中种国际种子有限公司通过的省级审定品种

省区	品种名称	品种来源
河北	A3678	MEK2967 × W3594Z
河南	A1789	G3545Z × D3601Z
河南	迪卡 638	D3584Z × D9279Z
北京	迪卡 110	D3584Z × HCL645
陕西	A1589	D1798Z × B2340Z
云南	中种 3715	B1470Z × D1540Z
云南	中种 1207	B1470Z × G7720Z
新疆	新玉 115 号	D1798Z × R2163Z

3. 利马格兰欧洲在中国的玉米品种审定情况

2015—2017 年，以利马格兰欧洲为申请主体提交了 69 件玉米新品种权申请。没有检索到其合资公司恒基利马格兰种业有限公司的玉米品种权申请记录。利马格兰欧洲 2017 年获得的审定品种如表 4.14 所示。

表4.14　2017年利马格兰欧洲在中国的投资公司通过审定的品种

省区	品种名称	品种来源
新疆	新玉 102 号	NP0118 × NP01154
江苏	利单 618	NP00823 × NP00617
青海	利合 328	NP01185 × NP01154

表 4.14 中数据显示，所有亲本品种都来自利马格兰欧洲在中国申请的新品种。

4. 先正达公司

2012—2017 年，以先正达为申请人在中国提交了 92 件玉米新品种权申请；

其合资公司三北种业申请 12 件，合计 104 件玉米新品种权申请。该期间品种审定情况如表 4.15 和表 4.16 所示。

表4.15　2017年先正达在中国的投资公司通过审定的品种

品种名称	审定编号	品种来源
先达 101	国审玉 2015003	NP1914×NP1941–357

表4.16　2017年三北种业有限公司及先正达通过审定的品种

省份	品种名称	品种来源	育种者
河北	三北 61	X7922×FXY20	三北种业有限公司
河北	先达 201	NP2052×1134	三北种业有限公司
江苏	先甜 90 号	hB06002×hA4295	先正达农作物保护股份公司

表 4.15 和表 4.16 中 4 个审定品种的亲本，除三北 61 的两个亲本外，其余的都是先正达在中国申请的玉米新品种。

5. KWS 种子股份有限公司

KWS 种子股份有限公司 2012—2017 年在中国提交 56 件玉米新品种权申请，申请量在 2017 年显著增加。2012—2017 年通过国审的品种如表 4.17 所示，通过省级审定的品种如表 4.18 所示。

表4.17　2012—2017年通过国审的品种

品种名称	审定编号	品种来源	育 种 者
垦沃 6 号	国审玉 2016603	KW9F619×KW6F576	北大荒垦丰种业股份有限公司
垦沃 3 号	国审玉 2015601	KW9F591×KW6F600	北大荒垦丰种业股份有限公司

表4.18　2017年通过省级审定的品种

省份	品种名称	品种来源	育种者
新疆	新玉 113 号	KW4R1002×KW7X7009	KWS 种子欧洲股份公司
新疆	新玉 114 号	KW4M0805×KW7M401	KWS 种子欧洲股份公司

从表 4.17 和表 4.18 可以看出，审定品种的亲本来源为 KWS 种子股份有限公司在中国申请的 8 个玉米新品种。

综上所述，国外主体本身仅仅作为品种权人，对其在中国建立的合资公司或全资子公司提供玉米品种作为亲本，并许可其进行生产和销售，以及进行各级品种审定。涉及通过审定品种中的亲本品种数量与新品种申请数量的比例相当高，即申请品种的商业化比例非常高。

第五章
国内外小麦新品种权分析

为保证本书调研内容所基于的原始数据的时间跨度和完整性，本章一方面以国际植物新品种保护联盟（UPOV）官网上公布的 2012 年 1 月 1 日至 2017 年 12 月 31 日统计的各国/地区统计的小麦新品种权申请量为基础，进行按地域、年份、申请人多维度的统计分析，以调研全球及各主要国家或地区的小麦新品种权申请总况及详细分布情况，同时着重研究全球主要小麦产地和出口地区——欧盟地区的小麦申请情况及重点申请人情况；另一方面以中国农业农村部科技发展中心农业植物新品种保护办公室官网公布的申请日在 2012 年 1 月 1 日至 2017 年 12 月 31 日的小麦新品种权申请数据为基础进行申请趋势、重点申请人方面的分析，同时对"七大农作物育种"专项项目承担单位所持有的小麦新品种权（申请）情况进行深入调研，还以中国种业大数据平台上公布的 2012—2017 年的小麦品种审定数据进行统计、分析，并厘清重点申请人持有的小麦新品种权（申请）的品种审定情况。

第一节　全球小麦新品种权申请总体概况

为了解全球小麦新品种权申请分布，在 UPOV 网站检索 2012 年 1 月 1 至 2017 年 12 月 31 日各国受理的小麦新品种权申请量，得到统计数据如表 5.1 所示。

表5.1 来源于UPOV数据统计的各国/地区小麦新品种权申请量

受理国家/地区	申请量/件	受理国家/地区	申请量/件	受理国家/地区	申请量/件
德国	2130	芬兰	1037	阿根廷	73
英国	1787	拉脱维亚	1022	墨西哥	70
法国	1778	塞拉利昂	1017	澳大利亚	64
波兰	1736	罗马尼亚	990	摩尔多瓦	50
捷克	1643	葡萄牙	986	南非	47
匈牙利	1379	塞浦路斯	981	挪威	44
意大利	1365	卢森堡	981	巴拉圭	32
奥地利	1327	希腊	981	乌兹别克斯坦	28
斯洛伐克	1227	爱尔兰	981	智利	25
丹麦	1218	马耳他	981	日本	19
西班牙	1207	俄罗斯	491	乌拉圭	17
荷兰	1168	美国	364	新西兰	16
爱沙尼亚	1148	乌克兰	302	格鲁吉亚	10
保加利亚	1148	塞尔维亚	283	韩国	8
立陶宛	1132	加拿大	143	秘鲁	6
克罗地亚	1123	土耳其	135	摩洛哥	5
瑞典	1076	瑞士	130	吉尔吉斯斯坦	3
比利时	1073	巴西	91	欧盟	981

表5.1中的统计数据来源于各国向UPOV提供和更新的数据，存在不准确，但是能够大体上反映各国小麦新品种权申请情况。可以看出，申请量突出为欧盟国家。表中美国的受理量和中国的受理量需做进一步检索修正。

以下对具有代表性的几个国家和地区的数据进一步分析以探究其小麦新品种权申请情况。

第五章　国内外小麦新品种权分析

一、欧盟小麦新品种权申请量

欧盟成员国要获得小麦新品种权，可以向欧盟植物品种局提出从而获得欧盟所有成员国的新品种权保护，也可以在国内提出申请获得本国保护，但欧盟保护和国内保护不能兼得，所以表5.1中各成员国的申请量，是欧盟植物品种局申请量和国内申请量的总和。

表5.1中数据显示，2012—2017年向欧盟植物品种局申请的小麦新品种权申请量总和为981件，而欧盟成员国中除斯洛文尼亚外都有向自己国家品种局或欧盟植物品种局提出的小麦新品种权申请，其中卢森堡、希腊、塞浦路斯、爱尔兰、马耳他的小麦申请量与向欧盟植物品种局提出的申请一样多，说明这几个国家并没有单独向自己国家当局提出小麦新品种权申请，统计的均为欧盟数据，其他欧盟国家在各自国家当局提出的小麦新品种权申请量总和为9116件，远超向欧盟植物品种局申请的总申请量。

按年份统计的UPOV上欧盟小麦申请量仅455件且2016年和2017年的数据缺失，因此以欧盟植物品种局（CPVO）官网上公布的数据为准获得欧盟2012—2017年小麦新品种权申请态势，如图5.1所示。

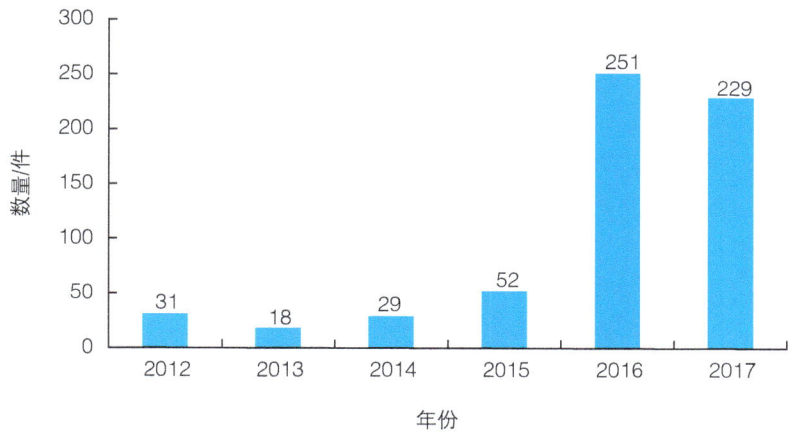

图5.1　欧盟小麦新品种权申请态势

从图5.1可以看出，2012—2015年欧盟小麦新品种权申请量比较稳定，到2016年申请量井喷，2017年申请量也很大，但相较上一年度有所回落。

据联合国粮农组织（FAO）统计，欧盟小麦进出口数据如图5.2所示，

2012—2015 年，欧盟小麦出口量持续上升，与同期内的新品种权受理量态势相似。2015 年，欧盟小麦出口量达到顶峰但随后回落。两部分数据对比发现，新品种权申请受到市场需求趋势驱动，并具有一定的市场响应的滞后性。

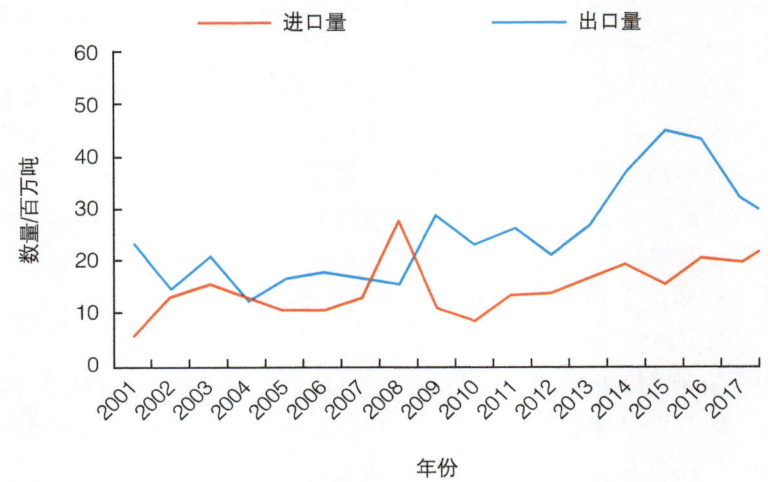

图5.2　FAO欧盟小麦进出口数据

二、美国小麦新品种权申请量

表 5.1 显示 2012—2017 年美国小麦新品种权申请量为 364 件。小麦作为有性繁殖作物，在美国专利商标局（USPTO）官网并未检索到小麦相关的植物专利，而美国农业部（USDA）植物新品种保护办公室官网上公告的申请日在 2012 年 1 月 1 日至 2017 年 12 月 31 日期间的美国小麦新品种权申请总数为 355 件（图 5.3），这说明 UPOV 官网公布的美国小麦新品种权申请数据基本准确。

第五章　国内外小麦新品种权分析

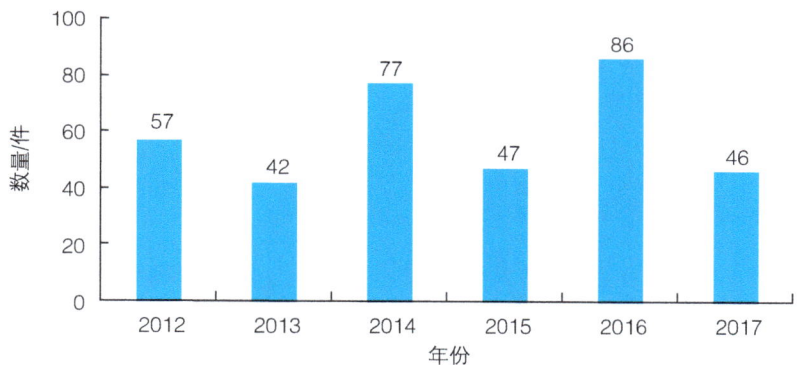

图5.3　2012—2017年美国小麦新品种权申请态势

同时期，据联合国粮农组织（FAO）统计数据，美国小麦品种进出口数据态势如图5.4所示。

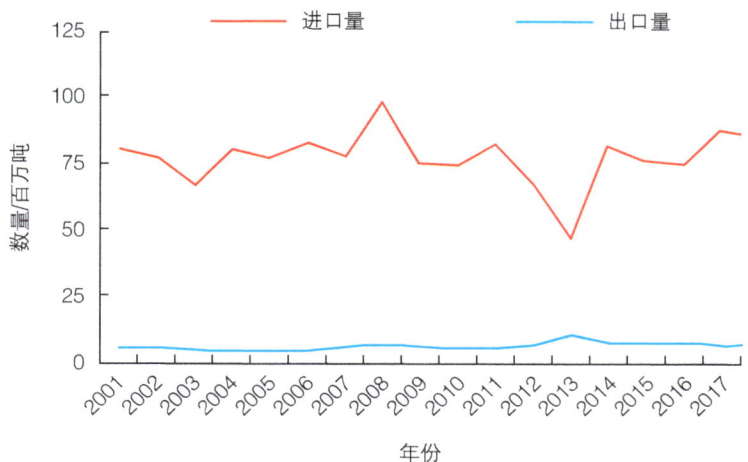

图5.4　美国小麦进出口量统计

从图5.4可以发现，2012—2013年美国小麦出口量出现一个历史低谷，从平均7500万吨以上水平降到5000万吨水平，出口量骤减50%以上，出口市场行情的这一巨大减幅对2012—2013年的小麦新品种权申请数量产生了一定的负向反馈作用，同时因市场响应的滞后性，美国小麦新品种权申请量在2013年达到最低。而从2014年开始，出口量回升至原来的7500万吨以上水平，反馈在

147

新品种权申请量上的表现则是2014年申请量达到一个小高峰。2015年出口量有轻微回落，同年的申请量有相应的降低趋势。2016—2017年出口量再次攀升，2016年小麦新品种权申请量也达到高峰，由此可见，美国小麦新品种权申请态势在一定程度上受出口市场影响，二者变化趋势相对一致。

三、中国小麦新品种权申请量

UPOV上未检索到中国小麦申请量，因此通过检索中国农业农村部科技发展中心官网上公告的小麦新品种权申请数据，2012年1月1日至2017年12月31日，小麦新品种权申请量合计为1077件，如表5.2所示。

表5.2　中国2012—2017年小麦新品种权申请量

年份	申请量/件
2012	136
2013	106
2014	143
2015	160
2016	242
2017	290

中国小麦新品种权申请超过表5.1中的美国、俄罗斯等国，成为仅次于欧盟阵营的小麦新品种权申请量全球第二大的国家。中国是全球多个国家小麦出口的主要目的地之一，集中了全球小麦库存的近五成，并且中国的小麦多以进口为主，出口数量不大，这一现象主要是国内小麦质量不佳导致中国小麦在国际市场上的贸易竞争力不足所致。

四、东欧国家小麦新品种权申请量

UPOV官网公布的申请日在2012—2017年的东欧国家小麦新品种权申请数据中，如表5.1所示，俄罗斯一共有491件，乌克兰一共有302件，但UPOV按年份统计的乌克兰小麦数据却只有20件，多集中在2017年和2018年，存在不准确性，因此东欧国家以俄罗斯为代表。俄罗斯小麦新品种权申请量如图5.5所示，可以看出各年间申请量稳定。

据联合国粮农组织（FAO）统计数据，俄罗斯在小麦的需求方面，出口量远大于进口量，基本不需要依赖进口，处于自给自足状态。

从2012年开始俄罗斯小麦出口一直处于逐年陡增的态势，于2017年达到出口顶峰（图5.6）。俄罗斯小麦新品种权申请态势在2012—2014年与同期出口量趋势基本相吻合，申请量在2014年达到最高峰，但2015年以后的变化趋势二者不同。俄罗斯小麦新品种权申请量在2015年回落至近几年最低水平，2016年重新回升，却又在2017年跌回至最低申请水平。

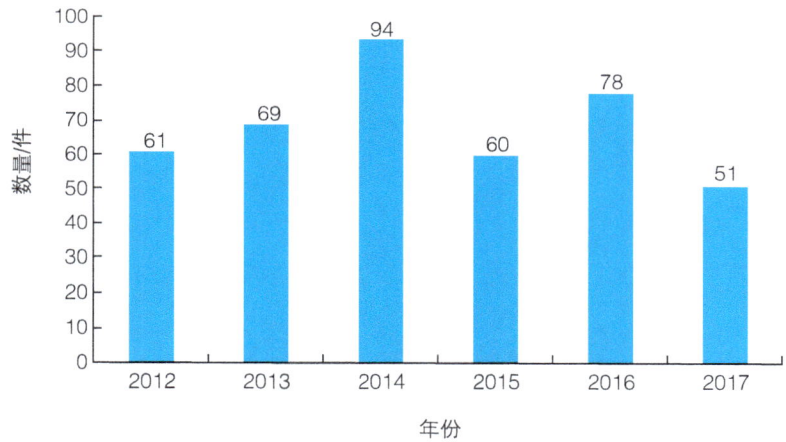

图5.5 俄罗斯2012—2017年小麦新品种权申请态势

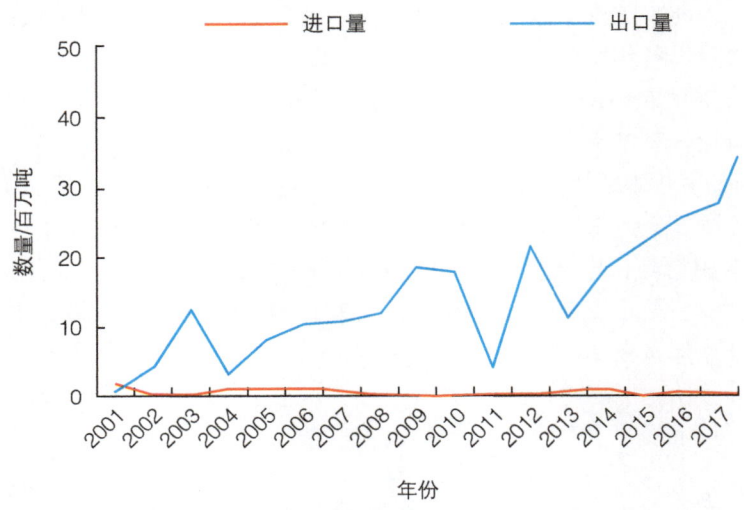

图5.6 俄罗斯小麦进出口情况

第二节 国外主要申请人小麦新品种权申请和保护现状

根据 UPOV 统计数据，2012—2017 年全球小麦新品种权申请数量总量为 14 647 件（包括中国官方公布的 1077 件），其中欧盟及其成员国的小麦数据就高达 10 097 件，约占据七成，因此本节选取欧盟地区小麦领域的重点申请人进行调研。

检索欧盟植物品种局（CPVO）网站公布的申请日在 2012 年 1 月 1 日至 2017 年 12 月 31 日期间的小麦新品种数据，检索到的小麦新品种申请量为 1787 件，对申请人信息进行统计，发现排名前三的申请人分别为：科沃施种子股份有限公司（KWS）、利马格兰集团（Limagrain）、RAGT 种业公司（RAGT Seeds），并分别以这 3 位申请人在欧盟植物品种局上提交的全部小麦新品种权数据为基础进行调研。

一、科沃施种子股份有限公司（KWS）

科沃施种子股份有限公司具有 160 多年历史，总部位于德国，在世界 70 多个国家和地区有子公司，引领全球甜菜种业市场，该公司 70% 以上的收入来自德国以外的市场。目前该公司共持有 109 件欧洲小麦新品种权。从申请日的维度，统计该公司历年的小麦新品种权数量分布，如图 5.7 所示。

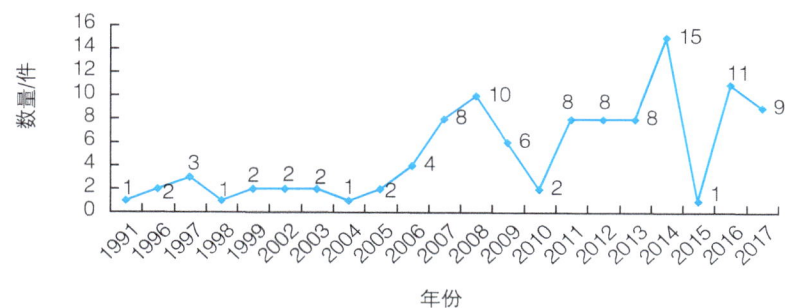

图5.7　KWS公司欧盟小麦新品种权历年数量分布

从图 5.7 可以看出，在 2002 年以前该公司的小麦新品种权的申请态势并不稳定，1991—2002 年申请活动并不连贯，这期间甚至有长达 5 年的真空期。以年代为阶段，该公司小麦新品种权的数量变化趋势基本与欧盟小麦新品种权的总体趋势相一致，每 10 年上一个新台阶。在 21 世纪 10 年代中，2014 年达到新品种权数量的顶峰，但 2015 年急剧下降至谷底。而恰恰在 2015 年，该公司在种业研发方面的投入高达 1.74 亿欧元，巨额的研发经费带来的是丰硕的研究成果，这一年该公司涉及新品种权（注册）和新品种专利申请多达 429 件，而小麦新品种仅占 1 件。该公司种业研发的重心本来就放在玉米和甜菜领域，因此造成 2015 年小麦新品种权申请量低谷的原因与该公司加大重点作物的投入有关。该公司目前公布的小麦新品种权授权数据中，2018 年申请并得到授权的小麦新品种权有 3 件，但 2018 年数据尚不完整，因此不纳入分析。

目前尚未查询到该公司在中国申请小麦新品种权的记录，也未找到该公司在中国境内销售小麦品种的情况。

二、利马格兰集团（Limagrain）

利马格兰集团起源于法国，是一家跨国型种子公司，已有 70 多年历史。该公司进军中国市场已 20 年，主要致力于大田种子、蔬菜种子和谷物产品，是世界第四大种子企业。目前该公司共持有 102 件欧洲小麦新品种权。从申请日的维度，统计该公司历年的小麦新品种权数量分布，如图 5.8 所示。

图5.8 利马格兰集团欧洲小麦新品种权历年分布

除图 5.8 所示的全部年份的欧洲小麦新品种权数据外，该公司 2018 年也获得了 7 项欧洲小麦新品种权，但目前披露的 2018 年的数据不完整，因此不纳入分析。按年代计算，该公司的欧洲小麦新品种权数量分布趋势与欧洲小麦新品种权整体数据变化趋势一致，并且在 2016 年小麦新品种权数量达到顶峰。2017 年数量稍有回落，但依然保持在较高的水平。在我国农业农村部科技发展中心官网上查询到山西利马格兰特种谷物研发有限公司名下申请了 2 件小麦新品种权，具体信息如表 5.3 所示。

表5.3 利马格兰集团国内子公司小麦新品种权情况

申请号	品种名称	申请日	申请/新品种权人	法律状态	销售情况	科研情况	审定情况
20040078.9	冬黑1号	2004/2/2	山西省农业科学院作物遗传研究所 山西利马格兰特种谷物研发有限公司	驳回	已销售	有论文	通过审定
20040030.4	冬黑10号	2004/1/14	山西利马格兰特种谷物研发有限公司	新品种权终止	—	有论文	通过审定

山西利马格兰特种谷物研发有限公司是利马格兰集团于2002年在中国境内成立的首家子公司，主营业务为大田作物。利马格兰集团在中国的两件小麦新品种权（申请）都是由山西利马格兰特种谷物研发有限公司作为申请/新品种权人，这两个小麦品种均已通过品种审定，并与科研联系紧密。其中，冬黑1号是该公司与山西省农科院联合申请的小麦新品种，但目前已被驳回；冬黑10号之前获得过授权，但目前权利已终止。

三、RAGT种业公司（RAGT Seeds）

RAGT种业公司，成立于1919年，是一家法国企业，涉及的农作物种类包括小麦、大麦、油菜、高粱、向日葵、玉米、牧草等，目前仍保持每年开发涵盖24种农作物超过200件农作物新品种权的研发水平。目前，检索到的已公布的欧洲小麦新品种权数据中，该公司持有96件，按年度分布变化情况如图5.9所示。

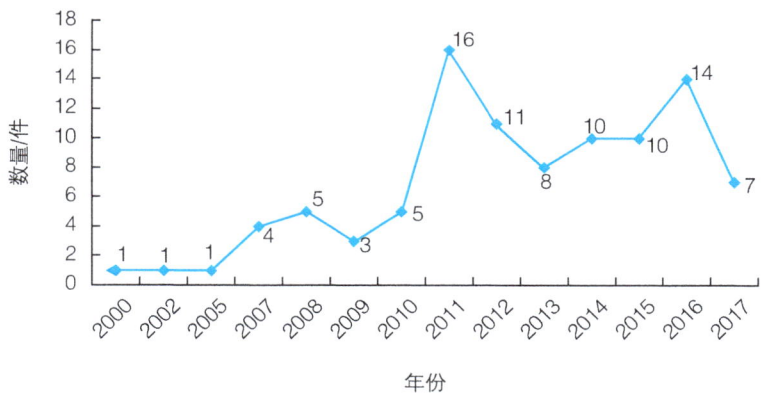

图5.9　RAGT种业公司欧洲小麦新品种权数量变化

按每10年为一个阶段，RAGT种业公司小麦新品种权数量的阶段性变化与欧洲小麦新品种权整体变化趋势一致。该公司小麦新品种权数量最多的一年是2011年。正是这一年，德国拜耳公司与该公司签署了小麦品种研发及授权协议。拜耳将获得RAGT冬小麦种质库及相关分子标记的使用权，法国公司将对协议中拜耳研发的相关小麦性状产品的销售具备许可权。这一强强合作的实现极大地促进了该公司在小麦育种领域的研发势头。

第三节　国内小麦新品种权申请情况

一、国内小麦新品种权申请情况

在农业农村部科技发展中心网站上检索用于分析的小麦新品种申请和授权数据，检索方案和检索结果如表5.4所示。

表5.4　国内小麦新品种权检索结果

	小麦新品种申请数据检索方案	小麦新品种授权数据检索方案
公告类型	申请公告	授权公告
植物种类	小麦	小麦
日期	申请日：2012年1月1日至2017年12月31日	公告日：2012年1月1日至2017年12月31日
检索结果	998 件	495 件

1. 申请趋势

申请日在2012年1月1日至2017年12月31日的农业农村部科技发展中心网站上公告的小麦新品种权申请共998件，2012—2017年申请态势如图5.10所示。

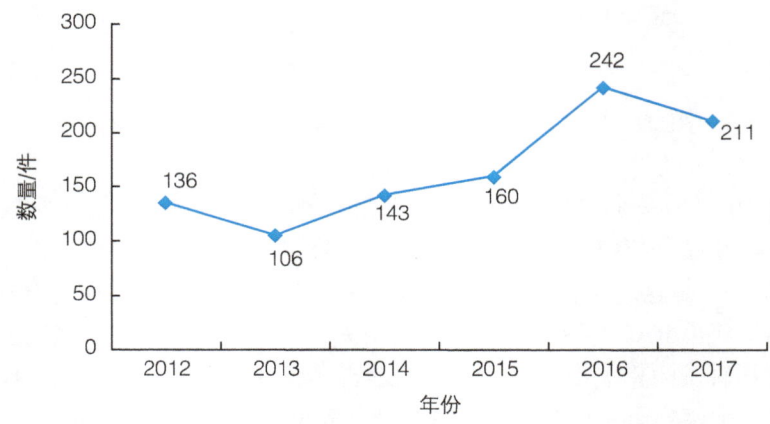

图5.10　2012—2017年国内小麦新品种申请情况

第五章 国内外小麦新品种权分析

从图 5.10 可以看出，2016 年是小麦新品种权申请量的顶峰，而 2017 年的申请量稍有回落，但 2012—2017 年国内小麦新品种权申请趋势总体呈上升态势。

2. 申请主体构成

如图 5.11 所示的申请主体构成看，申请量主要来自于科研单位和企业的贡献。企业申请量约占总申请量的 36.5%，科研单位申请量占总申请量的 48.2%。

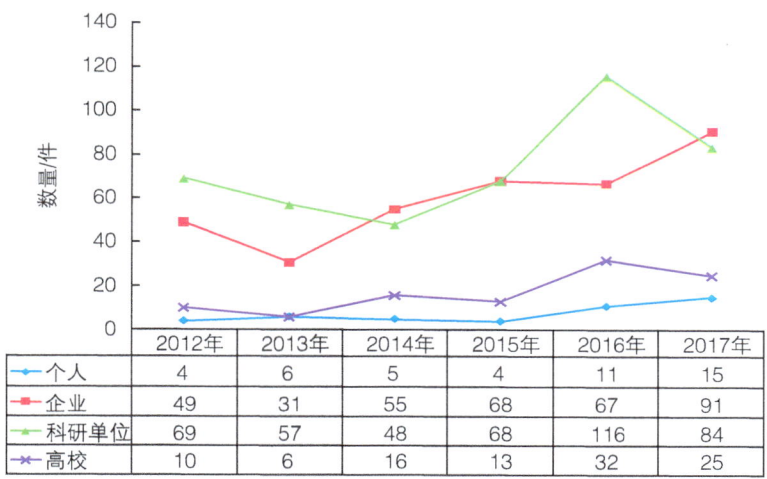

图5.11　2012—2017年小麦新品种权申请主体构成

图 5.11 显示，2013 年企业、科研单位、高校的小麦新品种权申请量出现了增长停滞，个人的申请量略有增加，该时间点正是国家相关部门对植物新品种保护及种业领域相关法规政策进行修改和改革的酝酿期，种企单位对行业／市场政策的高度敏感性，使其采取了保守观望的姿态等待新的政策走向。2014—2016 年小麦申请量的持续升高，显示国家这期间对种业在体制、政策和法律环境上的系统调整和帮扶政策，以及种质资源上的支持，推动了不同生态区育种单位新品种选育，起到了立竿见影的效果，如"国七条"提出"有利于促使产学研相结合，以企业为创新主体，育种资源向企业有序流动"。研究所类单位申请量激增，"促进产学研结合" 这一政策方面的引导积极促使研究所将育种成果申请新品种权并逐渐推向市场。

2017 年 4 月 1 日起停征植物新品种保护权收费，这一调整显著减轻单位申请新品种权的成本，这对企业和研究所小麦新品种权申请量的跃升起到了积极作用。高校与科研单位2012—2017年小麦新品种申请量变化趋势与小麦新品种申请量总体变化趋势吻合，但企业和个人在2016—2017年的小麦新品种权申请量趋势仍然朝着增加的方向变化，这一现象可能也与2017年停征植物新品种保护权收费的新政策有关。费用停征，对于相对科研单位和高校更加考虑申请成本的企业和个人而言是一项利好和鼓励，也是这两类申请主体在2017年申请量仍然保持增长的重要原因。

二、国内小麦新品种权授权情况

检索2012—2017年农业农村部科技发展中心官网上公布的小麦授权公告数据，2013年小麦授权数据没有，历年变化情况如图5.12所示，与小麦申请趋势不同，2012—2017年小麦授权趋势呈明显的正态分布。

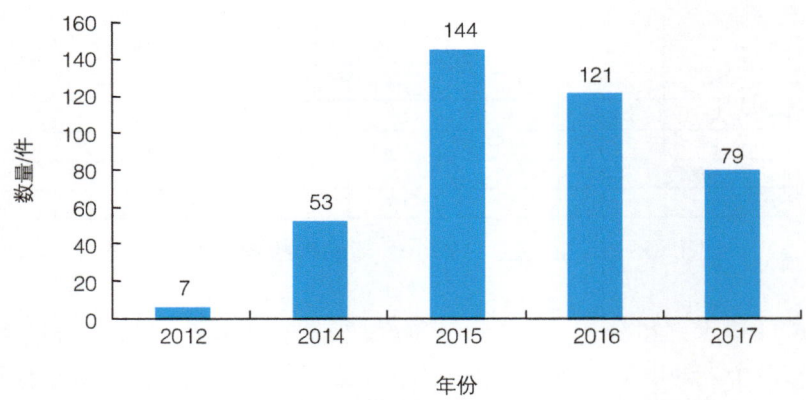

图5.12　2012—2017年国内小麦新品种权授权情况

从图5.12可以看出，2012—2015年授权数量迅速增长，于2015年达到顶峰。2016年与2017年授权量稍有回落，每个新品种权从申请至授权整个周期一般在3年左右，2016年和2017年授权量相比2015年有明显降低，这与图5.10中的2013—2014年申请量较少及农业部审查尺度的把握相关。

三、在中国申请小麦新品种权的国外申请人情况调研

在中国农业农村部科技发展中心植物新品种保护办公室官网公布的申请日在2012年1月1日至2017年12月31日的全部国内小麦新品种权申请数据中，

未发现以国外申请人名义或以国外申请人在华投资的子公司名义申请的小麦新品种权。

四、国内主要申请人统计

对国内申请人申请量进行统计，主要申请人及其申请量如图 5.13 所示。

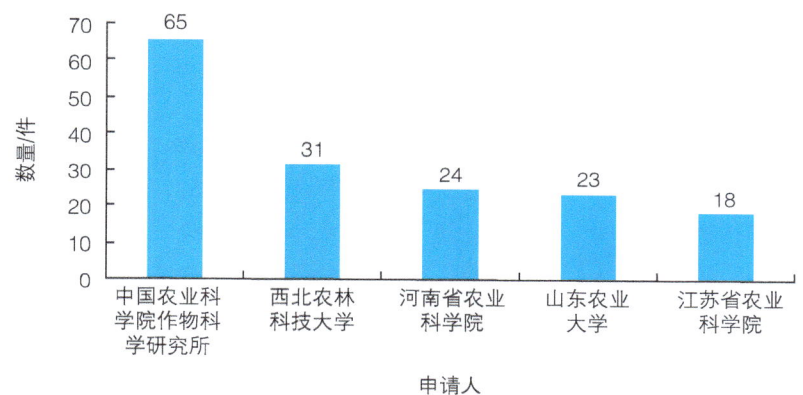

图5.13　国内小麦新品种权重点申请人及其申请量

从图 5.13 可以看出，申请量排名前五的申请人包括 3 家科研单位和 2 家高校位。排名前五申请人 2012—2017 年申请态势如图 5.14 所示。

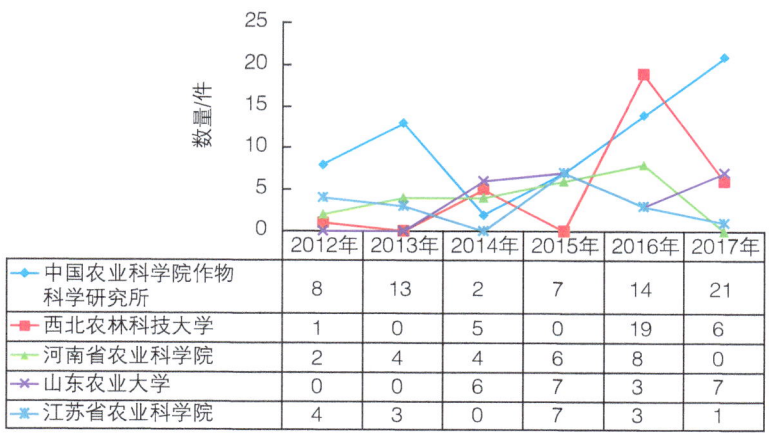

图5.14　国内小麦前五申请人历年申请量变化情况

从图 5.14 可以看到，5 位重点申请人的申请轨迹各不相同，且每位申请人的各年度申请量浮动较大，但仍能看出些许规律，例如，基本上都在 2012—2013 年前后达到申请低谷，在 2015—2016 年前后达到申请顶峰。

2016 年年初将"植物新品种"部分作为独立的章节写入新《种子法》的第四章中，3 位重点申请人都意识到这一法律修改凸显的新品种权保护的重要性，因此不约而同地在 2016 年的申请量都达到了最高。

五、排名前三申请人调研

1. 中国农业科学院作物科学研究所

2012 年该单位发表的小麦相关的国外科研论文多集中在小麦 QTL 的分子定位和分子标记领域，部分涉及基因克隆和基因功能分析，少数针对小麦的物质含量分析和常规育种；小麦相关的国内科研论文也涉及转基因、分子标记领域，但关于常规育种手段、栽培方法、品质、产量、性状性能的分析研究也占据可观数量，但总体上与该年度申请的几项新品种权关联不大。

2013 年小麦相关的国内外科技论文研究方向均主要集中在小麦的基因、蛋白、基因组分析、蛋白质组分析、分子定位、克隆、转基因功能分析方面，国内论文部分涉及非分子手段的小麦研究，具体包括常规育种、栽培方法、环境对小麦性状的影响，其中一篇国内论文涉及 2012 年申请的新品种航麦 901 的介绍。该年申请、2017 年授权的中麦 1062 在 2016 年举行了转让签约仪式。

2014 年小麦相关的国外科技论文研究方向也多以小麦的分子生物学研究为主，非分子手段的小麦研究所占比重有所提升，例如，环境对小麦的影响、小麦性状的遗传学研究；该年度申请、2017 年授权的小麦新品种中麦 170 同时也申请了陕西省的省审小麦品种，该小麦新品种权为该单位与中国农业科学院棉花研究所共同持有。

2015 年小麦相关的国内科技论文研究方向转向以常规育种、栽培、遗传学、农艺学方面为主，分子生物学方向的研究比重减少；小麦相关的国外论文仍以分子研究方向为主；该年度申请的小麦新品种轮选 103 为该单位小麦栽培创新小组的小麦绿色增产攻关示范田的示范品种；轮选 99、航麦 247、中麦 816 不仅申请了新品种权，而且申报了国审小麦并均已通过品种审定。

2012 年申请、2016 年授权的新品种航麦 901 的该单位小麦诱变育种团队于 2014 年获得了国际原子能机构（IAEA）植物诱变育种突出贡献奖。

综上可知，2012—2015 年该单位小麦方面的科技论文及其研究方向主要集中在基础研究领域，应用领域的研究较少，但2015年有上升趋势；申请的小麦新品种权与小麦相关的科技论文内容、研究方向的直接联系并不紧密，但与种业生产、品种市场等方面密切相关。

2. 河南省农业科学院

2013年，郑麦103、郑麦119既申请了新品种权，又申请了农作物品种审定，二者均于2016年获得新品种权授权，郑麦103于2014年通过河南省农作物品种审定，郑麦119于2014年和2015年分别通过湖北省和河南省农作物品种审定。

2014年，郑麦113申请了新品种权并于2015年通过河南省农作物品种审定；郑麦1354也申请了新品种权并成为2017—2018年河南省小麦生产试验参试品种。

2015年，郑麦369的独家经营权被安阳市立早种业科技有限公司买断。

2016年，郑麦1342成为河南省小麦区域试验品种；郑麦1860为2017年发表的科技论文《河南省新育成8个小麦品种（系）幼胚培养再生性能评价》的研究对象；郑麦158为2017—2018年河南省小麦生产试验参试品种；郑麦136的经营权被延津县种业集团帝益麦种业公司买断。

经上面的信息调研可以发现，该单位历年的新品种权申请与种业生产、小麦种子市场关系紧密，仅有极少数与科研内容直接相关。

3. 西北农林科技大学

2012年该单位申请了1个小麦新品种西农509，但被驳回。西农509目前仍在市面上有销售。

2014年该单位申请的5个小麦新品种，目前均在审查当中，其中有4个小麦新品种被记载在国内科技论文当中，与科研工作联系紧密；2014年该单位有1项与小麦相关的科研成果被国家教育部鉴定为国际先进水平。

2016年该单位的小麦新品种申请数量有十分显著的增长，总共申请19件，全部处于审查阶段，其中有1件新品种权申请被记载于国内科技论文中。

2017年该单位虽未申请新的小麦新品种权，但该单位在小麦科研领域有多篇文章发表。例如，揭示了小麦条锈菌小RNA跨界致病的新机制，并在小麦非生物逆境下基因可变剪接应答机制研究方面取得新进展。

2012年，"中国小麦条锈病菌源基地综合治理技术体系的构建与应用"项目获国家科技进步一等奖；2014年，"小麦种质资源重要育种性状的评价与创新利用"项目获国家科技进步二等奖；同年，"小麦条锈病菌新小种监测和抗条锈基因挖掘及其应用"科研成果经教育部鉴定达到国际先进水平。

第四节 "七大农作物育种"专项项目承担单位小麦品种权情况

一、"七大农作物育种"专项项目承担单位小麦新品种权申请总量统计

按如下检索条件在农业农村部科技发展中心官网上进行检索。
①申请/新品种权人：各项目承担单位名称；②植物种类：普通小麦；③公告类型：申请公告。对检索数据进行去重筛选，结果如表5.5所示。

表5.5 "七大农作物育种"专项项目承担单位小麦新品种权申请总量

单位名称	承担的项目名称	申请总量/件
中国农业科学院作物科学研究所	主要粮食作物种质资源精准鉴定与创新利用	78
	主要经济作物种质资源精准鉴定与创新利用	
	主要农作物诱变育种	
	黄淮海耐密抗逆适宜机械化夏小麦新品种培育	
	北部麦区优质抗旱节水高产小麦新品种培育	
中国科学院遗传与发育生物学研究所	主要农作物染色体细胞工程育种	24
	主要粮食作物分子设计育种	
	主要农作物品质性状形成的分子基础	
	主要农作物产量性状形成的分子基础	
南京农业大学	主要农作物养分高效利用性状形成的遗传与分子基础	5
华中农业大学	主要农作物杂种优势形成与利用机理	2
中国农业大学	小麦杂种优势利用技术与强优势杂交种创制	9

续表

单位名称	承担的项目名称	申请总量/件
北京市农林科学院	小麦杂种优势利用技术与强优势杂交种创制	14
	主要农作物种子分子指纹检测技术研究与应用	
山东省农业科学院作物研究所	黄淮冬麦区北片高产优质节水小麦新品种培育	27
河南省农业科学院	黄淮冬麦区南片高产优质节水小麦新品种培育	42
江苏里下河地区农业科学研究所	长江中下游冬麦区高产优质抗病小麦新品种培育	25
四川省农业科学院作物研究所	西南麦区优质多抗高产小麦新品种培育	14

在表 5.5 中，小麦新品种权申请总量排名前三的项目承担单位分别是中国农业科学院作物科学研究所（78 件）、河南省农业科学院（42 件）和山东省农业科学院作物研究所（27 件）。

二、各项目承担单位小麦新品种权分析

按表 5.5 所列各项目承担单位的顺序依次对每个单位的小麦新品种权情况进行分析，分述如下。

1. 中国农业科学院作物科学研究所

中国农业科学院作物科学研究所承担的"七大农作物育种"专项项目一共有 5 项，其中"主要农作物诱变育种""北部麦区优质抗旱节水高产小麦新品种培育"这两个项目与小麦新品种培育密切相关。

中国农业科学院作物科学研究所的小麦新品种权申请趋势如图 5.15 所示，总体呈上升态势，但在 2012 年和 2014 年出现两个明显的低谷。通过该单位官网发布的历年热点新闻和科研进展得知，2012 年中国农科院作物所的研发侧重于水稻、小麦、大豆、小豆与豇豆等农作物，而 2014 年的小麦作物多集中于基础研究。此外，2014 年是种业"国七条"发布实施第一年，其中第二条"强化企业技术创新主体地位。鼓励种子企业加大研发投入，建立股份制研发机构；鼓励有实力的种子企业并购转制为企业的科研机构。确定为公益性的科研院所和高等院校，在 2015 年年底前实现与其所办的种子企业脱钩；其他科研院所逐

步实行企业化改革",这对于种子企业而言是极大的鼓舞,但对于科研机构来说,政策扶持倾向性不明朗。同时,第四条"加强国家良种重大科研攻关。编制水稻、玉米、油菜、大豆、蔬菜等主要农作物良种重大科研攻关五年规划,制定主要造林树种、珍贵树种等林木中长期育种计划,突破种质创新、新品种选育、高效繁育、加工流通等关键环节的核心技术,提高种业科技创新能力",这里并未明确提及小麦作物。综合上述两个方面的原因,政策导向是造成该单位 2014 年出现申请量最低谷的根本原因。

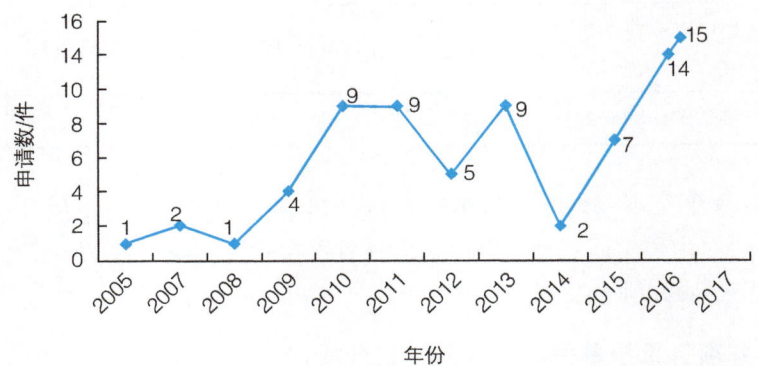

图5.15　中国农科院作物所小麦新品种权申请趋势

2016—2017 年该单位的小麦新品种权申请量显著回升,与 2016 年正式实施的新《种子法》有关。新《种子法》将"新品种保护"作为独立章节写入法条,并在第七十三条明确规定侵权赔偿最高 300 万,这不仅体现国家对于种业领域新品种司法保护的进一步重视,更对新品种权人而言是一种积极的鼓励。

在中国农业科学院作物科学研究所 78 件小麦新品种申请中,共有 33 件已获授权。每年的授权率如图 5.16 所示。

第五章　国内外小麦新品种权分析

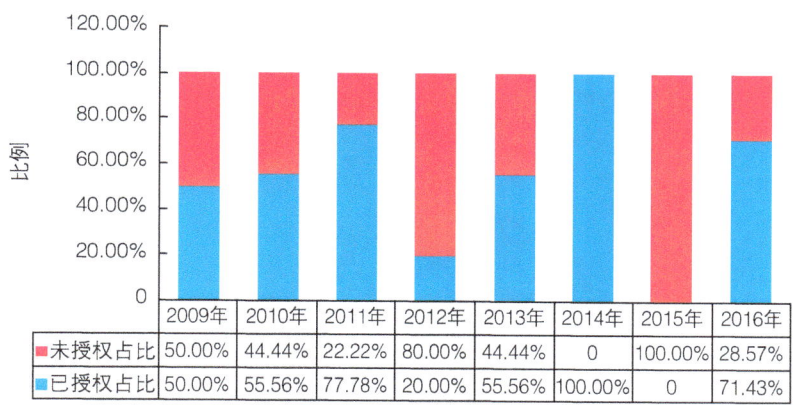

图5.16　中国农业科学院作物研究所小麦新品种权历年授权趋势

从图5.16可以看出，2012年和2015年的授权率较低。2012年申请的小麦新品种权一共有5件，只有2件授权，有2件被驳回，还有1件撤回。2015年申请的小麦新品种权共有7件，除了1件撤回外，其余6件均处于在审状态，基本符合正常3～4年的申请周期。2016年申请的14件中，有10件已获得授权。

如图5.17所示，该单位总计申请的78件小麦新品种权（申请）中，有近一半的小麦新品种在申请新品种权保护的同时也通过了品种审定，获得了市场准入资格。在未审定的品种中，有3个进行了区域试验，为品种推广/品种审定/进入市场做准备。在已审定的38个小麦新品种中，55.2%已经进入市场产生经济价值。在全部78件小麦新品种权（申请）中，共有28个小麦新品种目前已处于上市销售状态，占全部小麦新品种权（申请）的35.9%。

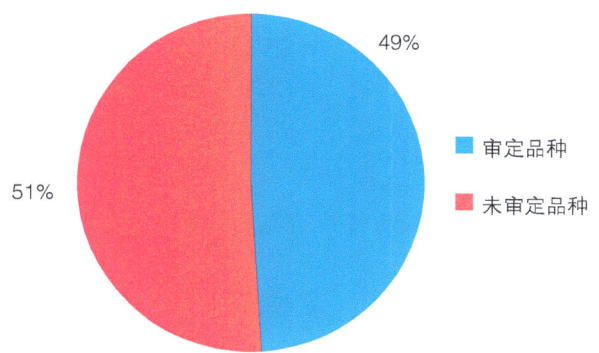

图5.17　中国农业科学院作物研究所小麦新品种权（申请）审定情况

国内外主要农作物 品种权保护现状

在中国农业科学院作物研究所申请的78件小麦新品种权中，共有28件小麦新品种权涉及科研活动，被记载在科技论文中，均为国内杂志发表。同比2012—2017年国内小麦新品种权整体的科研关联水平，该单位的小麦新品种权的科研关联度略高出3%（图5.18）。

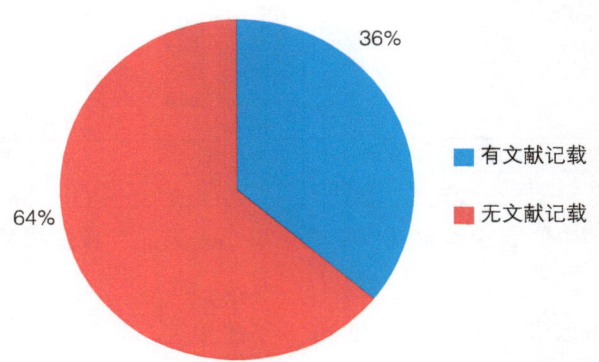

图5.18 中国农业科学院作物研究所小麦新品种权（申请）的科研关联程度

在78个小麦新品种中，共搜集到42个小麦新品种的育成手段，其中，多达39个为常规育种方式育成，2个涉及分子育种，1个则通过诱变育种方式育成，具体分布如图5.19所示。

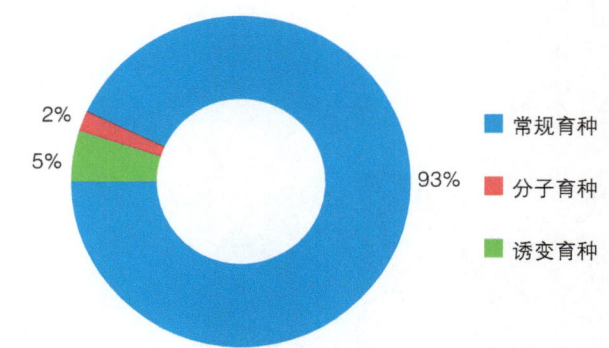

图5.19 中国农业科学院作物研究所小麦新品种育成手段构成

通过分子辅助育种手段育成的小麦新品种分别是中麦998和中麦996，目前这两个小麦新品种的法律状态为中麦996已被撤回，而中麦998则经历了

164

视为撤回后又权利恢复的过程。通过诱变育种方式育成的小麦新品种是航麦247，目前的法律状态为初审公告，尚未获得授权。

2. 中国科学院遗传与发育生物学研究所

中国科学院遗传与发育生物学研究所承担的"七大农作物育种"专项项目中"主要粮食作物分子设计育种"与小麦新品种培育有关。

中国科学院遗传与发育生物学研究所在小麦新品种权申请方面总体上数量不多，总共搜集到目前已公告的有 24 件。历年的申请量大致水平在 2～3 件，2017 年申请量相对激增，共申请了 8 件小麦新品种权，这 8 件小麦新品种权申请的申请日均在 4 月 1 日以后，这一申请量增长的现象与停征植物新品种保护权收费有关（图 5.20）。

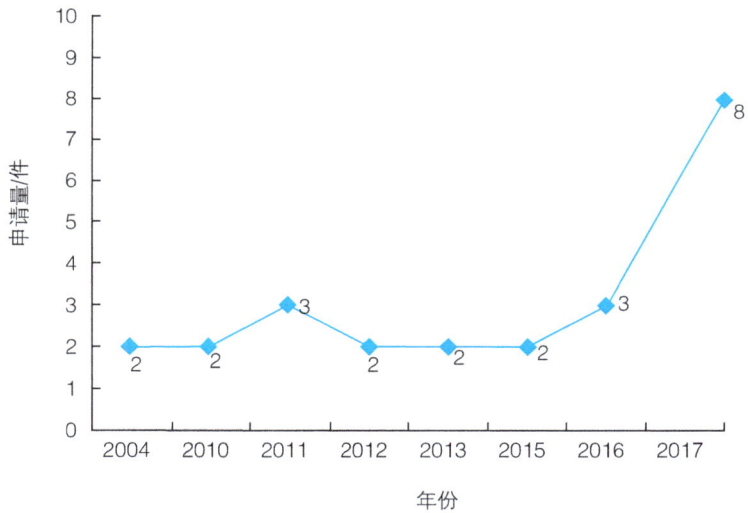

图 5.20　中国科学院遗传与发育研究所小麦新品种权申请趋势

从图 5.21 中可以看出，在中国科学院遗传与发育生物学研究所申请的 24 件小麦新品种权中，授权品种共有 7 件，其中小偃 81 的新品种权已终止；驳回、视为撤回、视为放弃的各有 1 件，其余 14 件均为初审公告后的在审状态。

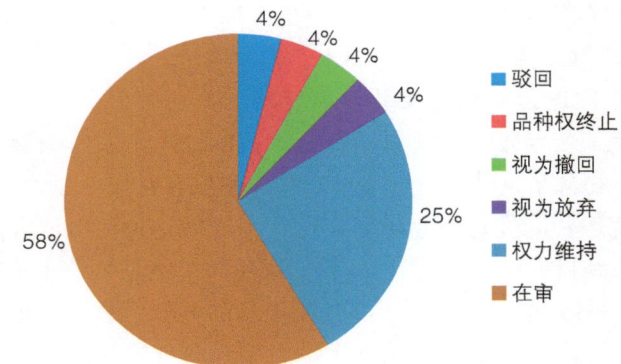

图5.21 中国科学院遗传与发育研究所小麦新品种权（申请）法律状态情况

这些小麦新品种中，共找到7个小麦品种的育成方式，均为常规方法培育获得。其中，5个小麦新品种已通过国家或省级审定，具备进入市场资格，且已全部投放市场，开始获利，它们分别是科农2011、科农2009、科农1006、科遗5214和小偃60；另外2个品种为紫优5号和小偃81，它们也在市场上流通。24个小麦新品种中，仅有3个被科技论文记录，它们分别是科农2009、科农1006和小偃60。

3. 南京农业大学

南京农业大学承担的"七大农作物育种"专项项目为"主要农作物养分高效利用性状形成的遗传与分子基础"，与小麦育种关联性不大。从表5.6中可以看出，南京农大申请的5件小麦新品种权已全部获得授权，其中南农02Y393和南农9918经历了权利终止随后又恢复的过程。与科研结合紧密，这5个小麦新品种均有相应的科技论文记载。其中，4个通过品种审定具备市场准入资格，2个小麦品种通过结合分子手段培育获得。但这5件小麦新品种权的申请日期较早，该单位近5年内没有新的小麦新品种权申请。在这5件小麦品种权申请中，扬麦11号和扬麦12号的共同权利人为南京农业大学和江苏金土地种业有限公司。

表5.6　南京农大小麦新品种权情况

申请号	品种名称	申请日	公告号	法律状态	审定情况	销售情况	科研情况	育种方式
20110559.8	南农 0686	2011/7/21	CNA008151E	授权	通过审定	已销售	有论文	常规
20040203.X	南农 02Y393	2004/4/20	CNA001517E	权利恢复	—	已销售	有论文	—
20030102.0	南农 9918	2003/4/7	CNA000900E	权利恢复	通过审定	—	有论文	分子辅助
20020140.9	扬麦 11 号	2002/7/22	—	授权	通过审定	—	有论文	分子辅助
20030287.6	扬麦 12 号	2003/8/4	—	授权	通过审定	—	有论文	常规

4. 华中农业大学

华中农业大学承担的"七大农作物育种"专项项目包括"主要农作物杂种优势形成与利用机理"。

该单位的两件小麦新品种权申请均处在初审公告后的在审状态（表5.7）。其中，华麦1168是通过川8910/华矮01//周麦12/鄂麦12经系谱法选择育成的小麦品种，于2017年通过湖北省农作物品种审定委员会审定，品种审定编号为鄂审麦2017001，目前在市面上可购买到，并被记载在《湖北稻茬小麦新品种（系）孕穗期耐渍性的鉴定与评价》一文中。

表5.7　华中农大小麦新品种权情况

申请号	品种名称	申请日	公告号
20171501.9	华麦 1223	2017/6/23	CNA019016E
20171502.8	华麦 1168	2017/6/23	CNA019017E

5. 中国农业大学

中国农业大学承担的"七大农作物育种"专项项目为"小麦杂种优势利用

技术与强优势杂交种创制"。农业农村部科技发展中心官网上公告查询到的中国农大作为申请/新品种权人的全部小麦新品种权情况如表5.8所示：9件小麦新品种权（申请）中，有3件仍然处于审查状态，有4件获得授权。获得授权的4件小麦新品种权中，有3件权利已终止，这3件的权利维持周期均未超过2年。中国农大的9件小麦新品种权（申请）中，有8件是通过常规育种方法培育获得，与科研关联紧密，有5个小麦新品种被记载在科技论文中。市场匹配程度较高，9件中有7件均通过品种审定，并已投放市场开始获利。

表5.8 中国农大小麦新品种权情况

申请号	品种名称	申请日	公告号	法律状态	审定情况	销售情况	科研情况	育种方式
20172477.7	农大3486	2017/9/14	CNA019599E	在审	通过审定	已销售	—	常规
20172478.6	农大3097	2017/9/14	CNA019600E	在审	—	—	—	—
20141566.4	农大5181	2014/12/25	CNA013328E	在审	通过审定	已销售	—	常规
20121113.4	农大1108	2012/11/30	CNA009926E	驳回	通过审定	已销售	有论文	常规
20110709.7	农大399	2011/9/29	CNA008176E	授权	通过审定	已销售	有论文	常规
20070475.3	农大212	2007/9/29	CNA004312E	驳回	通过审定	已销售	有论文	常规
20070476.1	农大3753	2007/9/29	CNA004313E	权利终止	通过审定	已销售	有论文	常规
20070474.5	农大211	2007/9/29	CNA004489E	权利终止	通过审定	已销售	有论文	常规
20040368.0	农大135	2004/9/10	CNA001773E	权利终止	—	—	—	常规

6. 北京市农林科学院

北京市农林科学院承担了 2 项"七大农作物育种"专项项目，其中"小麦杂种优势利用技术与强优势杂交种创制"与小麦育种关联密切。

农业农村部科技发展中心官网上目前已公告的申请/新品种权人为北京市农林科学院的全部小麦新品种权（申请）共有 14 件，详细情况如表 5.9 所示。可以看到，该单位的小麦新品种权申请授权率较高，在 78% 左右；该单位 2016 年申请量井喷，与当年新《种子法》的正式实施有关。最早申请并获授权的京冬 17 于 2011 年 5 月 1 日获得授权，至今权利维持已超过 7 年。

表5.9 北京市农林科学院小麦新品种权情况

申请号	品种名称	申请日	公告号	法律状态	审定情况	销售情况	科研情况	育种方式
20161648.4	BF1	2016/9/22	CNA016585E	在审	—	—	—	—
20161649.3	BF7	2016/9/22	CNA016586E	在审	—	—	—	—
20161650.9	BF159	2016/9/22	CNA016587E	在审	—	—	—	—
20161651.8	BS103	2016/9/22	CNA016588E	授权	—	—	—	—
20161652.7	BS206	2016/9/22	CNA016589E	授权	—	—	—	—
20161653.6	BS237	2016/9/22	CNA016590E	授权	—	—	—	—
20161654.5	BS366	2016/9/22	CNA016591E	授权	—	—	有论文	—
20161655.4	BS1453	2016/9/22	CNA016592E	在审	—	—	—	—
20161657.2	京麦9号	2016/9/22	CNA016593E	在审	通过审定	已销售	—	常规育种
20110916.6	京冬18	2011/11/29	CNA008363E	驳回	通过审定	已销售	有论文	常规育种
20100560.6	京冬22	2010/7/26	CNA006907E	授权	通过审定	已销售	有论文	常规育种
20100561.5	京花9	2010/7/26	CNA006908E	授权	通过审定	已销售	有论文	常规育种

续表

申请号	品种名称	申请日	公告号	法律状态	审定情况	销售情况	科研情况	育种方式
20080171.6	京冬17	2008/3/27	CNA004838E	授权	通过审定	已销售	有论文	常规育种
20050648.X	京冬12	2005/11/7	CNA002836E	驳回	通过审定	已销售	有论文	常规育种

7. 山东省农业科学院作物研究所

该单位承担的"七大农作物育种"专项项目为"黄淮冬麦区北片高产优质节水小麦新品种培育"与小麦育种关系密切。农业农村部科技发展中心官网上目前已公告的申请/新品种权人为山东省农业科学院作物研究所的全部小麦新品种权（申请）共有 27 件，按年份的总体申请态势如图 5.22 所示。

由图 5.22 可以看出，该单位小麦新品种权的申请年份并不连续，相比之前的年份，2016 年申请量出现井喷，与 2016 年正式实施的新《种子法》有关。新《种子法》的司法保护力度加大，侵权赔偿上限额提高，有效地提升了新品种权的申请量。

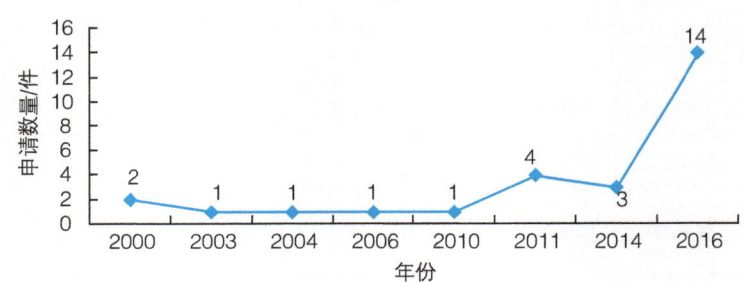

图5.22 山东省农业科学院作物研究所小麦新品种权申请态势

该单位 27 件小麦新品种权（申请）中，各类法律状态构成如图 5.23 所示。

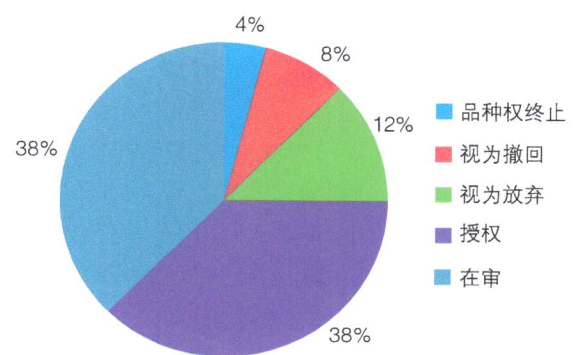

图 5.23 山东省农业科学院作物研究所小麦新品种权（申请）法律状态情况

其中，小麦新品种济麦 0536 曾经获得授权，但目前权利已终止，权利维持周期不到 2 年；有 2 件视为撤回，另有 4 件视为放弃；剩下的小麦新品种（申请）授权和在审的各占一半。没有 1 件被驳回。

该单位 27 件小麦新品种权（申请）中，有 8 件通过品种审定，获得市场准入条件。8 个已审定品种中，有 5 个已投放市场开始获利。其余 19 件目前尚未查找到审定信息（图 5.24）。

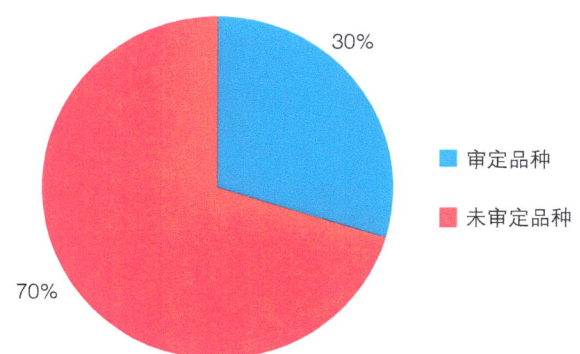

图 5.24 山东省农业科学院作物研究所小麦新品种权（申请）的审定情况

在 27 件小麦新品种权（申请）中，有 6 件小麦新品种权（申请）被记载在科技论文中。搜集到 7 个小麦新品种的育成方式，其中 6 个均为常规方法育成，而剩下 1 个（济麦 23）是通过分子育种手段培育获得。此外，有 6 件小麦新品种权（申请）为联合申请，共同申请人为山东省农业科学院作物研究所和山东鲁研农业良种有限公司。

8. 河南省农业科学院

河南省农业科学院承担的"七大农作物育种"专项项目为"黄淮冬麦区北片高产优质节水小麦新品种培育",与小麦育种紧密相关。

目前已公布的数据中,可以查询到河南省农业科学院总共申请过48件小麦新品种权,2002—2016年,除2007年外该单位每年都会申请一至数项小麦新品种权。相邻的年份之间上下波动明显,但总体上每年申请数量上下浮动变化不大,但同前面几家单位的申请趋势大体相同,都在2016年前后申请量达到顶峰(图5.25)。

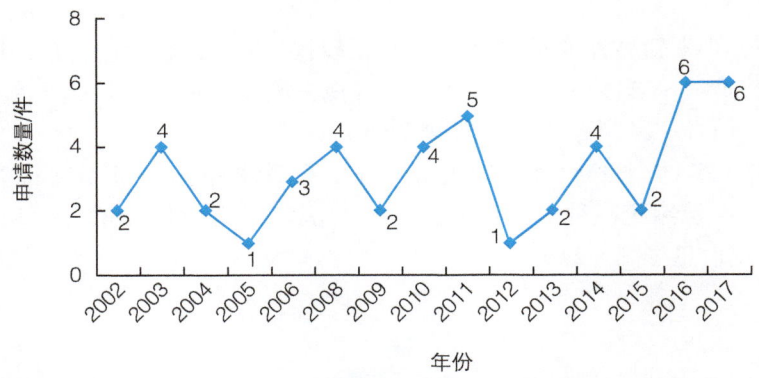

图5.25　河南省农业科学院小麦新品种权申请趋势

河南省农业科学院的48件小麦新品种权(申请)中,有一半的品种已获授权。有7件虽然目前状态是新品种权终止,但是曾经也获得过权利,因此总计有31件获得(过)小麦新品种权。被驳回的有2件,视为撤回的有1件,剩下的14件目前仍处在审查状态(图5.26)。

第五章　国内外小麦新品种权分析

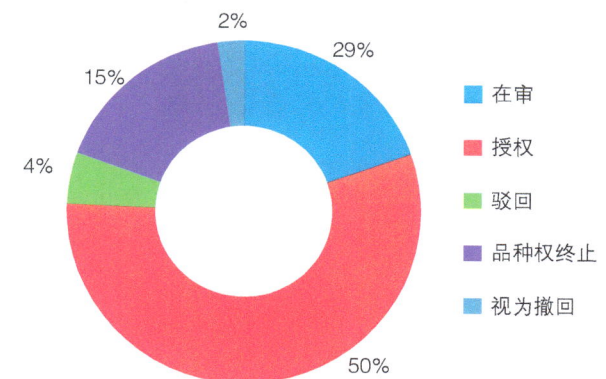

图5.26　河南省农业科学院小麦新品种权法律状态构成

该单位的48件小麦新品种权（申请）中，有31件通过品种审定，未通过审定的品种中有4个进行了区域试验；通过品种审定的31个小麦新品种中，有22个目前已在市场上销售（图5.27）。在育成手段构成上，48件小麦新品种权（申请）中有29个小麦新品种是通过常规育种方法育成得到，常规育种方法包括杂交、系谱法、轮回选育、花药培养等；有3个小麦新品种是通过诱变育种手段获得，它们是郑麦3596、太空6号、太空5号，均获得品种审定、已投放市场进行销售，并被记载在科技论文中。在与科研的结合程度方面，该单位的小麦新品种研发工作与科研工作结合紧密，48件小麦新品种权申请中有2/3的被记载在科技论文中。

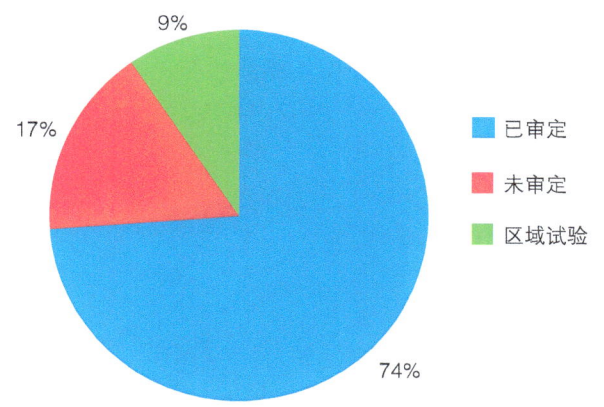

图5.27　河南省农业科学院小麦新品种权（申请）审定情况

173

9. 江苏里下河地区农业科学研究所

江苏里下河地区农业科学研究所承担的"七大农作物育种"专项项目为"长江中下游冬麦区高产优质抗病小麦新品种培育",与小麦新品种的培育开发密切相关。

由图 5.28 可以看出,该单位近 15 年小麦新品种权申请呈现两头高、中间低的态势,在开头的 2003 年和近年 2016 年分别达到申请高峰,中间十几年申请量较少,且不连贯。但该单位总体每年的申请数量不多。

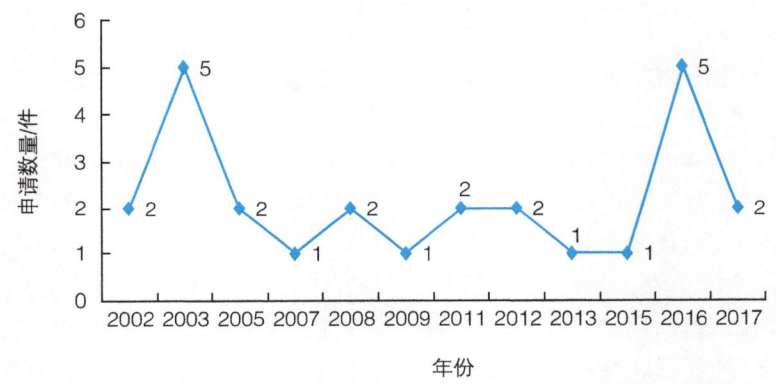

图5.28　江苏里下河地区农业科学研究所小麦新品种权申请趋势

该单位曾于 2008 年作为原告起诉一家企业侵犯其植物新品种权,具体品种涉及小麦新品种扬麦 11 号、扬麦 13 号、扬麦 16 号,但基于权利用尽原则,由最高人民法院终审判决为不侵权。

目前公布的该单位全部的 25 件小麦新品种权(申请)中,有 18 件获得了授权,但其中 3 件新品种权已终止。被驳回和视为撤回的各有 2 件。目前在审的有 3 件(图 5.29)。

第五章 国内外小麦新品种权分析

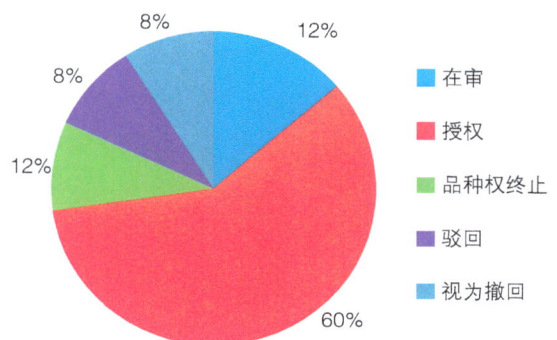

图5.29 江苏里下河地区农业科学研究所小麦新品种权（申请）法律状态构成

这25件小麦新品种权（申请）中有24件通过品种审定，具备进入市场资格。而这24件中已经销售的占75%，这一统计数据表明该单位的小麦新品种权的市场匹配程度较高。

该单位小麦新品种的育成手段较为丰富，25个小麦新品种中有20个为常规手段培育而成，4个为诱变育种，1个为分子育种（图5.30）。同时该单位小麦育种工作与科研工作结合紧密，25件小麦新品种权（申请）中有20件被记载在科技论文中，科研关联度高达80%。此外，该单位与企业合作紧密，合作最为频繁的企业为江苏金土地种业有限公司，25件小麦新品种权中，有10件为联合申请，其中8件的共同权利人/申请人为该单位与江苏金土地种业有限公司，另2件的共同权利人为该单位与南京农业大学。

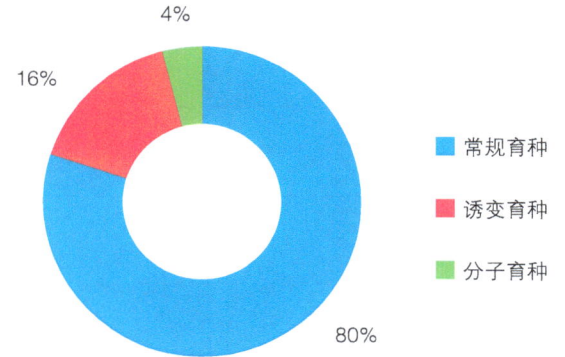

图5.30 江苏里下河地区农业科学研究所小麦新品种权（申请）育成方式构成

175

10. 四川省农业科学院作物研究所

四川省农业科学院作物研究所承担的"七大农作物育种"专项项目为"西南麦区优质多抗高产小麦新品种培育",与小麦育种紧密相关。

目前公告的该单位的小麦新品种权(申请)数据共 14 件,申请量多集中在 2012—2017 年。14 件小麦新品种权中,通过品种审定的有 12 件,已销售的有 9 件,该单位的小麦新品种权与市场匹配程度较高。法律状态方面,获得权利的一共有 5 件,但目前权利维持的仅有 1 件,其他 4 件新品种权已终止;有 1 件被驳回,2 件视为撤回,其余 5 件目前仍处于审查状态(表 5.10)。5 个小麦新品种的育种工作与科研活动联系紧密。12 个小麦新品种的育成方式均为常规育种。

表5.10 四川省农业科学院作物研究所小麦新品种权(申请)情况

申请号	品种名称	申请日	公告号	法律状态	审定情况	销售情况	科研情况	育种方式
20171863.1	川麦 81	2017/7/18	CNA019522E	在审	通过审定	已销售	有论文	常规育种
20171845.4	川麦 602	2017/7/12	CNA019521E	在审	通过审定	—	—	—
20171588.5	川麦 601	2017/7/6	CNA019028E	在审	通过审定	已销售		常规育种
20161600.0	川麦 603	2016/9/1	CNA016909E	—				
20161315.6	川麦 68	2016/7/29	CNA016253E	在审	通过审定	已销售		常规育种
20151658.2	川麦 67	2015/11/28	CNA015090E	在审	通过审定	已销售		常规育种
20151039.2	川麦 67	2015/7/20	—	视为撤回	通过审定	已销售		常规育种
20130745.1	川麦 62	2013/8/20	CNA010871E	视为撤回				常规育种

第五章 国内外小麦新品种权分析

续表

申请号	品种名称	申请日	公告号	法律状态	审定情况	销售情况	科研情况	育种方式
20130097.5	川麦104	2013/1/30	CNA010211E	驳回	通过审定	已销售	有论文	常规育种
20120804.0	川麦60	2012/9/11	CNA009516E	授权	通过审定	已销售	有论文	常规育种
20040309.5	川麦41	2004/7/16	CNA001521E	权利终止	通过审定	—	—	常规育种
20040138.6	川麦37	2004/3/18	CNA001415E	权利终止	通过审定	已销售	—	常规育种
20040139.4	川麦39	2004/3/18	CNA001416E	权利终止	通过审定	已销售	有论文	常规育种
20020173.5	川麦32	2002/9/2	CNA000632E	权利终止	通过审定	—	有论文	常规育种

第五节　国内小麦品种审定情况分析

一、小麦品种审定量统计分析

根据农业部公告统计2012—2017年每年小麦品种审定数据，统计结果如图5.31所示。2012—2017年，国审品种呈现持续增长态势，但2015年国审小麦数据缺失。

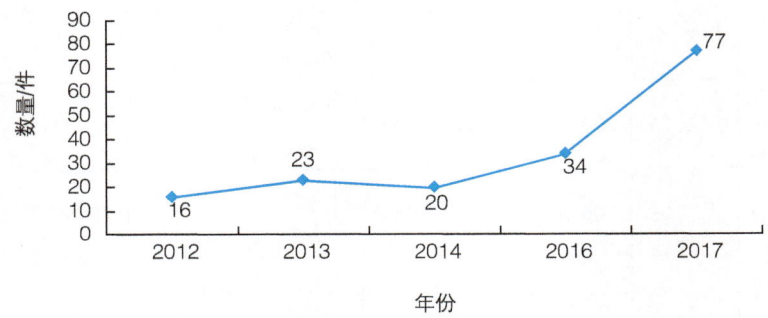

图5.31　2012—2017年国审小麦总量趋势

图5.31的走势可以明显看到两个增长陡坡：2012—2013年、2014—2017年均有明显增长；2013年国务院办公厅印发的"国七条"提出"强化企业技术创新主体地位""调动科研人员积极性"等意见，明显促使了2013年企业申请与科研单位申请并行增加；2016年农业部修订并施行的《主要农作物品种审定办法》中明确提出DUS测试可由申请人自主进行，这一利好也极大地调动了申请人的申请积极性，从而使国审小麦的数量显著提升。

二、申请量前五申请人2012—2017年通过的国审品种的新品种权保护情况

在中国种业大数据平台上查询的品种审定数据，国内小麦申请量排名第一的中国农业科学院作物研究所名下的审定小麦品种信息仅检索到如表5.11所示的1件。

表5.11　中国农业科学院作物研究所审定小麦情况

审定编号	品种名称	审定年份	审定单位	申请单位
川审麦20170007	川麦82	2017	四川省	四川省农业科学院作物研究所、中国农业科学院作物研究所

中国农业科学院作物研究所名下申请国家品种审定的小麦品种信息未查到，仅检索到1件通过四川省审定的小麦品种，为非转基因小麦品种，该小麦品种未申请新品种权，也没有进行品种推广。

另外4个重点申请人的国审小麦新品种权情况如图5.32所示。

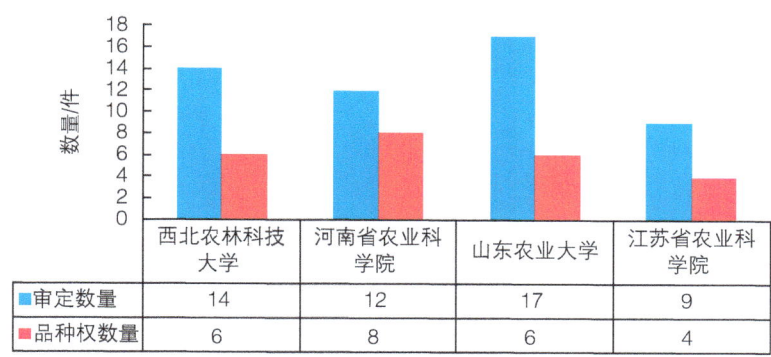

图5.32　重点申请人国审小麦新品种权情况

国内小麦新品种权重点申请人名下的国审小麦品种数量均不多，但各单位的国审小麦品种中，获得新品种权的国审小麦数量占比都在1/3以上，这表明重点申请人所持有的国审小麦品种有超过1/3都申请了新品种权并获得授权，而且这些国审小麦品种中已经进行品种推广的小麦品种基本上都已获得新品种权保护，为他们针对这些小麦新品种开拓市场及商业运作做好了充分准备。

三、小麦品种省级审定现状

从图5.33可以看出，大部分省份/直辖市/自治区的省审小麦近几年的申请审定具有如下共同特征：多呈正态或偏正态分布，大部分在2014年、2015年、2016年这几年的审定量达到峰值，而在2017年审定量也出现了一个小高峰。这都与《主要农作物品种审定办法》有关，其鼓励品种审定申请人自行开展 DUS 测试，这将极大地鼓舞新品种培育单位的审定积极性，并简化审定程序、提高审定效率。

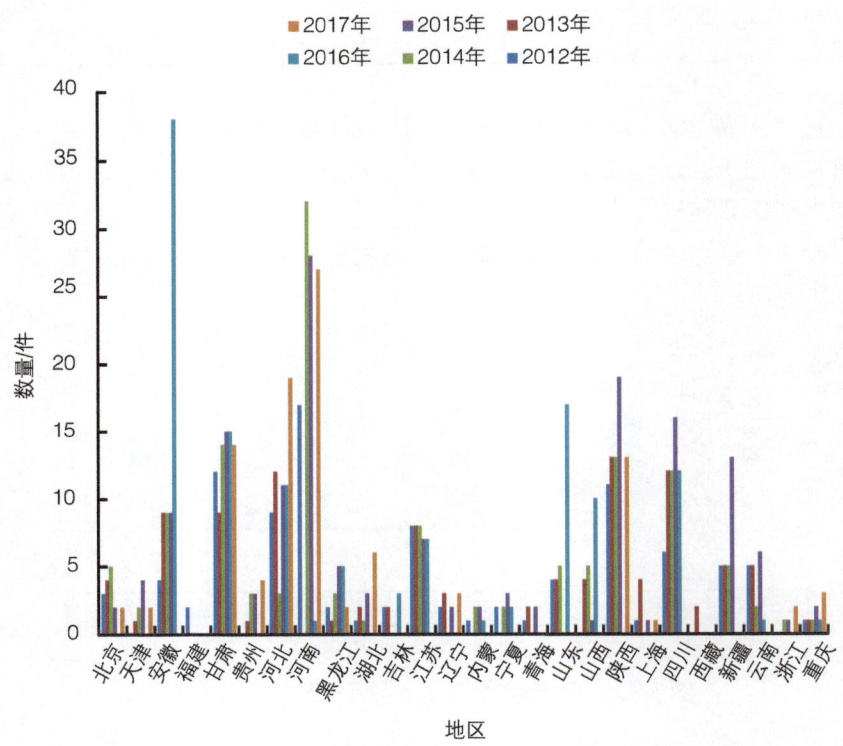

图5.33　各省/自治区/直辖市省审小麦历年数量变化

四、国外申请人在华投资公司的品种审定情况

以国外小麦新品种权主要申请人：科沃施种子股份有限公司（KWS）、利马格兰集团（Limagrain）、RAGT种业公司（RAGT Seeds）各自名称中的关键词在中国种业大数据平台上进行检索，未找到任何数据。科沃施种子股份有限公司（KWS）和利马格兰集团（Limagrain）分别在中国设有子公司，但名下都没有申请过小麦品种审定。

第六章

国内外大豆新品种权分析

本章基于 UPOV 2012 年 1 月 1 日至 2017 年 12 月 31 日的数据及各成员国官方数据统计显示的大豆新品种申请量集中地区/国家，结合全球大豆主产区进出口统计数据，得出全球主要的大豆新品种权申请国及在这些国家的主要申请人。对这些主要申请国的大豆新品种权申请进行统计分析，了解年度间申请态势、各国家主要申请人之间的关联性/重叠情况，以及申请人的大豆申请布局趋势和重点。

本章还从中国受理的大豆新品种权出发，分析中国 2012 年 1 月 1 日至 2017 年 12 月 31 日大豆新品种权总量、态势、申请人构成情况，以及其中国外申请人在中国提交的玉米新申请情况，进一步重点分析了承担"七大农作物育种专项"单位的大豆品种权申请情况，以及该时期内我国大豆品种审定概况、品种审定和品种权申请之间的关联情况。

第一节 全球大豆新品种权申请总体概况

一、UPOV 数据中欧盟及其成员国受理量

为了解全球大豆新品种权申请分布，在 UPOV 网站检索 2012 年 1 月 1 之后，各国的大豆申请量，得到统计数据如表 6.1 所示。

表6.1　UPOV数据统计的各国大豆申请量

受理国家	申请量/件	受理国家	申请量/件
美国	1187	阿根廷	116
巴西	692	乌克兰	108
巴拉圭	219	克罗地亚	104
奥地利	216	立陶宛	104
俄罗斯	214	斯洛文尼亚	100
意大利	186	保加利亚	97
塞尔维亚	177	拉脱维亚	95
法国	171	荷兰	95
匈牙利	170	加拿大	95
波兰	132	爱尔兰	94
捷克	131	爱沙尼亚	94
斯洛伐克	123	丹麦	94
德国	116	英国	94
瑞典	90	中国	0

表6.1中统计数据来源于各国向UPOV提供和更新的数据性，存在不准确性，但是能够大体上反映各国大豆新品种权申请情况。可以看出受理量突出地区为美国、巴西、巴拉圭、阿根廷，其中中国的受理量需做进一步检索修正。申请日在2012年1月1日至2017年12月31日的中国的大豆申请量以农业农村部科技发展中心网站上公告的大豆新品种权申请数据为准，共659件。这些数据与目前公认的大豆主产国为美国、巴西、阿根廷、中国相一致。

全世界主要的大豆出口国为美国、巴西和阿根廷，这3个国家的大豆出口量占世界大豆出口量的80%以上。美国不但是世界最大的大豆生产国，也是最大的出口国。每年大豆产量的38%左右用于出口，年出口量约3000万吨。美国有相当数量的农场主专门为出口而种植大豆，国际市场的需求和行情变化直接影响美国大豆的生产。

以下分别对美国、巴西、阿根廷的大豆新品种权情况进一步分析。

二、美国大豆新品种权情况分析

以 UPOV 官网上目前公布的 2012 年 1 月 1 日至 2017 年 12 月 31 日受理的美国大豆品种权数据为基础进行分析，共 1187 件大豆新品种权申理，各年间大豆品种申请态势如图 6.1 所示。

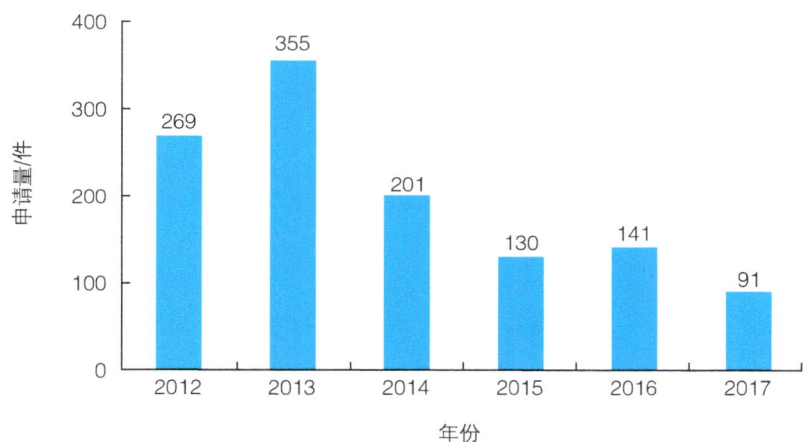

图6.1　美国大豆新品种权情况分析

由图 6.1 可见，UPOV 官网上目前公布的 2012—2017 年美国大豆品种权申请数据显示，2013 年之后申请量呈现逐年递减的态势。

三、巴西大豆新品种权情况分析

以 UPOV 官网上目前公布的 2012 年 1 月 1 日至 2017 年 12 月 31 日巴西的大豆品种权申请数据为基础进行分析，共有 692 件大豆新品种权申请，各年间大豆品种权申请态势如图 6.2 所示。

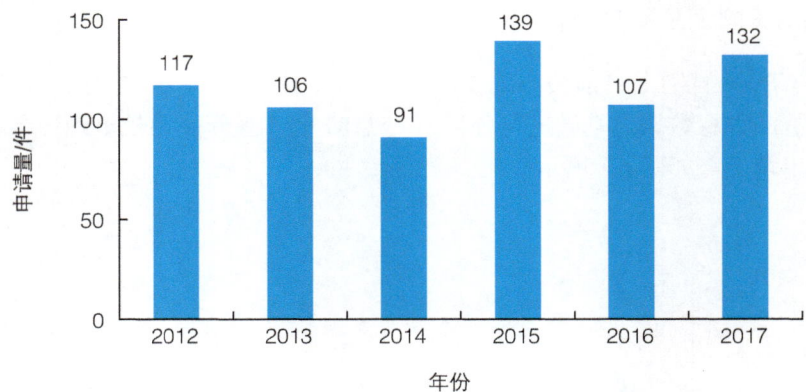

图6.2 巴西大豆新品种权情况分析

由图 6.2 可见，UPOV 官网上目前公布的 2012—2017 年巴西大豆植物品种权申请数据显示，每年的申请量比较稳定，呈稳中略有升降的态势。

四、阿根廷大豆新品种权情况分析

以 UPOV 官网上目前公布的 2012 年 1 月 1 日至 2017 年 12 月 31 日阿根廷大豆品种权申请数据为基础进行分析，共 116 件大豆新品种权申请，各年间大豆品种权申请态势如图 6.3 所示。

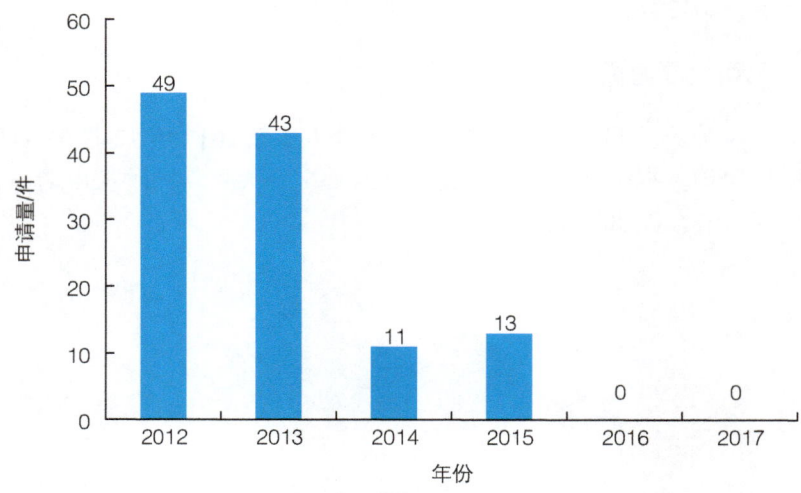

图6.3 阿根廷大豆新品种权情况分析

第六章 国内外大豆新品种权分析

由图 6.3 可见，UPOV 官网上目前公布的 2012—2017 年阿根廷大豆植物品种权申请数据显示，每年的申请量呈逐渐递减的趋势。

第二节 国外主要申请人大豆新品种权申请和保护现状

以美国农业部植物新品种保护办公室官网上目前公布的 2017 年 1 月 1 日至 2018 年 5 月 31 日授权的大豆植物品种权授权数据为基础进行分析，共 131 件大豆新品种权获得授权。

权利主体构成分析如图 6.4 和图 6.5 所示。

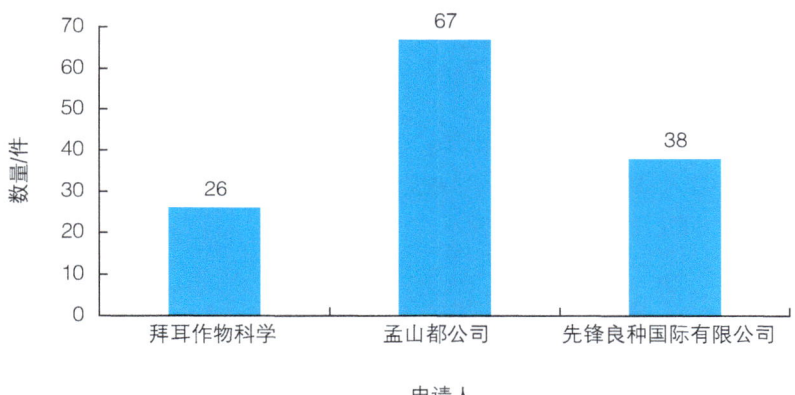

图6.4 各申请人申请量分析

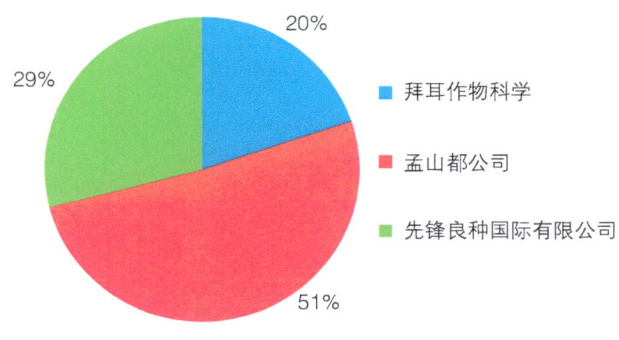

图6.5 申请人构成分析

由图 6.4 和图 6.5 可知，2017 年 1 月 1 日至 2018 年 5 月 31 日授权的美国大豆植物品种权的权利主体超过半数的为孟山都公司，67 件大豆新品种权获得授权，占授权总数的 51%；其次为先锋良种国际有限公司，38 件大豆新品种权获得授权，占授权总数的 29%；拜耳作物科学 26 件大豆新品种权获得授权，占授权总数的 20%。

第三节　国内大豆品种权申请情况

在农业农村部科技发展中心网站（http://www.nybkjfzzx.cn/p_pzbh/sub_gg.aspx?n=21）上检索用于分析的基础数据。

一、国内大豆新品种权申请情况

1. 申请趋势

申请日在 2012 年 1 月 1 日至 2017 年 12 月 31 日的农业农村部科技发展中心网站上公告的大豆新品种权申请数据共 654 件，其中 2017 年 141 件，这 6 年申请态势如图 6.6 所示。

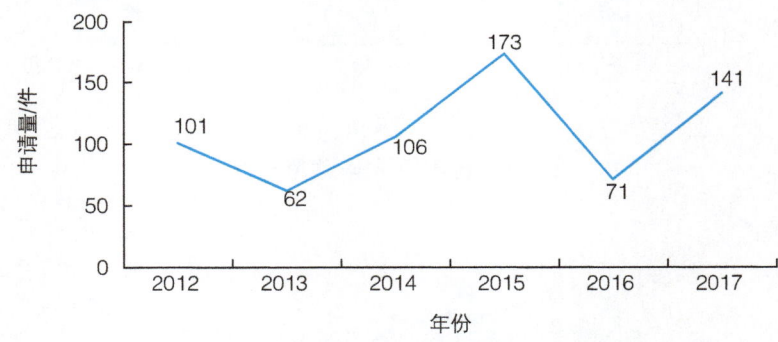

图6.6　国内大豆新品种权申请趋势

由图 6.6 可见，2012—2017 年我国大豆新品种权申请逐年波动，其中 2015 年申请量最大。

2. 申请主体构成

每年大豆品种权申请主体构成如图 6.7 所示。

第六章 国内外大豆新品种权分析

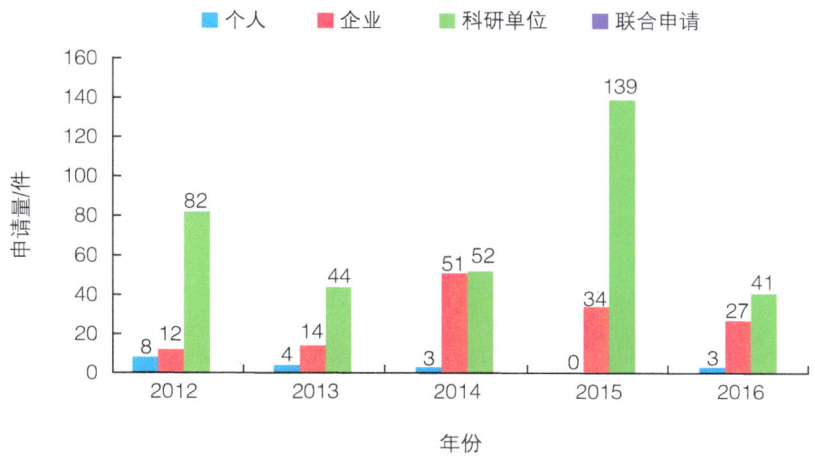

图6.7 大豆新品种权申请主体构成

从图6.7中可以看出，历年的品种权申请主体中，科研单位占据绝对优势，这与大豆这一植物本身所具备的"非经济作物"的特性有关；个人申请的品种权几乎每年都有，但只占很小比例，申请主体构成还是以科研单位和企业为主。

二、国内大豆新品种权授权情况

1. 授权量统计分析

授权量以农业部植物新品种保护办公室官网上公布的，申请时间在2012年1月1日至2016年12月31日的全部授权公告数据为准。从图6.8中可以看出，数据的分布基本符合植物新品种权申请周期长的基本特征。2012—2015年，大豆品种权的授权量呈逐年增长的趋势，在2015年达到峰值，但随后2016年大幅下滑。分析原因可能是：一方面，2013年申请量较少，而2014年以后申请的大豆品种权几乎都尚处于审查阶段；另一方面，农业部植物新品种保护办公室官网上公布的信息显示2016年共有14件大豆品种权申请撤回或视为撤回或视为放弃。

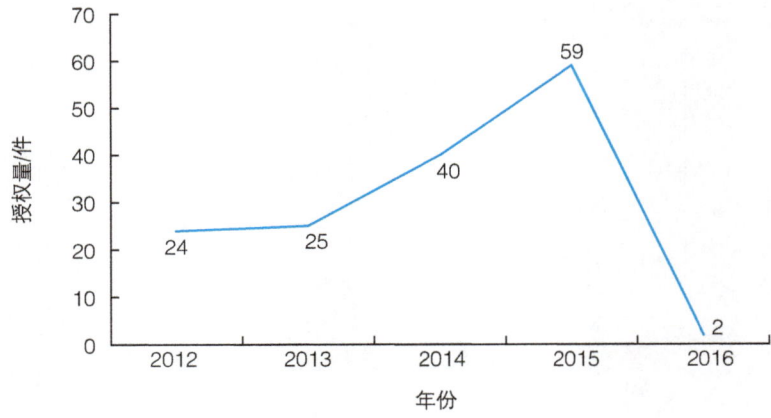

图6.8　大豆新品种授权情况

2. 申请年份构成

在目前已公告的授权时间在2017年1月1日至2018年5月31日的185件大豆新品种权授权数据中，2011年、2012年和2016年申请的分别为3件、12件和9件，其余161件的申请年份分布在2013年、2014年、2015年和2017年。其中申请年份在2013年、2014年和2015年的分别为21件、50件和30件，合计占据55%，基本符合目前植物新品种权正常的2～4年的申请周期。但申请年份在2017年的占32%，有59件，这一情况表明近两年植物新品种权申请审查速度有加快趋势（图6.9）。

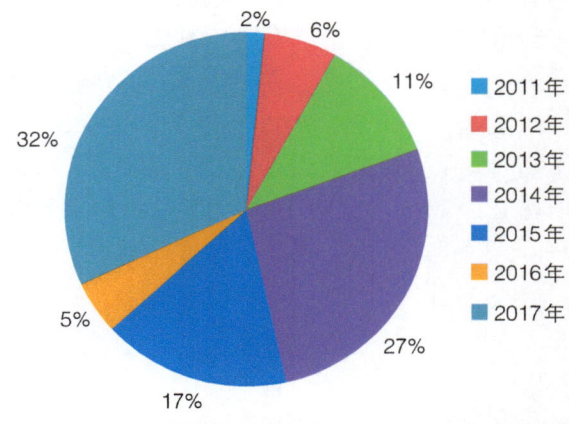

图6.9　2017—2018年授权的大豆新品种权申请年份构成

三、国内主要申请人统计

国内主要申请人统计如表 6.2 所示。

表6.2　国内主要申请人统计

品种权（申请）数量排名	品种权申请人	品种权（申请）数量/件	国家级科研项目承担情况
1	北大荒垦丰种业股份有限公司	45	以商业化育种为核心的研发创新体系，年研发投入超亿元
2	安徽省农业科学院作物研究所	20	参加国家自然科学基金、国家 863 计划、参加选育新六青、皖豆 6 号、10 号、19 号等大豆品种
3	黑龙江省农垦科学院	23	先后承担了 600 余项国家级、省部级、总局级科研、推广、转化和国际合作的课题与项目，培育出农作物新品种 140 余个。自主研发的高异黄酮含量的垦丰 5 号高产大豆品种的推广面积逐年增加

四、申请主体排名前三重点申请人调研

1. 大豆品种权申请量排名前三的申请人

由表 6.3 可以看出，重点申请人分布与申请主体构成情况一致，申请主体大部分由科研单位构成，而申请量排名前三的申请人也以科研单位为主，这说明目前我国大豆品种权申请以科研单位为主导。

表6.3　大豆品种权申请量排名前三的申请人

排名	单位	申请量/件
1	北大荒垦丰种业股份有限公司	45
2	黑龙江省农垦科学院	23
3	安徽省农业科学院作物研究所	20

2. 重点申请人历年申请趋势

重点申请人历年申请趋势如图 6.10 所示。

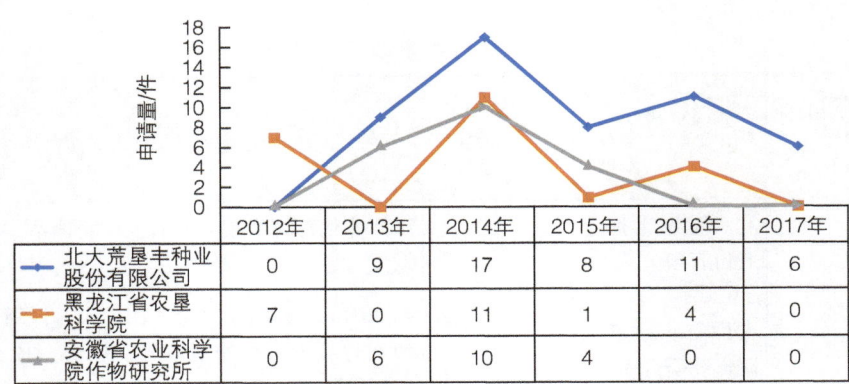

图6.10　重点申请人历年申请趋势

第四节　"七大农作物育种"专项项目承担单位大豆品种权情况

一、"七大农作物育种"专项项目承担单位大豆新品种权申请总量统计

按如下检索条件在农业农村部科技发展中心官网上进行检索。

①申请/品种权人：各项目承担单位名称；②植物种类：大豆；③公告类型：申请公告。对检索数据进行去重筛选，结果如表 6.4 所示。

表6.4　"七大农作物育种"专项项目承担单位大豆新品种权申请总量统计

单位名称	承担的项目名称	申请总量/件
中国农业科学院作物科学研究所	主要粮食作物种质资源精准鉴定与创新利用	62
	主要经济作物种质资源精准鉴定与创新利用	
	主要农作物诱变育种	
	黄淮海耐密抗逆适宜机械化夏玉米新品种培育	
	黄淮海大豆优质高产广适新品种培育	
	北部麦区优质抗旱节水高产小麦新品种培育	

续表

单位名称	承担的项目名称	申请总量/件
中国农业科学院油料作物研究所	长江中游油菜高产优质适宜机械化新品种培育	8
中国科学院遗传与发育生物学研究所	主要农作物染色体细胞工程育种	5
	主要粮食作物分子设计育种	
	主要农作物品质性状形成的分子基础	
	主要农作物产量性状形成的分子基础	
南京农业大学	主要农作物养分高效利用性状形成的遗传与分子基础	7
	长江中下游粳稻优质高产高效新品种培育	
	南方大豆优质高产广适新品种培育	
山东省农业科学院作物研究所	黄淮冬麦区北片高产优质节水小麦新品种培育	13
河南省农业科学院	黄淮冬麦区南片高产优质节水小麦新品种培育	24
东北农业大学	北方大豆优质高产广适新品种培育	23

从表6.4中可以看出，大豆新品种权申请总量排名前三的项目承担单位分别是中国农业科学院作物科学研究所（62件）、河南省农业科学院（24件）和东北农业大学（23件）。

二、各项目承担单位大豆新品种权分析

按表6.4所列各项目承担单位的顺序依次对每个单位的大豆新品种权情况进行分析，分述如下。

1. 中国农业科学院作物科学研究所

中国农业科学院作物科学研究所承担的"七大农作物育种"专项项目一共有6项，其中"黄淮海大豆优质高产广适新品种培育"这个项目与大豆新品种培育密切相关。

中国农业科学院作物科学研究所的大豆新品种权申请趋势如图6.11所示，总体呈上升态势，但在2010年和2014年出现两个明显的低谷。政策导向有可能是造成该单位2014年出现申请量低谷的根本原因。

国内外主要农作物 品种权保护现状

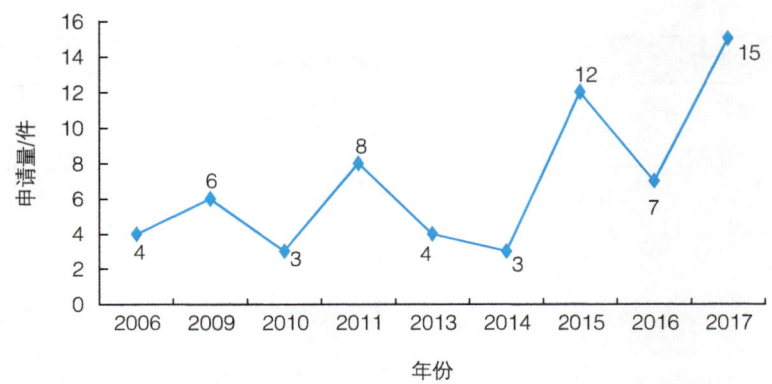

图6.11 中国农业科学院作物科学研究所大豆新品种权申请趋势

2016—2017年该单位的大豆新品种权申请量显著回升，与2016年正式实施的新修订的《种子法》有关。

在上述62件大豆新品种权申请中，根据截至2017年12月31日的授权公告数据，共有15件已获授权。每年的授权率如图6.12所示。

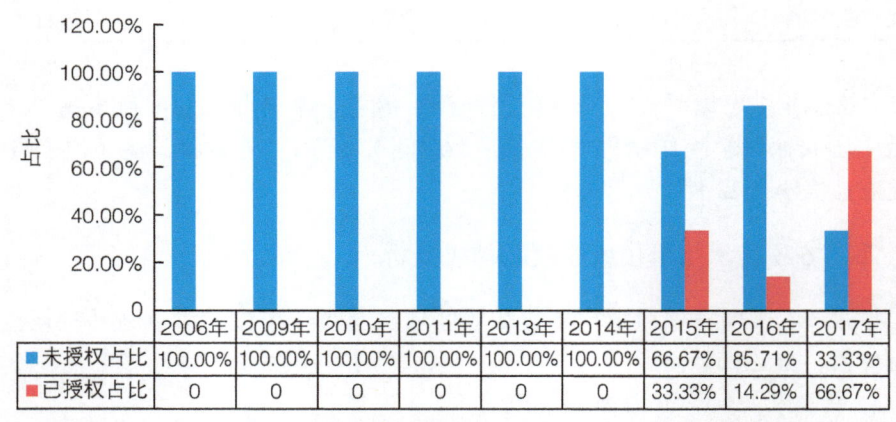

图6.12 中国农业科学院作物科学研究所大豆新品种权历年授权趋势

从图6.12中可以看到，2015年前授权率都较低。2015年申请的大豆新品种权申请共有12件，其中除了有4件授权外，其余8件均处于在审状态，基本符合正常申请周期3～4年的规律。2016年的7件申请中，有1件已获得授权。而2017年的授权率最高，2017年的15件申请中，有10件已获得授权。

如图 6.13 所示，该单位总计申请的 62 件大豆新品种权（申请）中，一半以上的大豆新品种在申请品种权保护的同时也通过了品种审定，获得了市场准入资格。在已审定的 45 个大豆新品种中，约 48.9% 已经进入市场产生经济价值。

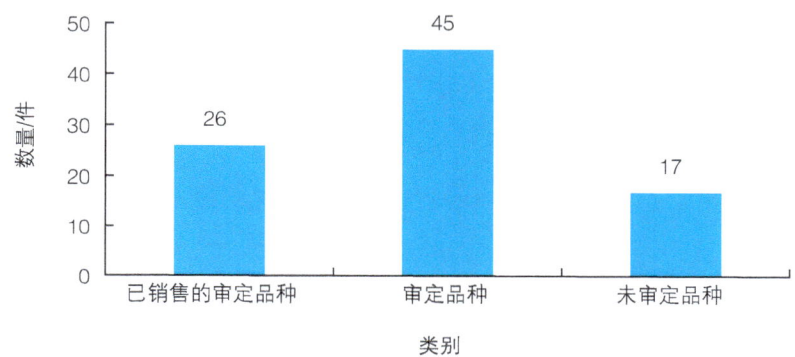

图6.13　中国农业科学院作物科学研究所大豆新品种权（申请）审定情况

如图 6.14 所示，在中国农业科学院作物科学研究所申请的 62 个大豆新品种中，共有 16 个大豆新品种涉及科研活动，被记载在科技论文中，均为国内杂志发表。

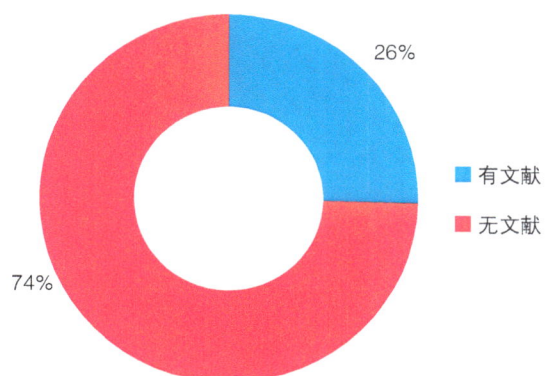

图6.14　中国农业科学院作物科学研究所大豆新品种权（申请）的科研关联程度

在这 62 个大豆新品种中，搜集到的大豆新品种的育成手段均为常规育种方法，如通过杂交、系谱法等方法选育获得，未检索到其他育种手段（图 6.15）。

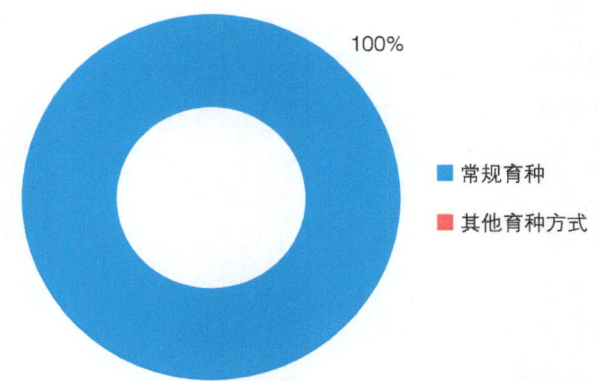

图6.15　中国农业科学院作物科学研究所大豆新品种权（申请）的育种手段

2. 中国农业科学院油料作物研究所

从表6.5中可以看出，中国农业科学院油料作物研究所的6件大豆新品种权申请中有5件已获得授权，这5个授权品种均通过品种审定具备市场准入资格且均已销售。与科研结合紧密，3个大豆新品种均有相应的科技论文记载。

表6.5　中国农业科学院油料作物研究所大豆新品种权情况

申请号	品种名称	申请日	公告号	法律状态	审定情况	销售情况	科研情况	育种方式
20151341.5	GDNS24	2015/9/29	CNA014337E	—	—	—	—	常规
20150730.6	油春1204	2015/6/1	CNA013783E	授权	通过审定	已销售	有论文	常规
20150731.5	油6019	2015/6/1	CNA013784E	授权	通过审定	已销售	—	常规
20150231	中豆41	2015/2/6	CNA013365E	授权	通过审定	已销售	有论文	常规
20150232.9	中豆43	2015/2/6	CNA013366E	授权	通过审定	已销售	有论文	常规
20090534.2	天隆二号	2009/9/25	—	授权	通过审定	已销售	—	常规

3. 中国科学院遗传与发育生物学研究所

从表6.6中可以看出，中国科学院遗传与发育生物学研究所的5件大豆新品种权申请中有3件已获得授权，这3个授权品种有2个通过品种审定具备市场准入资格且有1个已销售。2个大豆新品种有相应的科技论文记载。

表6.6 中国科学院遗传与发育生物学研究所大豆新品种权情况

申请号	品种名称	申请日	公告号	法律状态	审定情况	销售情况	科研情况	育种方式
20120529.4	科豆1号	2012/6/20	CNA009216E	授权	通过审定	已销售	有论文	常规
20100493.8	科航豆1号	2010/6/24	CNA006918E	授权	—	—	—	—
20060097.4	科丰14号	2006/2/27	CNA003028E	授权	通过审定	—	有论文	常规
20050258.1	科丰14号	2005/4/27	20050258.1	—	—	—	—	常规

4. 南京农业大学

从表6.7中可以看出，南京农业大学的7件大豆新品种权申请中有3件已获得授权，有2个品种通过品种审定具备市场准入资格且有1个已销售。1个大豆新品种有相应的科技论文记载。

表6.7 南京农业大学大豆新品种权情况

申请号	品种名称	申请日	公告号	法律状态	审定情况	销售情况	科研情况	育种方式
20172367	南农48	2017/9/7	CNA019618E	—	通过审定	已销售	有论文	常规
20171093.3	南农恢1701	2017/4/30	CNA018417E	授权	—	—	—	—
20160643.1	ZN2899	2016/4/26	20160643.1	—	—	—	—	常规
20152035.4	南农GPR505	2015/12/29	CNA015148E	—	—	—	—	常规

续表

申请号	品种名称	申请日	公告号	法律状态	审定情况	销售情况	科研情况	育种方式
20150699.5	南农38	2015/5/28	CNA013762E	—	通过审定	—	—	常规
20140379.3	牡试401	2014/3/21	CNA011708E	授权	—	—	—	
20040470.9	南农99-10	2004/11/5	—	授权	—	—	—	

5. 山东省农业科学院作物研究所

山东省农业科学院作物研究所的大豆新品种权申请趋势如图6.16所示，总体呈上升态势，但在2007年出现明显的低谷。

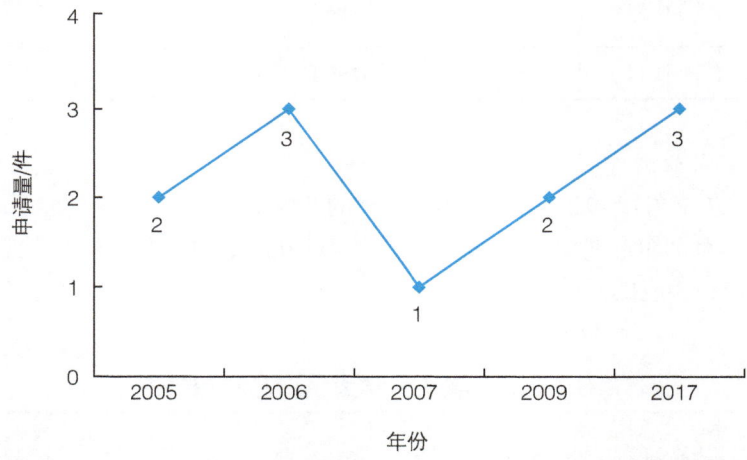

图6.16　山东省农业科学院作物研究所大豆新品种权申请趋势

2017年该单位的大豆品种权申请量显著回升，与2016年正式实施的新修订的《种子法》有关。新《种子法》将"新品种保护"作为独立章节写入法条，并在第七十三条明确规定侵权赔偿最高300万，这不仅体现国家对于种业领域新品种司法保护的进一步重视，更对品种权人而言是一种积极的鼓励。

在13件大豆新品种权申请中，共有11件已获授权，如图6.17所示。

第六章 国内外大豆新品种权分析

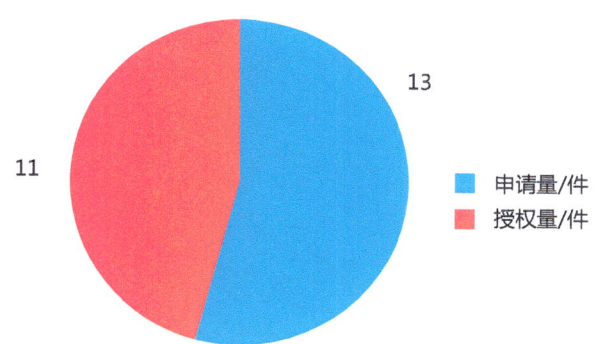

图6.17 山东省农业科学院作物研究所大豆新品种权授权情况

如图6.18所示,在该单位总共申请的13件大豆新品种权中,有一半以上的大豆新品种在申请品种权保护的同时也通过了品种审定,获得了市场准入资格。已销售品种有5个。

在这13个大豆新品种中,搜集到的大豆新品种的育成手段均为常规育种方法,如通过杂交、系谱法等方法选育获得,未检索到其他育种手段。

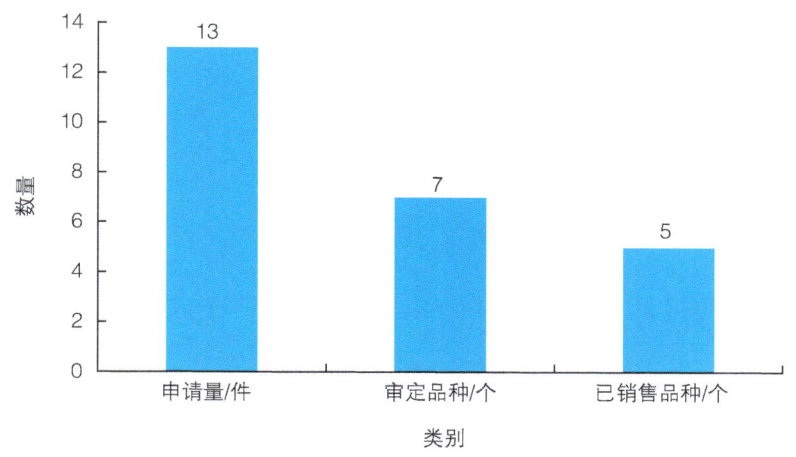

图6.18 山东省农业科学院作物研究所大豆新品种权(申请)审定情况

6. 河南省农业科学院

河南省农业科学院的大豆新品种权申请趋势如图6.19所示,在2011年出现明显的低谷,2012年申请量最高。

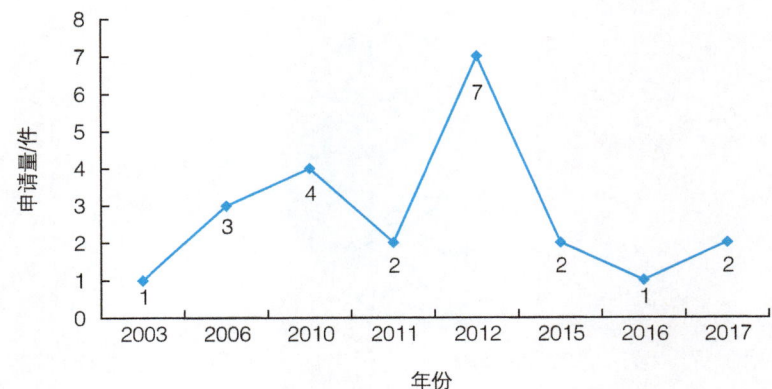

图6.19　河南省农业科学院大豆新品种权申请趋势

在22件大豆新品种权申请中,共有16件已获授权,如图6.20所示。

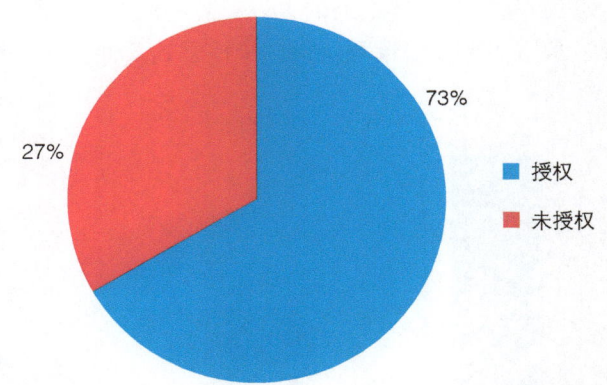

图6.20　河南省农业科学院大豆新品种权授权情况

如图6.21所示,该单位总计申请的22件大豆新品种权中,有一半以上的大豆新品种在申请品种权保护的同时也通过了品种审定,获得了市场准入资格。已销售品种有9个。

第六章 国内外大豆新品种权分析

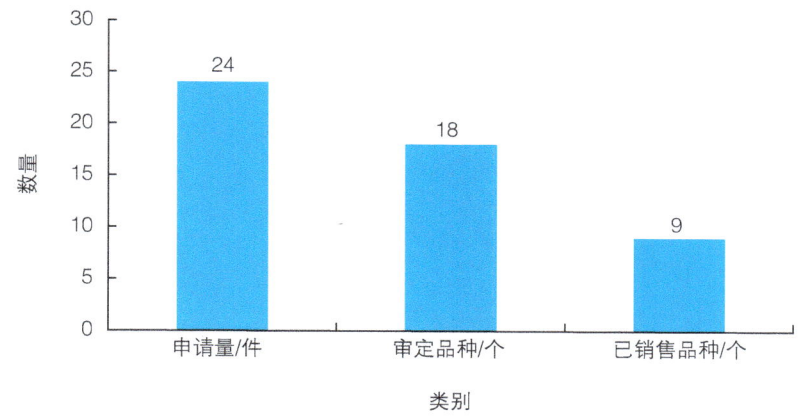

图6.21 河南省农业科学院大豆新品种权（申请）审定情况

在这24个大豆新品种中，搜集到的大豆新品种的育成手段均为常规育种方法，未检索到其他育种手段。

如图6.22所示，在河南省农业科学院申请的24个大豆新品种中，共有10个大豆新品种涉及科研活动，被记载在科技论文中，均为国内杂志发表。

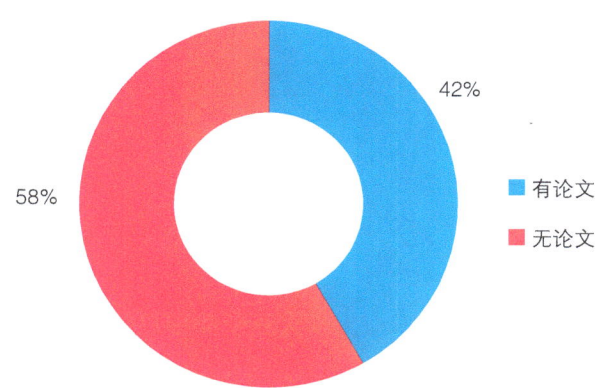

图6.22 河南省农业科学院大豆新品种权（申请）的科研关联程度

7. 东北农业大学

东北农业大学的大豆新品种权申请趋势如图6.23所示，2008—2012年出现明显的低谷，2014年申请量最高。

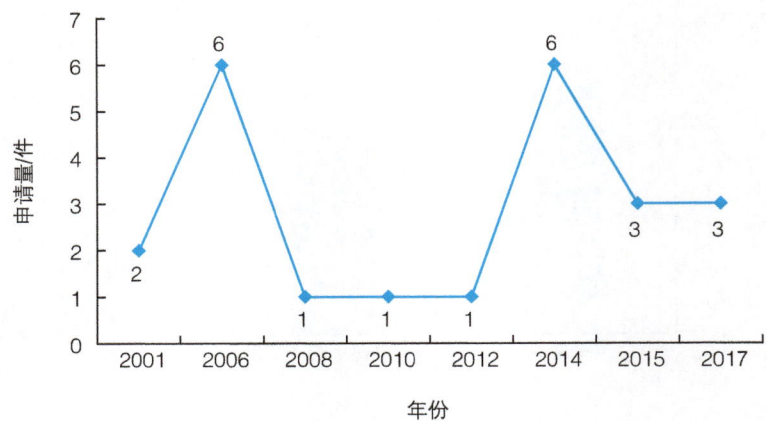

图6.23　东北农业大学大豆新品种权申请趋势

在23件大豆新品种申请中，共有21件已获授权，如图6.24所示。

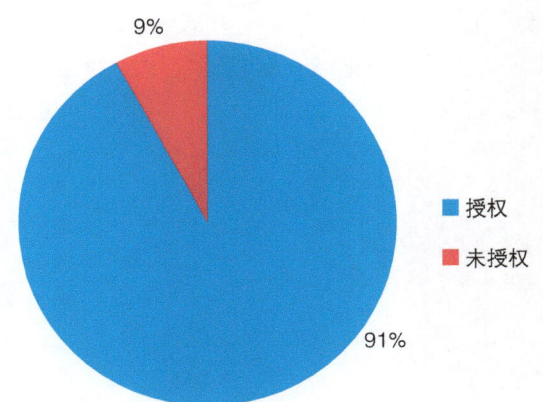

图6.24　东北农业大学大豆新品种权授权趋势

如图6.25所示，在该单位总共申请的23件大豆新品种权中，有一半以上的大豆新品种在申请品种权保护的同时也通过了品种审定，获得了市场准入资格。已销售品种有5个。

第六章　国内外大豆新品种权分析

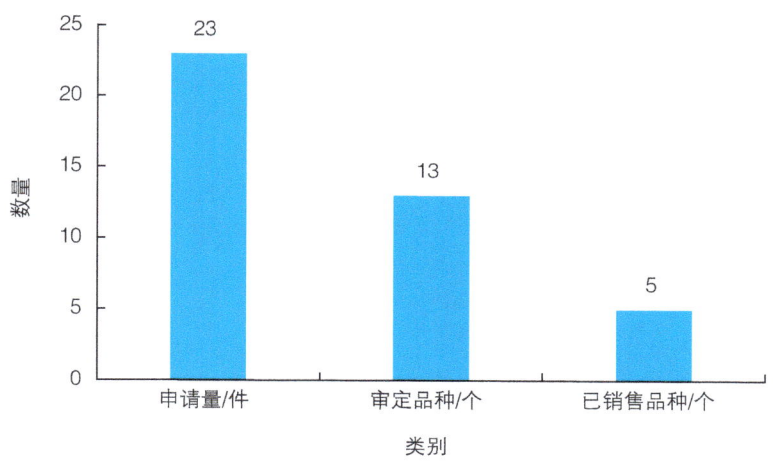

图6.25　东北农业大学大豆新品种权（申请）审定情况

在这23个大豆新品种中，搜集到的大豆新品种的育成手段均为常规育种方法，未检索到其他育种手段。

如图6.26所示，在东北农业大学申请的23个大豆新品种中，共有1个大豆新品种涉及科研活动，被记载在科技论文中，为国内杂志发表。

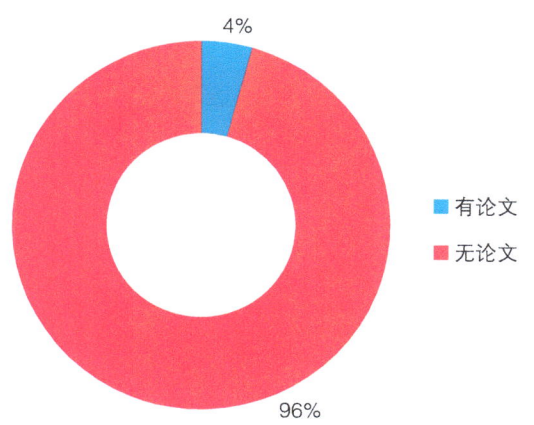

图6.26　东北农业大学大豆新品种权（申请）的科研关联程度

201

第五节　国内大豆品种审定情况分析

一、审定量统计分析

从图 6.27 的走势可以明显看到两个增长陡坡：2012—2013 年、2014—2015 年均有明显增长；2013 年国务院办公厅印发的"国七条"提出强化企业技术创新主体地位及调动科研人员积极性等意见，明显促使了 2013 年企业申请与科研单位申请并行增加。

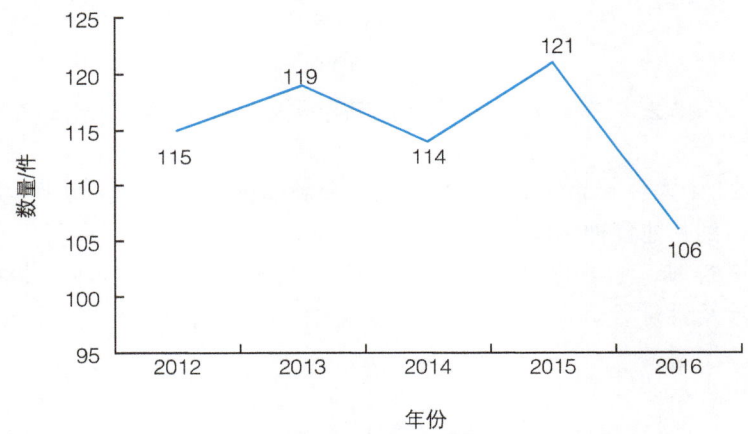

图6.27　2012—2016年国内大豆审定情况

（数据来源：中国种业大数据平台）

二、国审量统计分析

从图 6.28 可以看出，国审大豆数量从 2012 年起有明显上升趋势，之后每年国审数量基本相当。

第六章 国内外大豆新品种权分析

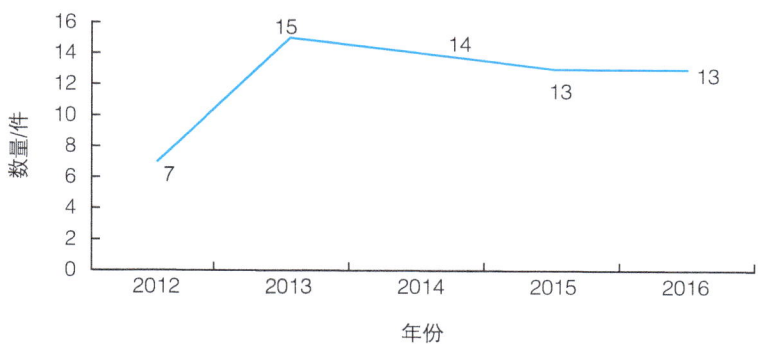

图6.28 2012—2016年国内大豆国审情况

第七章
国内外棉花新品种权分析

本章一方面基于 UPOV 2012 年 1 月 1 日至 2017 年 12 月 31 日的棉花新品种权数据及各成员国官方数据,结合联合国粮农组织统计的棉花进出口数据,得出全球主要的棉花新品种权申请国,对主要申请国的棉花新品种权申请进行统计分析,了解年度申请态势、各国的主要申请人,以及申请人的棉花申请布局趋势和重点;另一方面分析中国 2012 年 1 月 1 日至 2017 年 12 月 31 日的棉花新品种权申请趋势、申请人构成、申请人地域分布、品种类型,以及国外申请人在中国提交棉花新品种权申请的情况,然后进一步重点分析了"七大农作物育种"专项承担单位的棉花新品种权申请情况,最后分析了该时期内我国棉花品种审定概况、品种审定和品种权申请之间的关联情况。

第一节 全球棉花新品种权申请总体概况

为了解全球棉花新品种权申请分布,在 UPOV 网站检索 2012 年 1 月 1 之后各国受理的棉花申请量,得到统计数据如表 7.1 所示。

表7.1 来源于UPOV数据统计的各国棉花申请量

受理国家	申请量/件	受理国家	申请量/件
乌兹别克斯坦	184	土耳其共和国	36
美国	81	俄罗斯	12
巴西	61	意大利	10
保加利亚	44	墨西哥	9
西班牙	43	澳大利亚	8

续表

受理国家	申请量/件	受理国家	申请量/件
捷克共和国	7	英国	7
德国	7	中国	0

表7.1中的统计数据来源于各国向UPOV提供和更新的数据，存在不准确，但是能够大体上反映各国棉花新品种权申请情况。可以看出受理量突出地区为乌兹别克斯坦、美国、巴西、保加利亚；其中中国的受理量需做一步检索修正。申请日在2012年1月1日至2017年12月31日受理的中国棉花申请量以农业农村部科技发展中心网站上公告的棉花新品种权申请数据为准，共223件。

以下分别对乌兹别克斯坦、美国、巴西的数据进一步分析。

一、乌兹别克斯坦（UZ）棉花新品种权情况分析

以UPOV官网上目前公布的2012年1月1日至2017年12月31日棉花新品种权申请量为基础进行分析，共有176件棉花新品种权申请，各年间申请态势如图7.1所示。

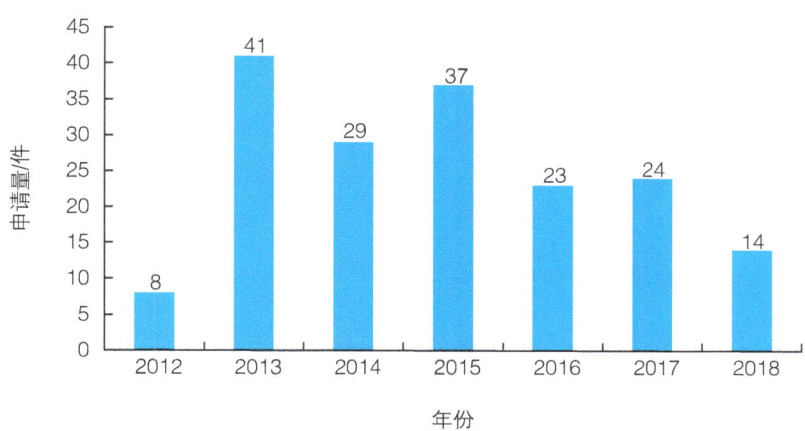

图7.1　2012—2017年乌兹别克斯坦棉花新品种权申请态势

由图7.1可见，UPOV官网上目前公布的2012年1月1日至2017年12月31日乌兹别克斯坦的棉花新品种权申请量显示，2012年申请量最低，2013年

申请量最高，2014—2017年受理量较稳定，变化幅度不大。

二、美国（US）棉花新品种权情况分析

以UPOV官网上目前公布的2012年1月1日至2017年12月31日美国棉花植物品种权申请量为基础进行分析，共有81件棉花新品种权申请，各年间申请态势如图7.2所示。

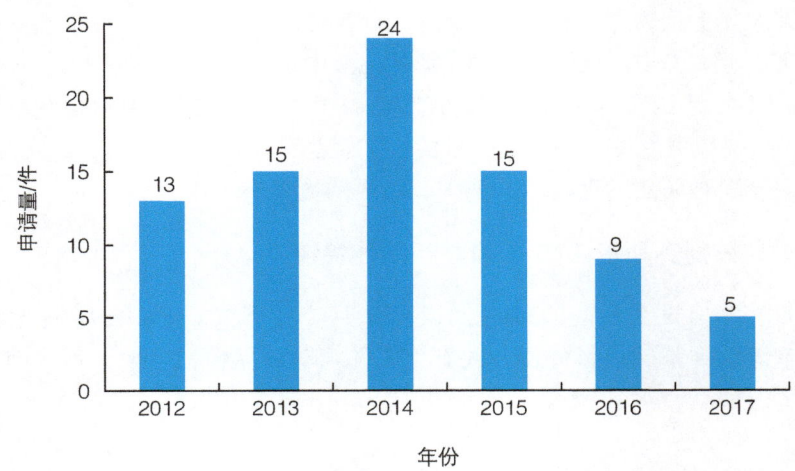

图7.2　2012—2017年美国棉花新品种权申请态势

由图7.2可见，UPOV官网上目前公布的2012年1月1日至2017年12月31日美国的棉花新品种权申请量显示，2014年申请量最高，2015年之后呈现逐年递减的态势。

三、巴西棉花新品种权情况分析

以UPOV官网上目前公布的2012年1月1日至2017年12月31日巴西棉花新品种权申请量为基础进行分析，共有71件棉花新品种权申请，各年间申请态势如图7.3所示。

第七章　国内外棉花新品种权分析

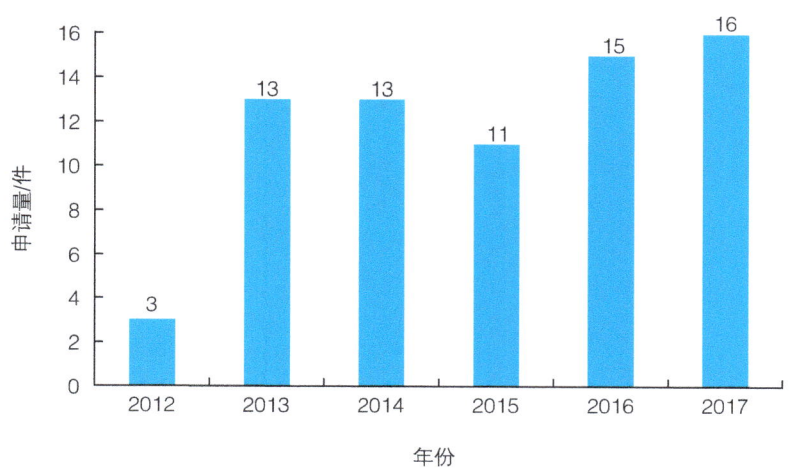

图7.3　2012—2017年巴西棉花新品种权申请态势

由图 7.3 可见，UPOV 官网上目前公布的 2012 年 1 月 1 日至 2017 年 12 月 31 日巴西的棉花新品种权申请量显示，2012 年申请量最低，2014—2017 年申请量稳定，变化幅度不大。

第二节　国外主要申请人棉花新品种权申请和保护现状

美国是农产品出口大国，棉花产量居世界前列；棉花出口量一直是世界第一位，基本上每年出口量都在 150 万吨以上。

以美国农业部植物新品种保护办公室官网上目前公布的 2017 年 1 月 1 日至 2018 年 5 月 31 日授权的棉花新品种权数据为基础进行分析，共有 12 件棉花新品种权申请获得授权。

权利主体构成分析：

由图 7.4 和图 7.5 可知，2017 年 1 月 1 日至 2018 年 5 月 31 日授权的美国棉花新品种权的权利主体半数为孟山都公司，6 件棉花新品种权申请获得授权，占授权总数的 50%；其次为拜耳作物科学有限公司，4 件棉花新品种权申请获得授权，占授权总数的 33%；棉花种子国际和拜耳作物科学有限公司作为共同权利人有 2 件棉花新品种权申请获得授权，占授权总数的 17%。

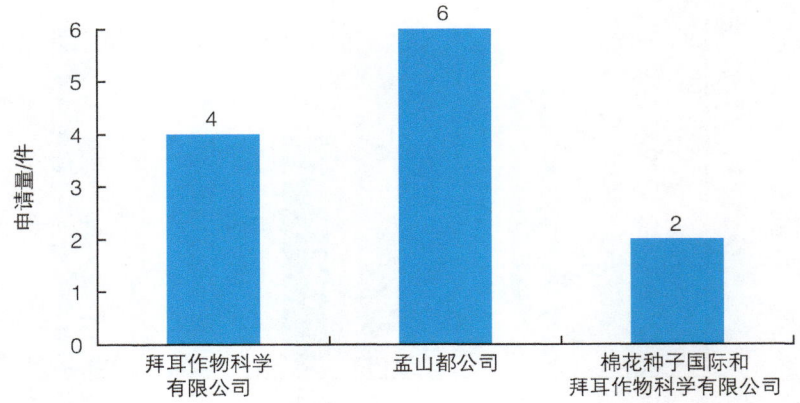

图7.4　各申请人申请量分析

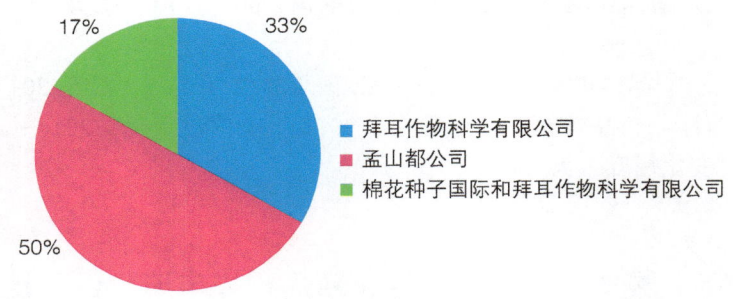

图7.5　申请人构成分析

第三节　国内棉花品种权申请情况

在农业农村部科技发展中心网站（http://www.nybkjfzzx.cn/p_pzbh/sub_gg.aspx?n=21）上检索用于分析的基础数据。

一、国内棉花新品种权申请情况

1. 申请趋势

申请日在2012年1月1日至2017年12月31日的农业农村部科技发展中心网站上公告的棉花新品种权申请量共223件，其中2017年34件，2012—2017年申请态势如图7.6所示。

第七章　国内外棉花新品种权分析

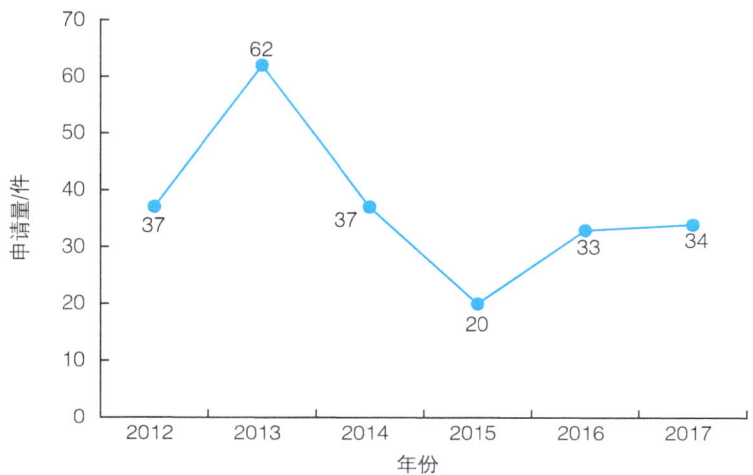

图7.6　2012—2017年国内棉花新品种申请情况

由图 7.6 可见，2012-2017 年我国棉花品种申请逐年波动，其中 2013 年申请量最高，2015 年申请量最低。

2. 申请主体构成

每年棉花品种权申请主体构成如图 7.7 所示。

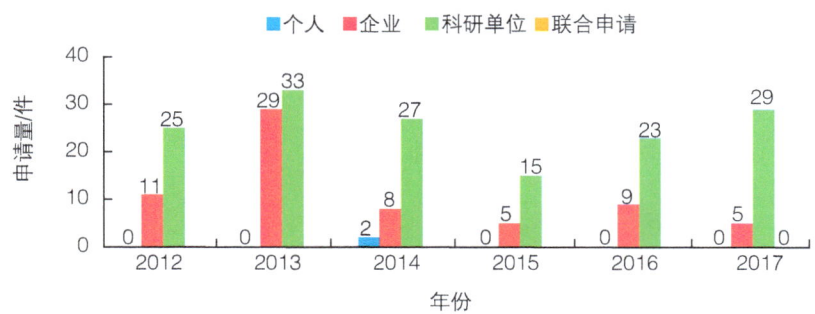

图7.7　2012—2016年棉花品种权申请人构成

二、国内棉花新品种权授权情况

以农业部植物新品种保护办公室官网上公布的，申请日在 2012 年 1 月 1 日至 2016 年 12 月 31 日的全部授权公告数据为准。从图 7.8 可以看出，数据的分

209

布基本符合植物新品种权申请周期长的基本特征。2012—2016年，棉花新品种的授权量呈逐年下降的趋势，分析原因可能是2014年以后申请的棉花新品种权几乎都尚处于审查阶段。

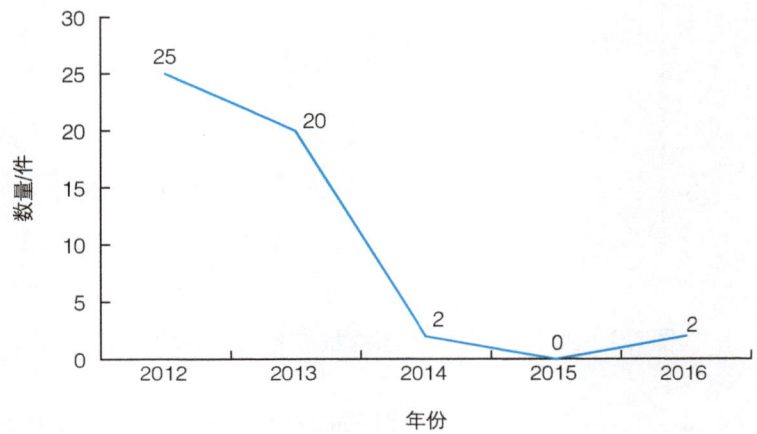

图7.8　2012—2016年棉花新品种授权情况

授权日在2016年的两件棉花新品种权申请的基本信息如图7.9与图7.10所示。

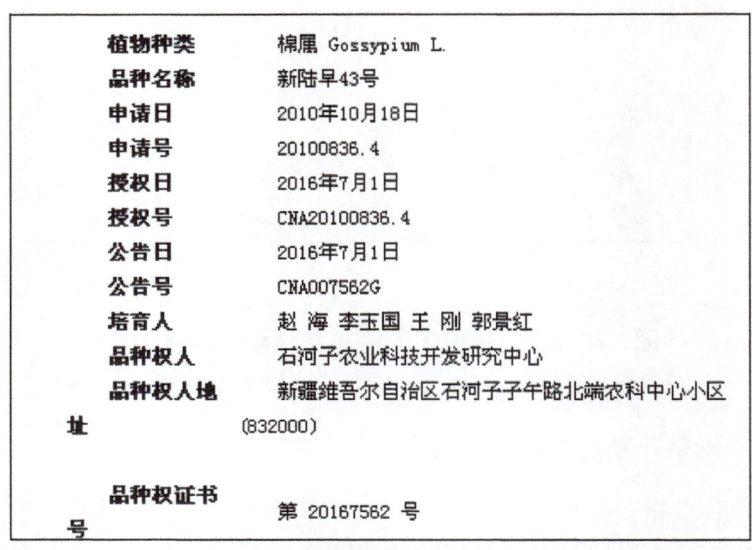

图7.9　棉花品种新陆早43号授权信息

第七章 国内外棉花新品种权分析

```
植物种类        棉属 Gossypium L.
品种名称        CAU05-8
申请日          2016年3月1日
申请号          20090894.6
授权日          2016年3月1日
授权号          CNA20090894.6
公告日          2016年3月1日
公告号          CNA007167G
培育人          齐俊生 巩志忠 陈智忠 陈砚磊
品种权人        中国农业大学
品种权人地
址              北京市海淀区圆明园西路2号(100193)

品种权证书
号              第 20167167 号
```

图7.10 棉花品种CAU05-8授权信息

三、国内主要申请人统计

国内主要申请人如表7.2所示。

表7.2 国内主要申请人统计

品种权（申请）数量排名	品种权申请人	品种权（申请）数量/件	国家级科研项目承担情况
1	中国农业科学院棉花研究所	21	截至2016年，中国农业科学院棉花研究所主持或参加研究项目（专题）近300项，获省部级以上成果奖励66项，其中国家级奖22项，一等奖4项；抗病高产优质棉花新品种中棉所12获得国家技术发明一等奖，全国棉花品种区域试验、适合麦棉两熟夏套棉花新品种中棉所16和高产优质多抗棉花新品种中棉所19分别获得国家科技进步一等奖。育成品种102个，其中棉花品种89个

续表

品种权（申请）数量排名	品种权申请人	品种权（申请）数量/件	国家级科研项目承担情况
2	南京农业大学	9	"十五"以来，南京农业大学承担国家高技术863计划、国家重大基础研究计划973、国家自然科学基金、国家攻关计划、国家转基因植物研究与产业化开发专项、国际合作科研项目等科研课题50多项，成为国家科技计划实施的重要棉花团队，取得了丰硕的科研成果
3	南京木锦基因工程有限公司	8	

四、申请主体排名前三重点申请人调研

1. 棉花品种权申请量排名前三的申请人

由表7.3可以看出，重点申请人分布与申请主体构成情况一致，申请主体大部分由科研单位构成，而申请量排名前三的申请人也以科研单位为主，这说明目前我国棉花品种权申请以科研单位为主导。

表7.3　棉花品种权申请量排名前三的申请人

排名	单位	申请量/件
1	中国农业科学院棉花研究所	21
2	南京农业大学	9
3	南京木锦基因工程有限公司	8

2. 重点申请人历年申请趋势

从图7.11可以看到，3位重点申请人的申请轨迹基本相似。2013年申请量最多，其余年份都有不同程度的波动。

第七章 国内外棉花新品种权分析

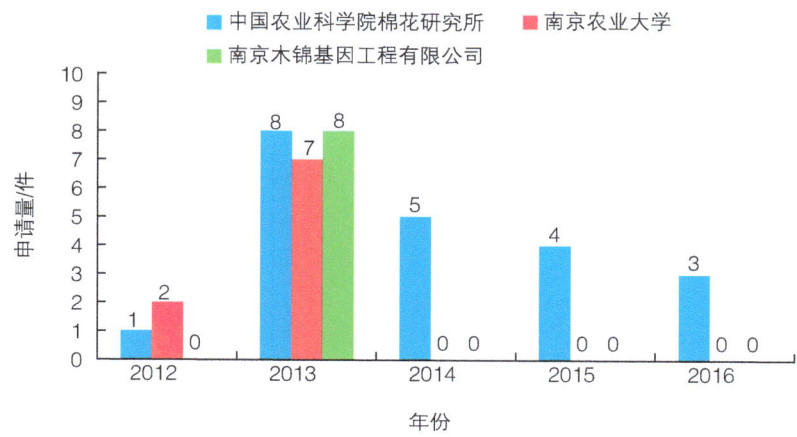

图7.11 排名前三申请人2012—2016历年申请数量趋势

第四节 "七大农作物育种"专项项目承担单位棉花品种权情况

一、"七大农作物育种"专项项目承担单位棉花新品种权申请总量统计

按如下检索条件在农业农村部科技发展中心官网上进行检索。

①申请/品种权人：各项目承担单位名称；②植物种类：棉花；③公告类型：申请公告。

对检索结果进行去重筛选，获得表7.4。

表7.4 "七大农作物育种"专项项目承担单位棉花新品种权申请总量统计

单位名称	承担的项目名称	申请总量/件
南京农业大学	主要农作物养分高效利用性状形成的遗传与分子基础	14
	长江中下游粳稻优质高产高效新品种培育	
	南方棉花优质高产广适新品种培育	

续表

华中农业大学	主要农作物杂种优势形成与利用机理	1
	水稻功能基因组研究与应用	
	油菜杂种优势利用技术与强优势杂交种创制	
中国农业大学	玉米杂种优势利用技术与强优势杂交种创制	5
中国农业科学院棉花研究所	棉花杂种优势利用技术与强优势杂交种创制	53
	西北内陆优质机采棉花新品种培育	
吉林省农业科学院	棉花杂种优势利用技术与强优势杂交种创制	—
河南省农业科学院	黄淮冬麦区南片高产优质节水小麦新品种培育	20

从表 7.4 可以看出，棉花新品种权申请总量排名前三的项目承担单位分别是中国农业科学院棉花研究所（53 件）、河南省农业科学院（20 件）和南京农业大学（14 件）。

二、各项目承担单位棉花新品种权分析

按表 7.4 所列各项目承担单位的顺序依次对每个单位的棉花新品种权情况进行分析，分述如下。

1. 南京农业大学

南京农业大学的棉花新品种权申请趋势如图 7.12 所示，但未检索到 2013 年以后的棉花新品种申请。

第七章 国内外棉花新品种权分析

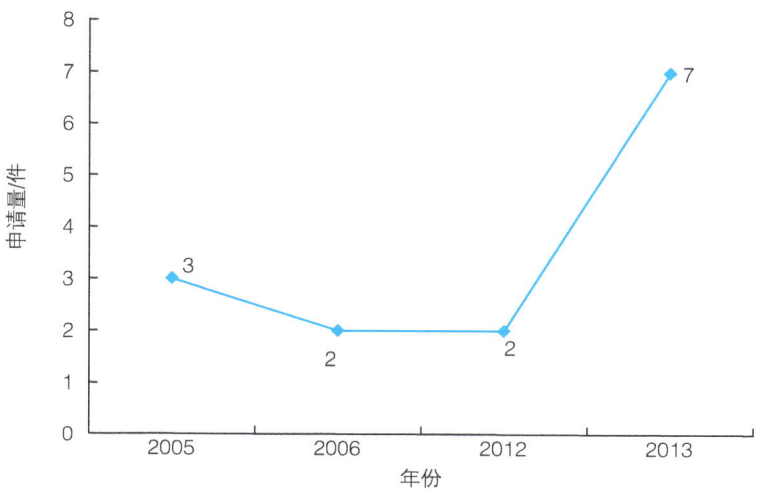

图7.12 南京农业大学棉花新品种历年申请趋势

在14件棉花新品种权申请中,共有12件已获授权。历年授权趋势如图7.13所示。

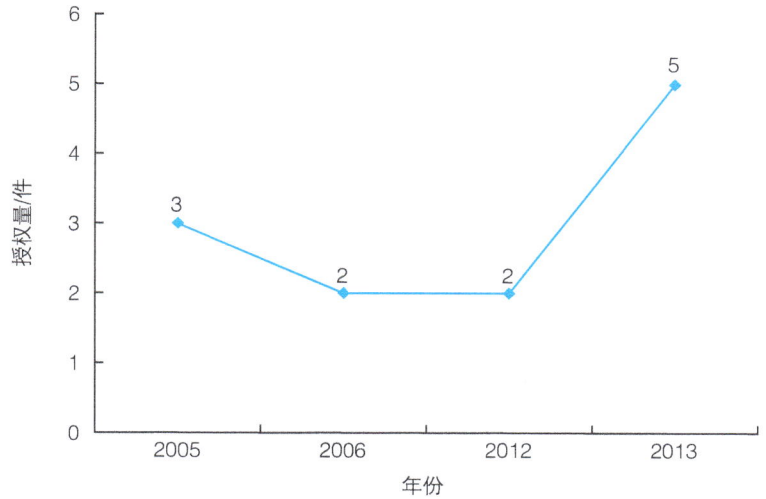

图7.13 南京农业大学棉花新品种权历年授权趋势

南京农业大学棉花新品种权授权率历年变化情况如图7.14所示,2013年授权率相对较低,2013年申请的棉花新品种权共有7件,除了2件处于在审状态外，其余全部授权。

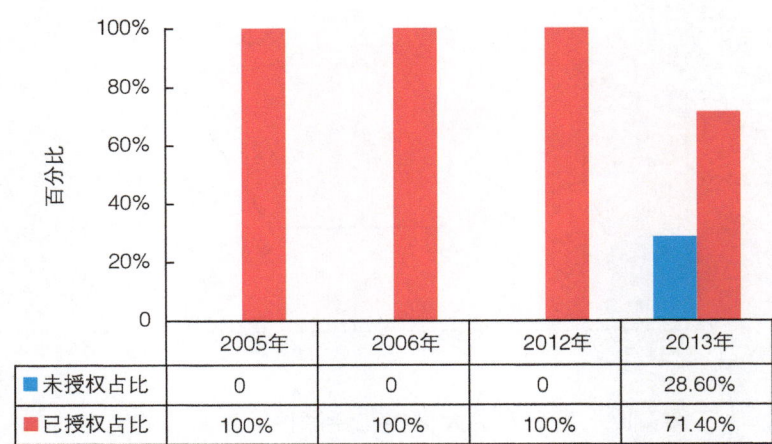

图7.14　南京农业大学棉花新品种权授权率历年变化

如图 7.15 所示，南京农业大学总计申请的 14 件棉花新品种权中，有少量的棉花新品种在申请品种权保护的同时也通过了品种审定，获得了市场准入资格。

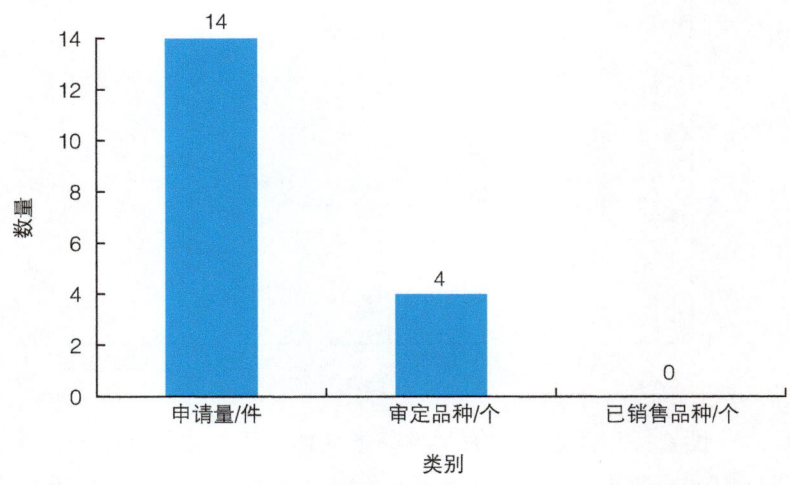

图7.15　南京农业大学棉花新类别品种权（申请）审定情况

如图 7.16 所示，在南京农业大学申请的 14 个棉花新品种中，有 2 个棉花新品种涉及科研活动，被记载在科技论文中，均为国内杂志发表。

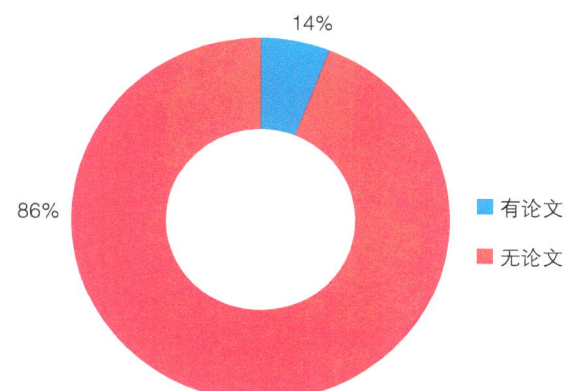

图7.16　南京农业大学棉花新品种权（申请）的科研关联程度

在这 14 个棉花新品种中，搜集到的棉花新品种的育成手段，一半为常规育种方法育成，如通过杂交、系谱法等方法选育获得，一半为转基因育种方法获得（图 7.17）。

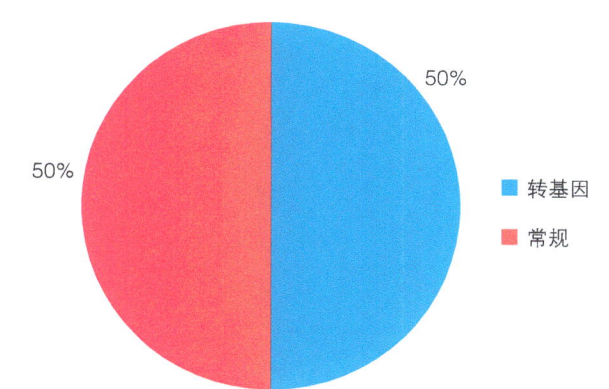

图7.17　南京农业大学棉花新品种权（申请）的育种手段

2. 中国农业大学

中国农业大学总计申请了 5 件棉花新品种权，其中有 4 件授权、1 件处于在审状态。如图 7.18 所示，授权率为 80%。

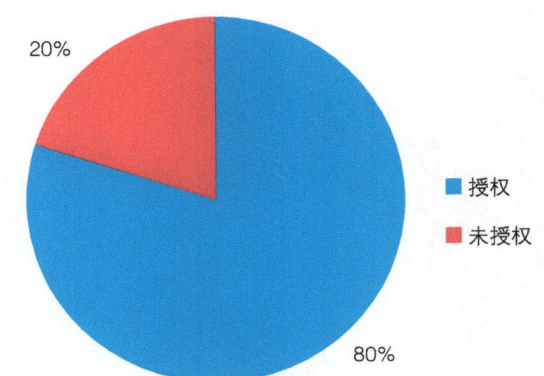

图7.18　中国农业大学棉花新品种权（申请）的授权率

如图 7.19 所示，该单位总计申请的 5 件棉花新品种权中，一半以上的棉花新品种在申请品种权保护的同时也通过了品种审定，获得了市场准入资格。暂时没有已销售的品种。

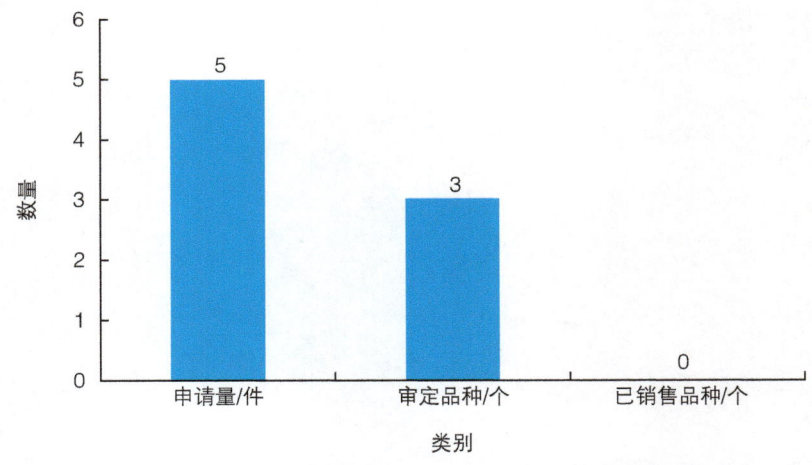

图7.19　中国农业大学棉花新品种权（申请）审定情况

在中国农业大学申请的 5 件棉花新品种权中，共有 2 件棉花新品种权涉及科研活动，被记载在科技论文中，均为国内杂志发表。

第七章　国内外棉花新品种权分析

如图 7.20 所示，在这 5 件棉花新品种权中，搜集到的棉花新品种的育成手段，有 2 件为常规育种方法育成，如通过杂交、系谱法等方法选育获得，3 件为转基因育种方法获得。

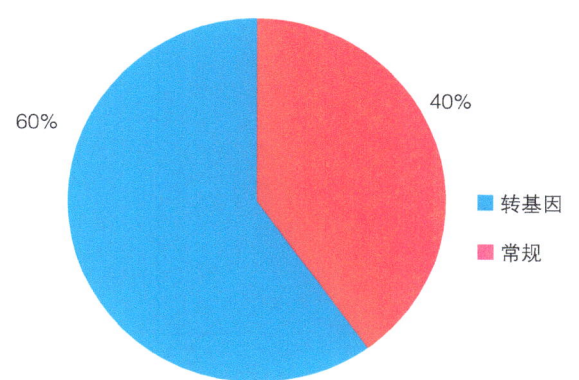

图7.20　中国农业大学棉花新品种权（申请）的育种手段

3. 中国农业科学院棉花研究所

中国农业科学院棉花研究所总计申请的 53 件棉花新品种权，其中有 35 件授权、18 件处于在审状态。如图 7.21 所示，授权率为 66%。

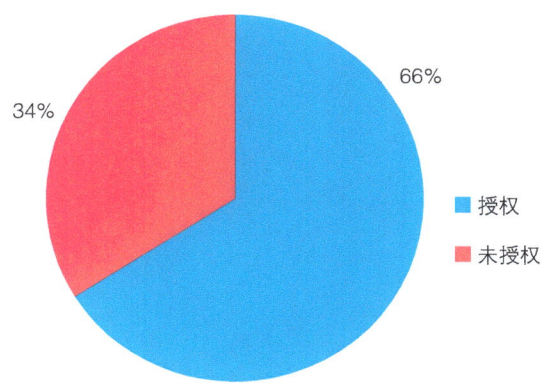

图7.21　中国农业科学院棉花研究所棉花新品种权（申请）的授权率

如图 7.22 所示，该单位总计申请的 53 件棉花新品种权中，有一半以上的

219

棉花新品种在申请品种权保护的同时也通过了品种审定，获得了市场准入资格。已销售品种23个。

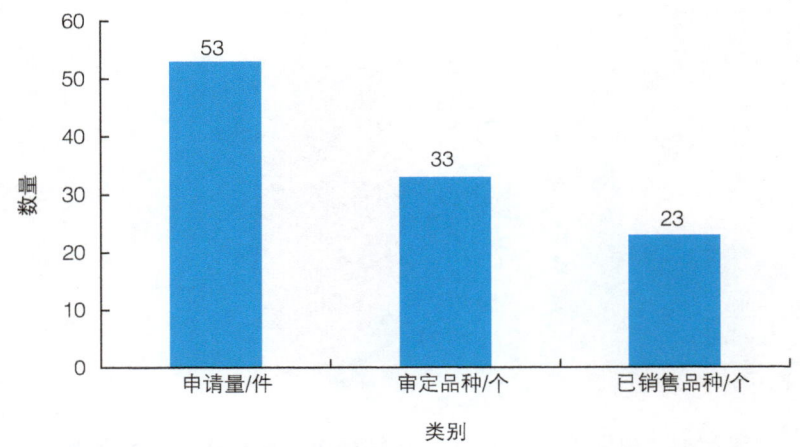

图7.22 中国农业科学院棉花研究所棉花新品种权（申请）审定情况

在中国农业科学院棉花研究所申请的53个棉花新品种中，共有29个棉花新品种涉及科研活动，被记载在科技论文中，均为国内杂志发表。

如图7.23所示，在这33个审定的棉花新品种中，搜集到的棉花新品种的育成手段，有6个为常规育种方法育成，27个为转基因育种方法育成。

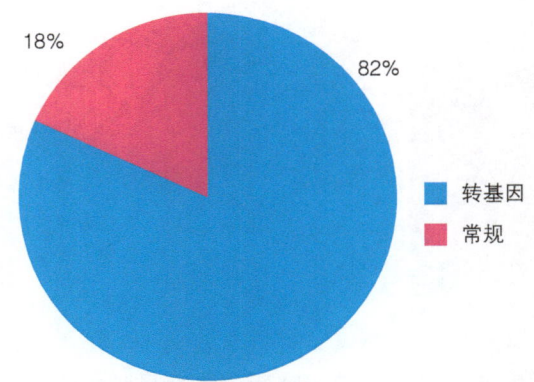

图7.23 中国农业科学院棉花研究所棉花新品种权（申请）的育种手段

4. 河南省农业科学院

河南省农业科学院总计申请了20件棉花新品种权，其中有12件授权、8件处于在审状态。如图7.24所示，授权率60%。

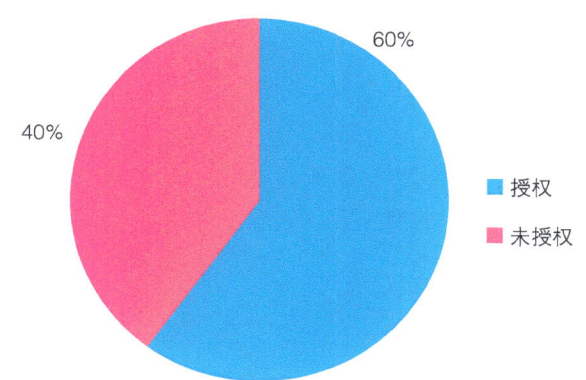

图7.24　河南省农业科学院棉花新品种权（申请）的授权率

如图7.25所示，该单位总计申请的20件棉花新品种权中，一半以上的棉花新品种在申请品种权保护的同时也通过了品种审定，获得了市场准入资格。已销售品种12个。

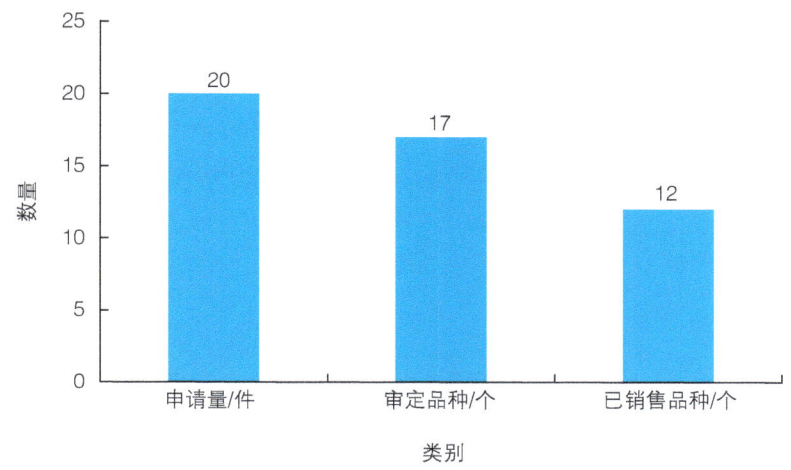

图7.25　河南省农业科学院棉花新品种权（申请）审定情况

在河南省农业科学院申请的 20 件棉花新品种权中，共有 13 件棉花新品种权涉及科研活动，被记载在科技论文中，均为国内杂志发表。

第五节　国内棉花品种审定情况分析

一、审定量统计分析

从图 7.26 的走势可以明显看到两个增长陡坡：2012—2013 年和 2013—2014 年。2013 年国务院办公厅印发的 "国七条"明显促使了 2013 年企业申请与科研单位申请并行增加。

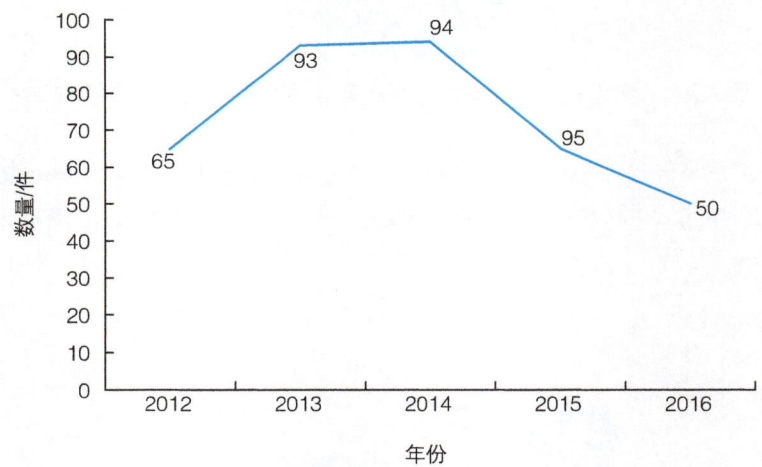

图7.26　2012—2016年棉花品种审定数量
（数据来源：中国种业大数据平台）

二、国审量统计分析

从图 7.27 可以看出，国审棉花数量从 2013 年起有明显上升趋势，之后 2014—2016 年每年的国审棉花数量基本相当。

第七章 国内外棉花新品种权分析

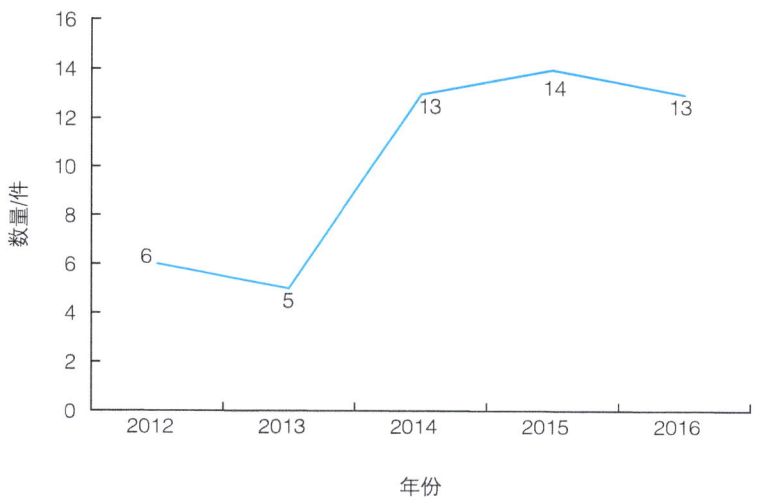

图7.27 2012—2016年国审棉花数量

第八章
国内外油菜新品种权分析

为保证调研内容所基于的原始数据的时间跨度和完整性，本章以国际植物新品种保护联盟（UPOV）官网上公布的 2012 年 1 月 1 日至 2017 年 12 月 31 日各国 / 地区统计的油菜新品种权申请量为基础，按地域、年份、申请人多维度地进行统计分析，以调研全球及各主要国家或地区的油菜新品种权申请总况及详细分布情况，同时着重细究全球主要油菜产地和出口地区——欧盟地区的油菜申请情况及重点申请人情况。

本章还以中国农业农村部科技发展中心农业植物新品种保护办公室官网公布的申请日 2012 年 1 月 1 日至 2017 年 12 月 31 日的油菜新品种权申请数据为基础进行申请趋势、重点申请人方面的分析，同时对"七大农作物育种"专项项目承担单位所持有的油菜新品种权（申请）情况进行深入调研。另外，本章还简要分析了国内公布的近 6 年油菜品种权数据与品种审定 / 登记的关联程度。具体调研和分析内容如下文所述。

第一节 全球油菜新品种权申请总体概况

为了解全球油菜新品种权申请分布，在 UPOV 网站检索 2012 年 1 月 1 日之后各国受理的油菜新品种权申请量，得到统计数据如表 8.1 所示。

表8.1 来源于UPOV数据统计的各国/地区油菜新品种权申请量

受理国家/地区	申请量/件	受理国家/地区	申请量/件	受理国家/地区	申请量/件
英国	1949	芬兰	870	加拿大	136
德国	1673	瑞典	866	塞尔维亚	135
波兰	1649	塞拉利昂	844	摩尔多瓦	84
法国	1572	葡萄牙	841	澳大利亚	34
荷兰	1387	西班牙	841	日本	32
捷克	1374	罗马尼亚	838	阿根廷	27
丹麦	1329	塞浦路斯	831	南非	22
匈牙利	1295	希腊	831	美国	20
斯洛伐克	1211	卢森堡	831	新西兰	12
立陶宛	1079	比利时	831	墨西哥	6
爱沙尼亚	1040	爱尔兰	831	秘鲁	5
奥地利	1005	欧盟	831	智利	5
意大利	993	马耳他	831	土耳其	4
保加利亚	965	俄罗斯	426	挪威	3
拉脱维亚	910	乌克兰	258	格鲁吉亚	1
克罗地亚	898	韩国	158		

表8.1统计数据来源于各国向UPOV提供和更新的数据，存在不准确性，但是能够大体上反映各国油菜新品种权申请情况，可以看出申请量突出的是欧盟国家，美国和中国的申请量需做进一步检索修正。

来自美国农业部官网上公布的官方数据显示全球主要的油菜产地及出口国如表8.2和表8.3所示。

表8.2 全球油菜产品产量

单位：万吨

	菜籽油渣		菜籽油		油菜籽	
	2015/2016年度	2016/2017年度	2015/2016年度	2016/2017年度	2015/2016年度	2016/2017年度
中国	1100.9	987.9	725.8	651.2	1493.1	1350.0
印度	298.5	340.3	190.0	216.6	592.0	695.0
加拿大	469.8	530.0	362.5	410.0	1837.7	1850.0
日本	134.3	136.0	105.0	107.5	0.3	0.4
欧盟	1386.2	1359.5	1016.6	996.9	2199.7	2039.7
其他国家	546.1	575.1	383.8	407.3	882.0	951.2
全球合计	3935.8	3928.8	2783.7	2789.5	7004.8	6886.3

表8.3 全球油菜产品出口量

单位：万吨

	菜籽油渣		菜籽油		油菜籽	
	2015/2016年度	2016/2017年度	2015/2016年度	2016/2017年度	2015/2016年度	2016/2017年度
中国	11.4	3.0	0.3	1.0	0.1	0
印度	29.1	35.0	0.3	0.3	0	0
加拿大	410.3	445.0	277.0	315.0	1028.2	1040.0
日本	0.8	1.0	0.1	0.1	0	0
欧盟	46.9	45.0	34.6	33.0	34.4	35.0
其他国家	70.0	54.8	101.1	99.5	375.1	451.5
全球合计	568.5	583.8	413.3	448.9	1437.8	1525.5

从表8.2和表8.3可以看到，近几年全球主要的油菜产地位于欧盟，与表8.1中的欧盟地区油菜申请量占据第一大阵营的现象相吻合，但在出口方面，加拿大则是全球最大的油菜出口国。以下对具有代表性的几个国家和地区的数据进一步分析以探究其油菜品种权申请情况。

一、欧盟油菜新品种权申请量

在欧盟成员国获得油菜新品种权，可以向欧盟植物品种局提出从而获得欧盟所有成员国的品种权保护，也可以在成员国国内提出申请获得本国保护，但欧盟保护和成员国国内保护不能兼得，所以表8.1中各成员国的申请量是欧盟植物品种局申请量和该国申请量的总和。

按年份统计的 UPOV 上欧盟油菜新品种权申请量仅 674 件，与 UPOV 按地区统计的欧盟地区 2012—2017 年油菜新品种权申请总量有出入，同时检索 2012 年 1 月 1 日至 2017 年 12 月 31 日欧盟植物品种局（CPVO）官网上公布的油菜新品种权申请数据，共获得 1206 条数据，因此以 CPVO 官网公布数据为准获得欧盟 2012—2017 年油菜新品种权申请态势，如图 8.1 所示。

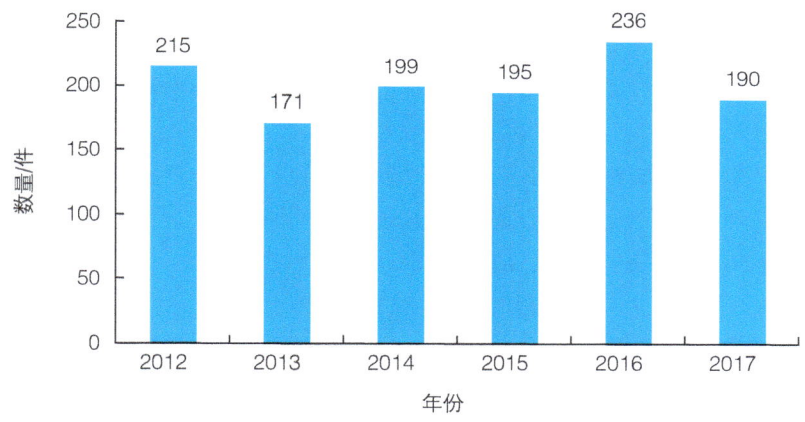

图8.1 欧盟油菜新品种权申请态势

2012—2015 年各年度申请比较稳定，到 2016 年申请量井喷，2017 年申请量也很大，但较上一年度有所回落。

二、北美地区油菜新品种权申请量

表 8.1 中显示美国 2012—2017 年油菜新品种权申请量为 20 件，但按地域检索 UPOV 上公布的 2012—2017 年美国油菜新品种权申请数据仅为 2 件。油菜作为有性繁殖作物，在美国专利商标局（USPTO）官网并未检索到油菜相关的植物专利，而美国农业部植物新品种保护办公室官网上公告的申请日在 2012

年 1 月 1 日至 2017 年 12 月 31 日的美国油菜新品种权申请总数为 15 件，因此以美国农业部官网上公布的油菜申请数据为准，如图 8.2 所示。

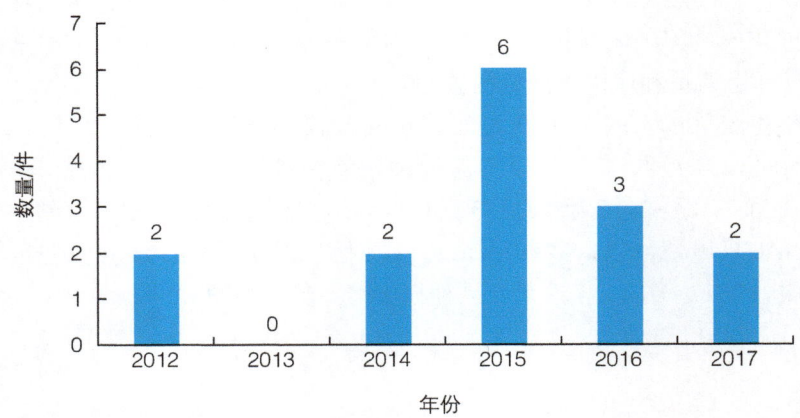

图8.2　2012—2017年美国油菜新品种权申请态势

2012—2017 年美国油菜新品种权申请数量较少，2013 年甚至没有申请记录。除美国外，北美地区的加拿大 2012—2017 年 UPOV 公布的油菜新品种权数据为 135 件，历年申请量变化情况如图 8.3 所示。

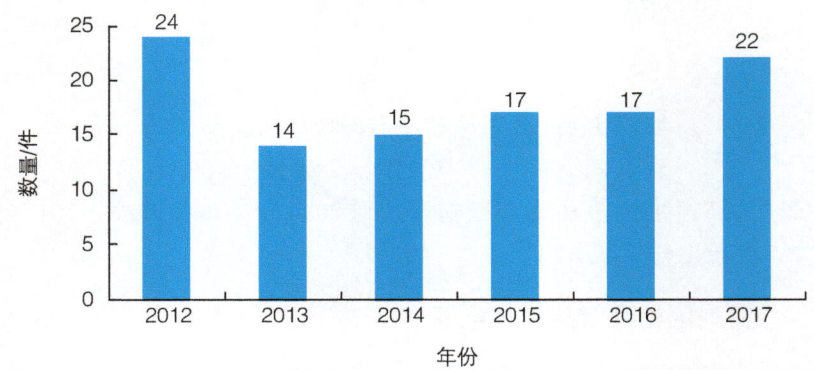

图8.3　UPOV公布的加拿大2012—2017年油菜新品种权申请数据

由图 8.3 可以看到，加拿大 2012—2017 年油菜新品种权申请量基本保持稳定，2012 年的申请量最多，2013 年骤降，但随后几年稳步回升。油菜种植业加

第八章 国内外油菜新品种权分析

拿大农业中的一个重要产业,实际上加拿大主导着国际油菜籽贸易市场。加拿大是全球最大的油菜籽生产国,最大的油菜籽、菜籽油出口国。根据美国农业部报告,自2007年以来,加拿大的油菜籽产量仅仅低于欧盟地区,油菜籽产量世界占比逐年提高,由2007年的20%增加到2017年的27%。虽然加拿大油菜籽产量在世界占比只有1/4强,但是出口却占到了世界出口总量的一半以上(2016/2017年度为68%)。同时,在加拿大萨斯喀彻温省的ICE加拿大期货交易所(原温尼伯商品交易所)交易的油菜籽期货价格,已成为国际油菜籽交易的指标价格,对国际油料作物与植物油价格产生重要影响。

三、中国油菜新品种权申请量

UPOV上未检索到中国油菜新品种权申请量,因此通过检索中国农业农村部科技发展中心官网上公告的油菜新品种权申请数据,2012年1月1日至2017年12月31日油菜新品种权申请量合计为148件,如图8.4所示。

图8.4 中国油菜新品种权2012—2017年申请数据

中国申请量超过表8.1中美国、俄罗斯等国的申请量,成为仅次于欧盟阵营的油菜新品种权申请量全球第二大的国家。中国是全球多个国家油菜出口的主要目的地之一,并且集中了全球油菜库存的近五成,并且中国的油菜多以进口为主,油菜出口数量不大,这一现象主要是国内油菜质量不佳导致中国油菜在国际市场上的贸易竞争力不足所致。

四、东欧地区油菜新品种权申请量

UPOV 官网公布的申请日在 2012—2017 年的东欧国家油菜新品种权申请数据中,如表 8.1 所示,俄罗斯 426 件、乌克兰 258 件,但 UPOV 按年份统计的俄罗斯油菜新品种权申请却只有 21 件,乌克兰油菜新品种权申请只有 193 件,并且只有 2016—2018 年的数据,存在很大的不准确性。现以乌克兰为代表,其油菜新品种权申请量如图 8.5 所示。

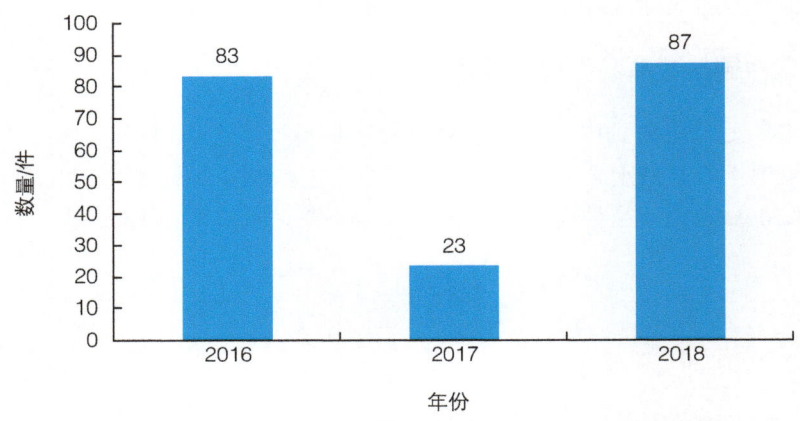

图8.5　乌克兰2016—2018年油菜新品种权申请态势

据报道,乌克兰 2017 年油菜产品出口量同比上一年度增加 2 倍,而到 2018 年乌克兰油菜产品出口将创历史新高,欧盟是乌克兰油菜籽的最大买家,占到 86% 的份额。笔者分析,2017—2018 年乌克兰油菜产品出口量的迅速增加是 2018 年乌克兰油菜新品种权申请量达到顶峰的重要驱动因素。

五、澳洲地区油菜品种权申请量

在澳大利亚知识产权局官网上检索目前已公布的授权的油菜植物品种权数据,共 12 件油菜新品种权数据,其中有 11 件为甘蓝型油菜、1 件为芥菜型油菜。具体情况如表 8.4 所示。

第八章 国内外油菜新品种权分析

表8.4 澳大利亚目前有效的油菜新品种权统计

油菜类型	品种名称	权利人	申请年份
甘蓝型油菜	AV-Garnet	维多利亚农业服务有限公司，谷物研发公司	2007
甘蓝型油菜	Telfer	NPZ 澳大利亚有限公司	2008
甘蓝型油菜	Tanami	NPZ 澳大利亚有限公司	2005
甘蓝型油菜	43C80	先锋国际良种公司	2009
甘蓝型油菜	AV-Zircon	纽西德有限公司	2011
甘蓝型油菜	Yetna	营利农艺品种	2014
甘蓝型油菜	PA0AN120A	拜耳农作物科学股份公司	2012
甘蓝型油菜	PB0AN220B	拜耳农作物科学股份公司	2012
甘蓝型油菜	PA2AN154	拜耳农作物科学股份公司	2012
甘蓝型油菜	PB2AN254	拜耳农作物科学股份公司	2012
甘蓝型油菜	PRAN402	拜耳农作物科学股份公司	2012
芥菜型油菜	Caza	西澳大学	2006

由表 8.4 可知，澳大利亚油菜新品种权大多持有在企业手中，只有 1 个芥菜型油菜 Caza 的权利人是西澳大学（University of Western Australia），并且大部分持有澳大利亚油菜新品种权的企业均为相对澳大利亚而言的国外企业，如德国的拜耳公司、美国先锋公司，还有荷兰纽内姆公司旗下全资子公司纽西德有限公司。申请年份大多集中在 2006—2014 年，每年的授权数量很少，并且不连续。

UPOV 官网上公布的按地域统计的 2012—2017 年澳大利亚油菜新品种权申请量共 34 件，而按年份统计的 2012—2017 年澳大利亚油菜新品种权申请总量为 28 件，二者基本吻合。澳大利亚 2012—2017 年油菜新品种权申请变化情况如图 8.6 所示。

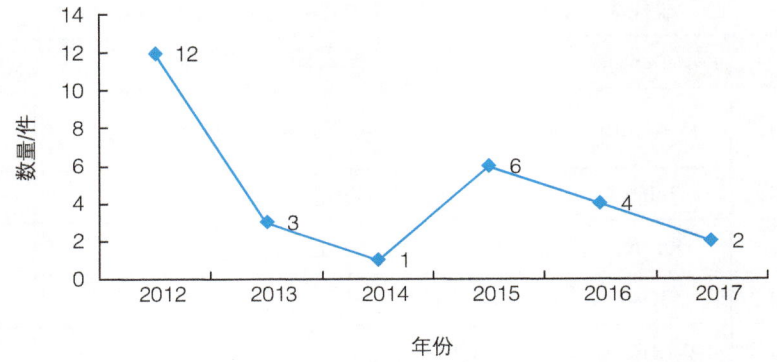

图8.6　澳大利亚2012—2017年油菜新品种权申请变化

从图 8.6 可以看到，2012 年澳大利亚油菜新品种权申请达到高峰，随后申请量虽然有回升和起伏波动，但始终未达到 2012 年的水平。

第二节　国外主要申请人油菜新品种权申请和保护现状

根据 UPOV 统计数据，2012—2017 年全球油菜新品种权申请总量为 15 162 件（包括中国官方公布的 150 件），其中欧盟及其成员国的油菜新品种权申请就高达 7978 件，占据总数的五成以上，因此选取欧盟地区油菜作物领域的重点申请人进行调研。

检索欧盟植物品种局（CPVO）网站公布的申请日在 2012 年 1 月 1 日至 2017 年 12 月 31 日的油菜新品种权申请数据，检索到的油菜新品种权申请量为 1206 件，对申请人信息进行统计，发现排名前三的申请人分别为拜耳公司（Bayer）、科沃施种子股份有限公司（KWS）、孟山都公司（Monsanto），并分别以这 3 位申请人在欧盟植物品种局上提交的全部油菜新品种权数据为基础进行调研。

一、拜耳公司（Bayer）

拜耳公司是世界知名的世界 500 强企业之一。公司的总部位于德国的勒沃库森，在六大洲的 200 个地点建有 750 家生产厂；拥有 120 000 名员工及 350 家分支机构，几乎遍布世界各国。高分子、医药保健、化工及农业是公司的四大支柱产业。公司的产品种类超过 10 000 种，是德国最大的产业集团。2018 年

第八章 国内外油菜新品种权分析

6月7日，拜耳公司宣布完成对美国生物技术公司孟山都的收购。拜耳现在是孟山都唯一所有者，孟山都股东将获得每股128美元的补偿。拜耳成功收购孟山都是继陶氏与杜邦合并、中国化工收购先正达后，全球农化行业巨头整合的又一步。

拜耳作物科学（Bayer CropScience Inc.）是拜耳集团的子公司，在全球122个国家设有分支机构，2015年销售额达到103.67亿欧元。拜耳作物科学是一家全球领先的创新型作物科学公司，致力于植物保护、种子处理、绿色生态科技和非农业虫害治理。拜耳作物科学的产品覆盖面非常广，同时提供配套服务来支持现代化可持续发展的农业和非农业应用技术。拜耳作物科学（中国）有限公司于2000年在杭州成立。发展至今，拜耳作物科学在中国已拥有8个研究农场并在22个省份设有办事处。在拜耳作物科学公司官网的"种子业务"版块公开的信息显示（图8.7），拜耳作物科学公司的大田种子产品尚未在国内销售，这与在中国农业农村部科技发展中心官网公布的中国品种权数据中未检索到以拜耳公司名义申请的任何中国油菜新品种权信息这一现象相吻合。而拜耳作物科学研发的油菜新品种InVigor®杂交油菜，其所生产的菜籽油饱和脂肪酸和芥酸含量非常低，同时具有更高的产量和更好的田间表现，以及抗虫、抗旱和抗逆等新的特殊性状。

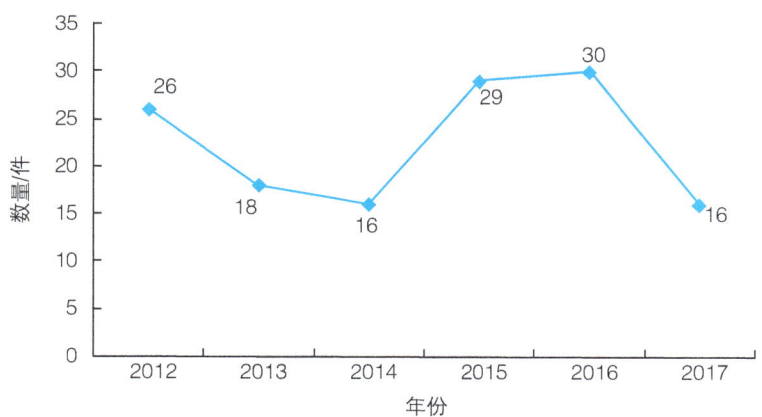

图8.7 2012—2017年拜耳公司欧洲油菜新品种权申请变化趋势

二、科沃施种子股份有限公司（KWS）

科沃施种子股份有限公司具有160多年历史，总部位于欧洲德国，在世界

70多个国家和地区有子公司，引领全球甜菜种业市场，该公司70%以上的收入来自德国以外的市场。目前该公司共持有124件欧洲油菜新品种权。以申请日统计该公司历年的油菜新品种权数量分布，如图8.8所示。

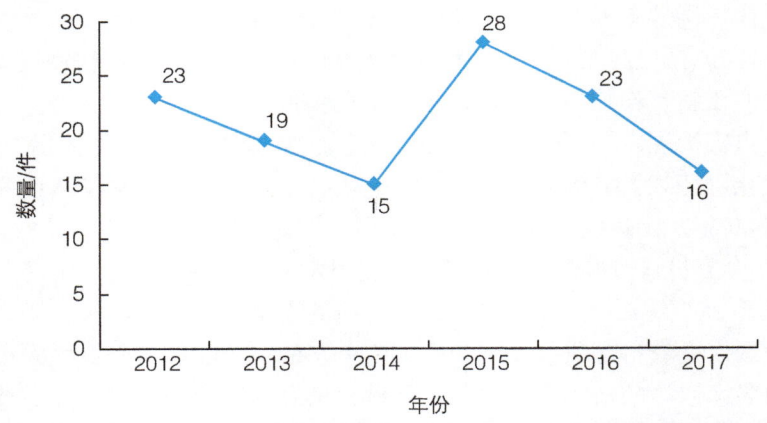

图8.8　2012—2017年科沃施种子股份有限公司欧洲油菜新品种权申请变化趋势

　　油菜品种培育和销售是科沃施种子股份有限公司重要的业务板块，该公司的油菜种子销往奥地利、白俄罗斯、保加利亚、克罗地亚、捷克、丹麦、法国、德国、匈牙利、爱尔兰、意大利、拉脱维亚、立陶宛、波兰、俄罗斯、罗马尼亚、塞尔维亚、斯洛伐克、西班牙、瑞士、乌克兰、英国，多以欧洲国家尤其欧盟国家为主。科沃施种子股份有限公司培育冬油菜和春油菜品种，并致力于油菜杂交种的创新。科沃施种子股份有限公司培育的油菜杂交品系在大多数生长条件下具有更好的稳定性、更高的产量和抗性。科沃施种子股份有限公司在主要的油菜国家拥有两个油菜育种中心：设立在德国的"大陆项目"和设立在法国的"海事项目"。但截至目前，科沃施种子股份有限公司尚未在中国申请过油菜品种权，这可能与该公司的油菜品种未在中国境内大规模销售有关。

三、孟山都公司（Monsanto）

　　孟山都公司是美国的一家跨国农业公司，创始人是约翰·奎恩伊，总部设于美国密苏里州圣路易斯市。其生产的旗舰产品Roundup是全球知名的草甘膦除草剂。该公司目前也是全球转基因（GE）种子的领先生产商，2012—2017年孟都公司欧洲油菜品种权申请变化趋势如图8.9所示。

第八章 国内外油菜新品种权分析

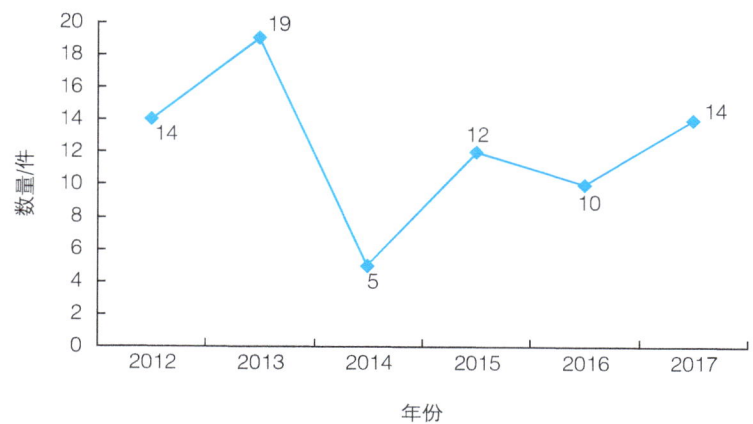

图8.9 2012—2017年孟山都公司欧洲油菜品种权申请变化趋势

拜耳公司已于 2018 年 6 月 7 日完成对孟山都公司的收购，成为 20 年来德国公司最大跨国收购案，原孟山都团队并入拜耳公司的作物科学事业部，这令拜耳公司的农业业务倍增，并投入更多资金和人力来进行作物品种的培育工作。孟山都拥有 20 多类 2000 多种田间蔬菜种子产品，但其官网上公布的主要蔬菜种子产品中不包括油菜种子。据报道，孟山都采用 RoundupReady® 技术推出的 TruFlex 油菜已于 2014 年在澳大利亚获批，并在澳大利亚所有油菜种植区推广种植该品种。该油菜品种是孟山都公司开发的转基因耐草甘膦油菜 TruFlex Roundup Ready（MON 88302），该油菜品种可强化对杂草的控制，并具备喷雾速率和时间的灵活性，同时通过遗传学提高作物产量并提高作物的安全性。

第三节 国内油菜新品种权申请情况

一、国内油菜新品种权申请情况

在农业农村部科技发展中心网站上检索用于分析的基础数据，油菜新品种申请和授权数据检索方案和结果如表 8.5 所示。

表8.5　国内油菜新品种权申请和授权结果

	油菜新品种申请数据检索方案	油菜新品种授权数据检索方案
公告类型	申请公告	授权公告
植物种类	油菜	油菜
日期	申请日：2012年1月1日至2017年12月31日	公告日：2012年1月1日至2017年12月31日
检索结果	148件	70件

1. 申请趋势

申请日在2012年1月1日至2017年12月31日的农业农村部科技发展中心网站上公告的油菜新品种权申请量共148件，2012—2017年申请态势如图8.10所示。

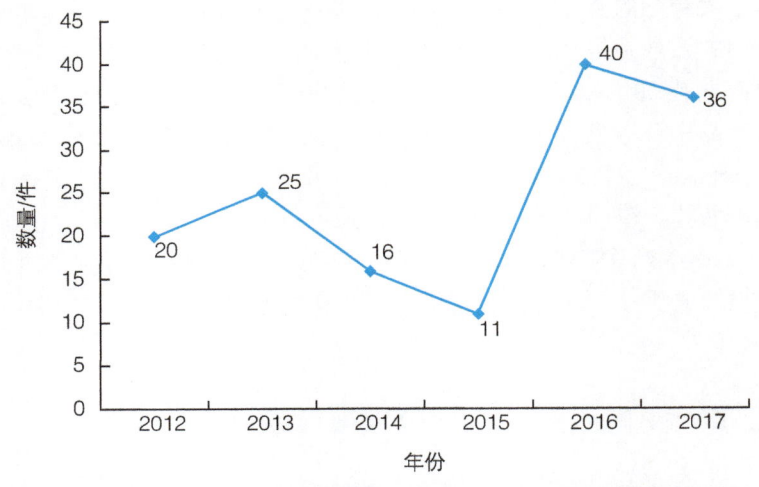

图8.10　2012—2017年国内油菜新品种权申请趋势

从图8.10可以看出，2016年是油菜新品种权申请量的顶峰，而2017年的申请量稍有回落，但2012—2017年国内油菜新品种权申请趋势总体呈上升态势。

2. 申请主体构成

从图8.11所示的申请主体构成来看，申请量主要来自于科研单位和企业的贡献。企业申请量约占总申请量的 31.6%，科研单位申请量约占总申请量的 53.3%。

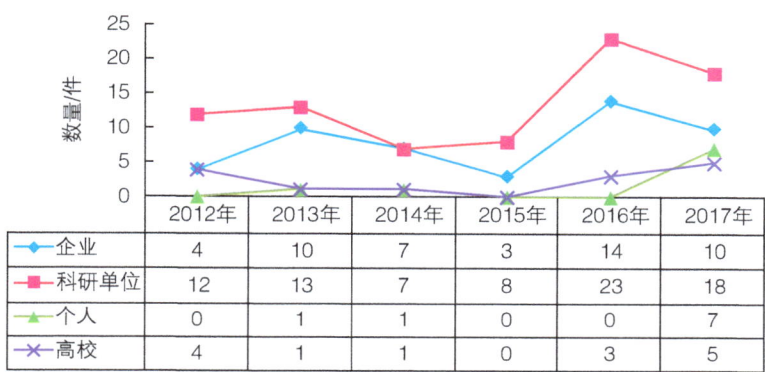

图8.11　2012—2017年油菜新品种权申请主体构成

图 8.11 显示，各类型申请主体 2012—2017 年申请趋势中，均在 2015 年现申请谷底，而后在 2016 年反弹至顶峰，而在这之前 2013 年前后也出现了申请小高峰，这两个现象与 2013 年和 2016 年的政策变动和法律修改有关联。

二、国内油菜新品种权授权情况

检索 2012—2017 年农业农村部科技发展中心官网上公布的每年度内的油菜授权公告数据，历年变化情况如图 8.12 所示，与油菜 2012—2017 年申请趋势不同，呈下降的趋势，且 2017 年的油菜授权数据尚未检索到。

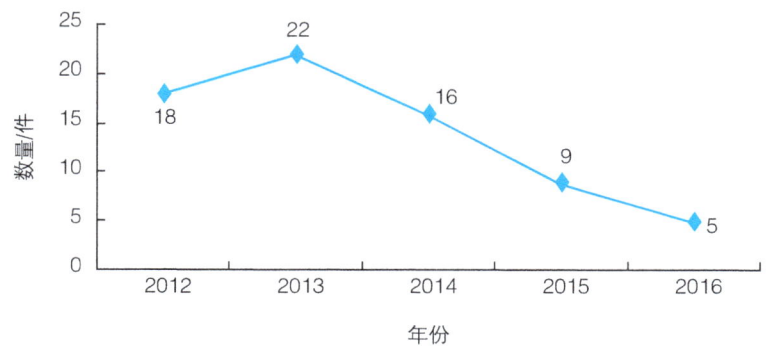

图8.12　2012—2016年国内油菜新品种权授权情况

国内油菜新品种权出现如图 8.12 显示的授权态势，一方面与每个品种权从申请至授权整个周期一般在 3 年左右，审查周期长有一定关联；另一方面也与 2017 年国内植物新品种权申请量激增，尤其是农业植物新品种权申请数量急剧增加导致官方案件积压严重、审查速度变慢及农业部审查尺度的把握相关。

三、在中国申请油菜新品种权的国外申请人情况调研

在中国农业农村部科技发展中心植物新品种保护办公室官网公布的申请日在 2012 年 1 月 1 日至 2017 年 12 月 31 日的全部国内油菜新品种权申请数据中，未发现以国外申请人名义或以国外申请人在华投资的子公司名义申请的油菜新品种权。

四、国内主要申请人统计

对国内申请人申请量进行统计，主要申请人及其申请量如图 8.13 所示。

由于 2012—2017 年国内油菜新品种权数据总体量较小，且各申请人所持有的油菜申请比较分散，除中国农业科学院油料作物研究所持有 14 件油菜品种权（申请）以外，其他各申请人，包括各企业、其他科研单位、高校及个人所持有的油菜品种权（申请）数量均在 10 件以下，因此，仅统计申请量排名前三的申请主体情况。从图 8.13 可以看出，申请量排名前三的申请主体中有 2 家为科研单位、1 家企业，他们各自的油菜品种权申请情况如表 8.6 至表 8.8 所示。

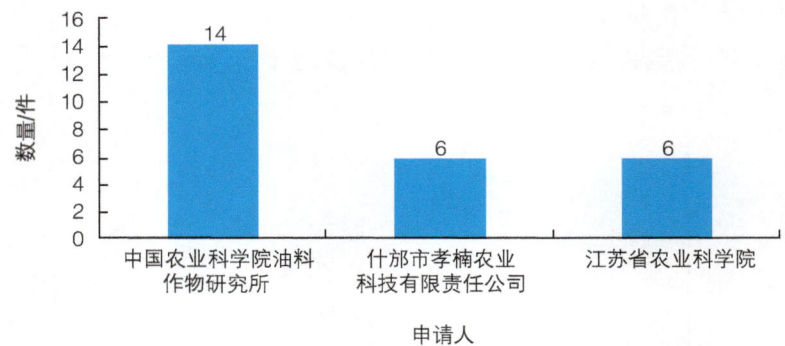

图8.13　国内油菜新品种权重点申请人及其申请量

表8.6 2012—2017年中国农业科学院油料作物研究所油菜新品种权申请情况

申请号	品种名称	申请日	公告号	育种手段	市场情况	是否审定（鉴定/登记）	是否有文献	法律状态
20161979.3	6019A	2016/11/7	CNA016951E	—	—	—	—	在审
20161361.9	中双3370	2016/8/4	CNA016639E	—	—	—	—	在审
20161362.8	ZYP77	2016/8/4	CNA016640E	—	—	—	—	在审
20161363.7	中油白花1号	2016/8/4	CNA016641E	—	—	—	—	在审
20161329	阳光145	2016/8/3	CNA016277E	—	—	—	—	在审
20161201.3	阳光1601	2016/7/12	CNA016273E	—	—	—	—	在审
20161202.2	阳光1602	2016/7/12	CNA016274E	—	—	—	—	在审
20141528.1	R2	2014/12/15	—	—	—	—	—	撤回
20131019.8	希望699	2013/11/7	CNA011141E	常规育种	已销售	品种审定	—	授权
20130040.3	阳光2009	2013/1/8	CNA010246E	常规育种	已销售	品种审定	是	授权
20130039.6	阳光198	2013/1/8	—	常规育种	—	品种审定	—	驳回
20171524.2	大地199	2017/6/27	CNA019068E	—	—	品种登记	—	在审
20171312.8	中油饲菜1号	2017/5/25	CNA019064E	—	—	—	—	在审
20171313.7	阳光1701	2017/5/25	CNA019065E	—	—	—	—	在审

表8.7　2012—2017年江苏省农业科学院年油菜新品种权申请情况

申请号	品种名称	申请日	公告号	育种手段	市场情况	是否审定（鉴定/登记）	是否有文献	法律状态
20150448.9	宁油 M342	2015/3/27	CNA013813E	—	—	—	—	在审
20141098.1	宁杂 1818	2014/10/8	CNA012503E	常规育种	已销售	审定	是	在审
20140324.9	宁 GFA7	2014/3/11	CNA011716E	—	—	—	—	在审
20140077.8	金黄花宁 A7	2014/1/14	—	—	—	—	—	视为撤回
20131052.6	宁油 D5	2013/11/20	CNA011142E	—	—	—	—	在审
20173196.5	宁杂 1838	2017/11/22	CNA020888E	—	—	品种审定	—	在审

表8.8　2012—2017年什邡市孝楠农业科技有限责任公司油菜新品种权申请情况

申请号	品种名称	申请日	公告号	育种手段	市场情况	是否审定（鉴定/登记）	是否有文献	法律状态
20162050.3	十方虹油 1 号	2016/11/28	CNA016952E	—	—	—	—	授权
20162051.2	十方虹油 2 号"笑春风"	2016/11/28	CNA016953E	—	—	—	—	在审
20162052.1	十方虹油 3 号	2016/11/28	CNA016954E	—	—	—	—	在审
20162053	十方虹油 4 号"幽虹"	2016/11/28	CNA016955E	—	—	—	—	在审
20162054.9	十方虹油 5 号"蝶恋花"	2016/11/28	CNA016956E	—	—	—	—	在审
20162050.3	十方虹油 1 号	2016/11/28	CNA016952E	—	—	—	—	在审

五、排名前三申请人调研

表 8.9 所示的重点申请人为 2012—2016 年申请量排名前三的油菜品种权申请人，与图 8.13 所示的申请人构成情况相吻合，排名前三申请人当中有 2 家均为科研单位，进一步说明国内科研单位在油菜新品种研发领域的主导地位。排名前三申请人中，2 家科研单位均在 2012—2016 年承担了多项国家级科研项目，并分别在项目承担期间申请了数件油菜新品种权。其中，中国农业科学院油料作物研究所申请的 14 件油菜品种权，有 2 件申请日在 2013 年的已经获得授权，分别是希望 699 和阳光 2009，有 1 件是该单位与武汉中油科技新产业有限公司、武汉中油大地希望种业有限公司的联合申请，但目前的法律状态为撤回。什邡市孝楠农业科技有限责任公司 2012—2016 年一共申请 5 件，2016 年 11 月 28 日申请的十方虹油 1 号于 2017 年 9 月 1 日授权，整个周期历时不到 1 年。江苏省农业科学院也有 6 件申请，但目前都还处在审查当中。

表8.9 重点申请人项目承担情况

单位	申请量/件	授权量/件	项目承担情况
中国农业科学院油料作物研究所	14	2	主持承担国内外各类科研项目 1620 余项，培育油料品种 194 个，获各类科技成果奖励 172 项，以第一完成单位获国家级成果奖 22 项，高居国内油料科研机构之首
什邡市孝楠农业科技有限责任公司	6	1	无
江苏省农业科学院	6	0	2012—2016 年承担国家自然科学基金项目情况：2012 年 65 项，2013 年 53 项，2014 年 59 项，2015 年 51 项，2016 年 65 项

第四节 "七大农作物育种"专项项目承担单位油菜品种权情况

一、"七大农作物育种"专项项目承担单位油菜新品种权申请总量统计

"七大农作物育种"专项项目承担单位中,拥有油菜新品种权(申请)数量最多的单位是中国农业科学院油料作物研究所,共持有 27 件甘蓝型油菜新品种权(申请);其次是河南省农业科学院,共持有 12 件油菜新品种权(申请),其中 6 件甘蓝型油菜、6 件白菜型油菜;其他持有油菜新品种权(申请)的 7 家单位的持有量均在 10 件以下(表 8.10)。

表8.10 "七大农作物育种"专项项目承担单位油菜新品种权(申请)情况统计

单位名称	承担的项目名称	申请总量/件	
		甘蓝型油菜	白菜型油菜
中国农业科学院油料作物研究所	长江中游油菜高产优质适宜机械化新品种培育	27	—
南京农业大学	主要农作物养分高效利用性状形成的遗传与分子基础	6	—
	长江中下游粳稻优质高产高效新品种培育		
	南方大豆优质高产广适新品种培育		
华中农业大学	主要农作物杂种优势形成与利用机理	4	—
	水稻功能基因组研究与应用		
	油菜杂种优势利用技术与强优势杂交种创制		
北京市农林科学院	小麦杂种优势利用技术与强优势杂交种创制	—	3
	主要农作物种子分子指纹检测技术研究与应用		

第八章　国内外油菜新品种权分析

续表

单位名称	承担的项目名称	申请总量/件	
		甘蓝型油菜	白菜型油菜
中国农业科学院蔬菜花卉研究所	主要农作物杂种优势利用技术与强优势杂交种创制	—	5
	茄科蔬菜优质多抗适应性强新品种培育		
	十字花科蔬菜优质多抗适应性强新品种培育		
沈阳农业大学	北方粳稻优质高产高效新品种培育	—	2
河南省农业科学院	黄淮冬麦区南片高产优质节水小麦新品种培育	6	6
江苏里下河地区农业科学研究所	长江中下游冬麦区高产优质抗病小麦新品种培育	5	—
四川省农业科学院作物研究所	西南麦区优质多抗高产小麦新品种培育	6	—

二、各项目承担单位油菜新品种权分析

按表8.10所列各项目承担单位的顺序依次对每个单位的油菜新品种权情况进行分析，分述如下。

1. 中国农业科学院油料作物研究所

该单位所持有的27件油菜新品种权（申请）全部为甘蓝型油菜，虽然数量较多，但目前真正有授权的仅3件，一共有10件获得过授权，但7件油菜品种权的权利已经终止。2016年以后申请的均处于审查状态。2013年以前申请的16件油菜新品种权相关信息比较全面，其中除了2件撤回和被驳回的油菜品种外，其余14件均通过品种审定，这14件中有3件还同时通过了品种登记，均是通过常规方法培育而成，并且与科研活动关联紧密，有11件被记载于科技论文中，甚至同一油菜品种被记载在多篇论文中，但这14个油菜品种的市场活动并不活跃，仅查询到有3个已销售。2014—2017年申请的13件油菜新品种权的相关信息比较匮乏，仅查询到两件已经销售，分别是中油白花1号和大地199，其中大地199是通过常规方法育成，并通过了品种审定，有论文记载（表8.11）。

表8.11 中国农业科学院油料作物研究所油菜新品种权申请情况

申请号	品种名称	申请日	法律状态	审定情况	销售情况	科研情况	育种方式
20171524.2	大地199	2017/6/27	在审	品种登记	已销售	有论文	常规
20171312.8	中油饲菜1号	2017/5/25	在审	—	—	—	—
20171313.7	阳光1701	2017/5/25	在审	—	—	—	—
20161979.3	6019A	2016/11/7	在审	—	—	—	—
20161361.9	中双3370	2016/8/4	在审	—	—	—	—
20161362.8	ZYP77	2016/8/4	在审	—	—	—	—
20161363.7	中油白花1号	2016/8/4	在审	—	已销售	—	—
20161329.0	阳光145	2016/8/3	在审	—	—	—	—
20161201.3	阳光1601	2016/7/12	在审	—	—	—	—
20161202.2	阳光1602	2016/7/12	在审	—	—	—	—
20141528.1	R2	2014/12/15	撤回	—	—	—	—
20131019.8	希望699	2013/11/7	授权	品种审定/登记	已销售	有论文	常规
20130039.6	阳光198	2013/1/8	驳回	品种审定/登记	已销售	—	常规
20130040.3	阳光2009	2013/1/8	授权	品种审定/登记	已销售	有论文	常规
20110566.9	中油589	2011/7/27	授权	品种审定	—	—	常规
20110553.4	中双12号	2011/7/25	驳回	—	—	有论文	—
20090232.7	中油杂13号	2009/4/10	权利终止	品种审定	已销售	有论文	常规
20070505.9	中油036-1	2007/10/8	撤回	—	—	—	—
20070388.9	中双11号	2007/8/22	权利终止	品种审定	—	有论文	常规
20070389.7	中双12号	2007/8/22	撤回	品种审定	—	有论文	常规
20040285.4	中双7号	2004/7/1	撤回	品种审定	—	有论文	常规

续表

申请号	品种名称	申请日	法律状态	审定情况	销售情况	科研情况	育种方式
20040286.2	中双10号	2004/7/1	权利终止	品种审定	—	有论文	常规
20040200.5	中油杂6号	2004/4/14	权利终止	品种审定	—	有论文	常规
20040201.3	中油杂7号	2004/4/14	权利终止	品种审定	—	有论文	常规
20040202.1	中油杂9号	2004/4/14	权利终止	品种审定	—	有论文	常规
20030091.1	中油杂2号	2003/3/28	权利终止	品种审定	—	有论文	常规
20020112.3	中油杂3号	2002/6/28	视为撤回	品种审定	—	有论文	常规

2. 南京农业大学

南京农业大学共申请过6件油菜新品种权，均为甘蓝型油菜，只有1件获得了授权。6件中有5件通过了品种审定，并且这5个油菜品种均通过常规方法培育获得。6个油菜品种有3个已销售，3个被记载于科技论文中（表8.12）。

表8.12 南京农业大学油菜新品种权申请情况

申请号	品种名称	申请日	法律状态	审定情况	销售情况	科研情况	育种方式
20120814.8	南农油3号	2012/9/14	授权	品种审定	已销售	—	常规
20120479.4	NH08	2012/5/31	驳回	品种审定	已销售	—	常规
20120480.1	南农油1号	2012/5/31	驳回	品种审定	—	有论文	常规
20100545.6	NH08	2010/7/14	撤回	品种审定	已销售	—	常规
20090422.7	N6013	2009/8/7	撤回	品种审定	—	有论文	常规
20090315.7	南盐油1号	2009/5/26	驳回	—	—	有论文	—

3. 华中农业大学

华中农业大学目前共申请过4件油菜新品种权，均为甘蓝型油菜。这4件油菜新品种权均获得过授权，但有2件目前权利已终止。这4个油菜新品种与科研活动结合紧密，均被记载在科技论文中，甚至有些新品种还被记载在多篇论文中。有 3 个通过了品种审定，且这 3 个均通过常规方法培育而成。仅有 1 个名为华油杂 62 号的油菜已经上市销售（表 8.13）。

表8.13 华中农业大学油菜新品种权申请情况

申请号	品种名称	申请日	法律状态	审定情况	销售情况	科研情况	育种方式
20110756.9	丙 409	2011/10/12	授权	—	—	有论文	—
20100515.2	华油杂 62 号	2010/6/30	授权	品种审定	已销售	有论文	常规
20050323.5	华双 5 号	2005/6/7	权利终止	品种审定	—	有论文	常规
20040635.3	华双 4 号	2004/12/22	权利终止	品种审定	—	有论文	常规

4. 北京市农林科学院

北京市农林科学院共申请过 3 件油菜新品种权，均为白菜型油菜，其中 1 件在审、2 件获得了授权，但有 1 件 1999 年申请的权利已终止。这 3 个油菜品种均已上市销售。3 个油菜品种中有 2 个分别通过了品种登记和品种审定，这两个油菜品种均为常规方法培育而成（表 8.14）。

表8.14 北京市农林科学院油菜新品种权申请情况

申请号	品种名称	申请日	法律状态	审定情况	销售情况	科研情况	育种方式
20160444.2	京春娃 4 号	2016/3/28	在审	—	已销售	—	—
20160324.7	京秋 5 号	2016/3/3	有权	品种登记	已销售	—	常规
19990067.1	新三号	1999/7/20	权利终止	品种审定	已销售	—	常规

5. 中国农业科学院蔬菜花卉研究所

中国农业科学院蔬菜花卉研究所目前共申请过 5 件油菜新品种权，均为白菜型油菜。这 5 个油菜新品种都通过了品种审定或品种鉴定，其中有 2 个已销售，有 1 个被论文记载。5 个油菜新品种中有 4 个的培育方式为常规育种（表 8.15）。

表8.15 中国农业科学院蔬菜花卉研究所油菜新品种权申请情况

申请号	品种名称	申请日	法律状态	审定情况	销售情况	科研情况	育种方式
20170491.3	吉红308	2017/3/16	在审	品种审定	—	—	常规
20170492.2	绿笋70	2017/3/16	在审	品种审定	已销售	—	常规
20120968.2	绿健85	2012/10/26	授权	品种审定	已销售	—	常规
20080593.2	中白62号	2008/10/28	授权	品种审定	—	有论文	常规
20030065.2	中白78号	2003/3/19	权利终止	品种鉴定			

6. 沈阳农业大学

沈阳农业大学目前持有的2件油菜新品种权均为白菜型油菜，均获得了授权，但其中1件权利已终止。其他相关信息未查找到（表8.16）。

表8.16 沈阳农业大学油菜新品种权申请情况

申请号	品种名称	申请日	法律状态	审定情况	销售情况	科研情况	育种方式
20151939.3	沈白GMS02	2015/12/18	授权	—	—	—	—
20070704.3	沈白GMS01	2007/12/17	权利终止	—	—	—	—

7. 河南省农业科学院

河南省农业科学院目前共申请12件油菜新品种权，其中6件为甘蓝型油菜、6件为白菜型油菜。12件中有4件仍在审查，有8件获得过授权，但目前权利维持的仅剩下2件。通过品种审定的有6个油菜新品种，有论文记载的5个，仅查到2个已销售。查询到8个油菜品种的培育方法均为常规育种方法培育而成（表8.17）。

表8.17　河南省农业科学院油菜新品种权申请情况

申请号	品种名称	油菜类型	申请日	法律状态	审定情况	销售情况	科研情况	育种方式
20171439.6	双油白1号	甘蓝型油菜	2017/6/9	在审	—	—	—	—
20161513.6	双油10号	甘蓝型油菜	2016/8/23	在审	品种审定	—	—	常规
20161424.4	07H195	甘蓝型油菜	2016/8/11	在审	品种审定	已销售	—	常规
20080291.7	双油8号	甘蓝型油菜	2008/5/23	有权	品种审定	—	有论文	常规
20040647.7	杂双2号	甘蓝型油菜	2004/12/27	权利终止	品种审定	—	有论文	常规
20030200	杂98033	甘蓝型油菜	2003/6/11	权利终止	品种审定	已销售	有论文	常规
20152063.9	豫新9号	白菜型油菜	2015/12/31	在审	—	—	—	—
20141342.5	豫早0901	白菜型油菜	2014/11/27	有权	—	—	—	—
20010136.6	豫新2号	白菜型油菜	2001/6/18	权利终止	—	—	—	常规
20010137.4	豫新3号	白菜型油菜	2001/6/18	权利终止	—	—	有论文	常规
20010135.8	豫新1号	白菜型油菜	2001/6/18	权利终止	品种审定	—	有论文	常规
20010138.2	豫白1号	白菜型油菜	2001/6/18	权利终止	—	—	—	—

8. 江苏里下河地区农业科学研究所

江苏里下河地区农业科学研究所目前共申请5件油菜新品种权，均为甘蓝型油菜，它们均通过了品种审定，且均为常规方法培育获得。5件中有3件曾经获得过权利，但这3件的权利均已终止。5个油菜新品种中有4个被记载于科技论文中，已销售的仅有2个（表8.18）。

表8.18　江苏里下河地区农业科学研究所油菜新品种权申请情况

申请号	品种名称	申请日	法律状态	审定情况	销售情况	科研情况	育种方式
20151087.3	扬杂11号	2015/8/10	在审	品种审定	已销售	—	常规
20140646	扬油9号	2014/6/13	在审	品种审定	已销售	有论文	常规
20060511.9	扬优8号	2006/9/18	权利终止	品种审定	—	有论文	常规
20040305.2	扬油5号	2004/7/16	权利终止	品种审定	—	有论文	常规
20040306	扬油6号	2004/7/16	权利终止	品种鉴定	—	有论文	常规

9. 四川省农业科学院作物研究所

四川省农业科学院作物研究所共申请6件油菜新品种权，均为甘蓝型油菜。6件中有5件获得授权，但授权品种中有1件已权利终止，另1件被驳回。其中，川油39和川油23通过品种审定，并且二者均为常规育种方法获得，前者已上市销售，后者有论文记载（表8.19）。

表8.19　四川省农业科学院作物研究所油菜新品种权申请情况

申请号	品种名称	申请日	法律状态	审定情况	销售情况	科研情况	育种方式
20100743.6	JA20	2010/9/9	授权	—	—	—	—
20100744.5	JA18	2010/9/9	驳回	—	—	—	—
20100745.4	JA9	2010/9/9	授权	—	—	—	—
20100746.3	JA1	2010/9/9	授权	—	—	—	—
20100747.2	川油39	2010/9/9	授权	品种审定	已销售	—	常规
20030062.8	川油23	2003/3/14	权利终止	品种审定	—	有论文	常规

第五节　国内油菜新品种权与品种审定/登记关联度

2012—2017 年申请的油菜新品种权一共 148 件，其中 59 件通过品种审定、10 件通过品种登记，对于除《种子法》规定的 5 类主要农作物以外的非主要农作物而言，品种审定并不是市场准入的必要条件；油菜新品种有近一半的品种权都通过了政府行政审批，说明油菜领域的申请主体重视市场准入资格与政府行政审批效力（图 8.14）。

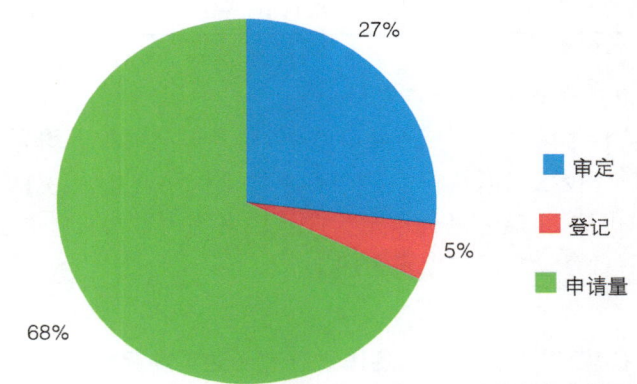

图 8.14　2012—2017 年油菜新品种权品种审定/登记情况

2017 年新出台的《非主要农作物品种登记办法》规定"列入非主要农作物登记目录的品种，在推广前应当登记"，而油菜已被列入非主要农作物第一批登记目录，因此从 2017 年起需要进入市场进行推广、宣传的油菜新品种必须通过登记，已审定或已销售的油菜品种也应当按照要求提供材料予以登记，该办法于 2017 年 5 月 1 日起正式实施，从图 8.15 也可以看到 2017 年开始油菜新品种的登记数量相比前几年有明显增加。

第八章 国内外油菜新品种权分析

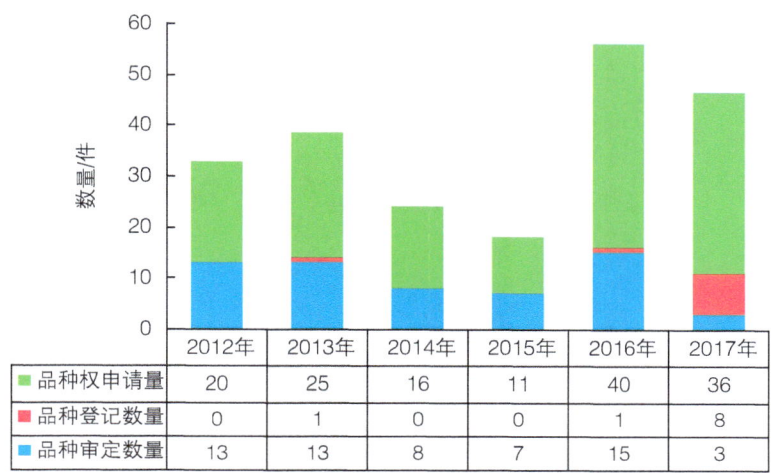

图8.15 2012—2017年油菜新品种权品种审定/登记趋势

第九章
国内外蔬菜新品种权分析

本章主要以欧洲植物品种局（CPOV）和美国农业部（USDA）公布的 2012 年 1 月 1 日至 2017 年 12 月 31 日各国/地区统计的蔬菜新品种权申请量为基础，按地域、年份、申请人多维度地进行统计分析，调研全球及各主要国家或地区的蔬菜新品种权申请总况及详细分布情况，同时着重细究全球主要蔬菜产地和出口地区——欧盟地区的蔬菜申请情况及重点申请人情况。

本章还以中国农业农村部科技发展中心农业植物新品种保护办公室官网公布的申请日在 2012 年 1 月 1 日至 2017 年 12 月 31 日的油菜新品种权申请数据为基础进行申请趋势、重点申请人方面的分析，同时，对"七大农作物育种"专项项目承担单位所持有的蔬菜新品种权（申请）情况进行深入调研。具体调研和分析内容如下文所述。

第一节 茄科蔬菜

一、全球茄科类蔬菜新品种权申请总体概况

茄科蔬菜包括番茄、辣椒、甜椒、茄子、马铃薯，以下对欧盟、美国和中国的茄科新品种权申请情况进行分析。

1.CPVO 欧盟及其成员国茄科新品种权受理量和授权量

（1）CPVO 数据中欧盟及其成员国马铃薯新品种权受理量

欧盟 2012—2017 年受理马铃薯品种权态势如图 9.1 所示，共 426 件，各年间申请比较稳定，2015 年和 2017 年申请量较少。

第九章 国内外蔬菜新品种权分析

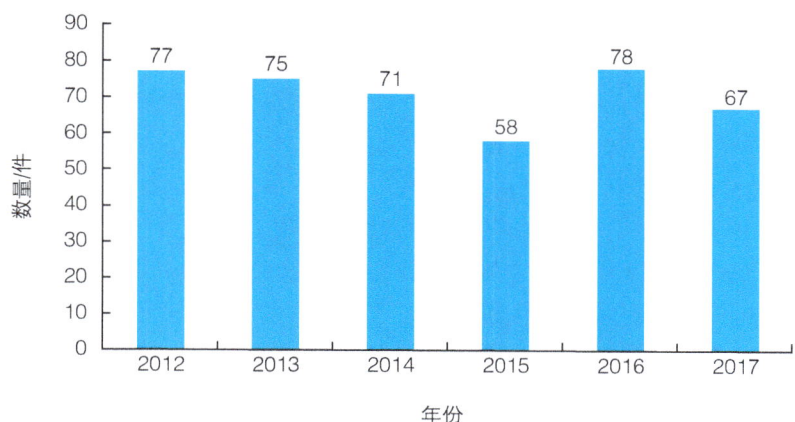

图9.1 欧盟2012—2017年受理马铃薯品种权态势

荷兰作为全球种薯市场的领导者，其马铃薯新品种权数量也是遥遥领先，多达677件，在众多欧盟国家中，荷兰马铃薯新品种权持有量占据约一半，其他欧盟国家的马铃薯新品种权持有量仅仅是荷兰持有量的零头，这一数量分布情况与报道中提到的荷兰是全球最重要的马铃薯出口国这一事实基本吻合。

2012—2017年欧洲马铃薯新品种权的数量变化趋势如图9.2所示。

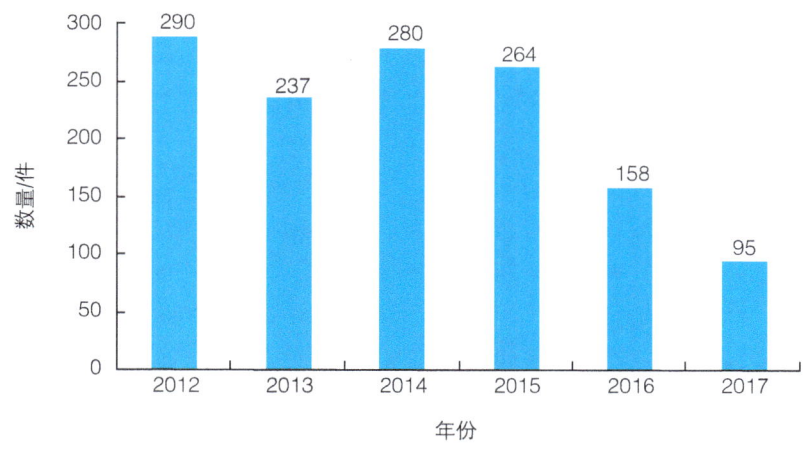

图9.2 欧洲马铃薯新品种权数量变化趋势

由图9.2可以看出，虽然从2010—2014年每年数量有起伏，但总体趋于稳

253

定，基本每年的马铃薯新品种权数量稳定在 230～280 件，但 2014 年以后，欧洲马铃薯新品种权数量出现明显的下降，这是因为从 2010 年开始，全球马铃薯生产中心由欧洲转向亚洲，欧洲马铃薯在全球马铃薯市场所占份额由原来的 65% 以上降至 30% 左右，这一情况恰好发生在 2014 年前后[①]，与 2014 年出现马铃薯新品种权数量下降拐点基本吻合。

（2）CPVO 数据中欧盟及其成员国番茄新品种权受理量

欧盟 2012—2017 年受理番茄品种权态势如图 9.3 所示，共 769 件，2012 年受理量较少，2017 年受理量最多。

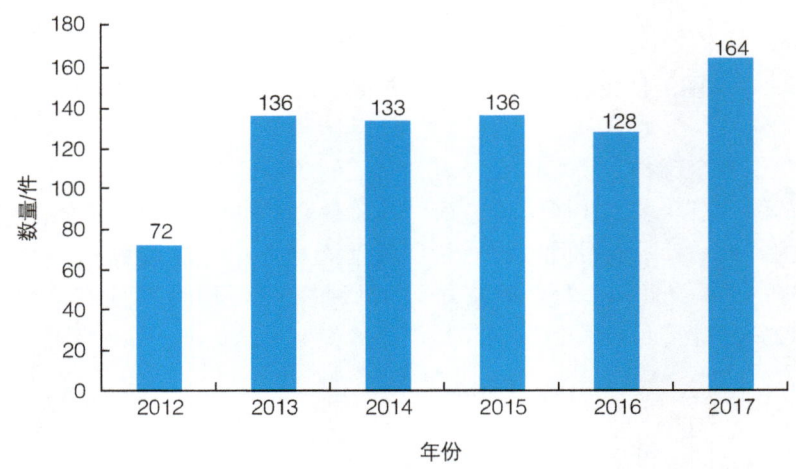

图9.3　欧盟2012—2017年受理番茄品种权态势

从 CPVO 的数据分析来看，自 20 世纪 80 年代起，欧盟国家申请的欧洲番茄新品种权数据共有 1546 件，有 634 件为直接向欧盟植物品种局（CPVO）登记的番茄新品种权，其余 912 件欧洲各国申请的番茄新品种权中，荷兰申请的番茄新品种权数量高达 648 件，占据全部欧盟各国番茄新品种权总数的 70% 以上，是其他欧盟国家欧洲番茄品种权数量的总和的两倍还多，这一现象与荷兰是世界第一大番茄出口国的地位十分吻合。除荷兰外，其他欧盟国家中，排在第二梯队的国家有：土耳其、保加利亚、摩尔多瓦、意大利、西班牙、波兰和罗马尼亚，它们的欧洲番茄品种权数量为 24～51 件。剩下的几个国家，如法

---

① 资讯来自搜狐财经。

国、德国等，欧洲番茄新品种权数量均为个位数。

如图9.4所示，2012—2017年欧洲番茄新品种权数量变化情况基本上是从2012年开始到2014年均为稳定增长的趋势，在2014年达到顶峰，2015年略微有所回落但基本保持稳定。这与这几年欧洲番茄产量基本保持稳定增长的趋势一致。2014年，全球番茄产业总体情况除了南美地区减产4%左右，其他地区均为增产，尤其是欧洲地区增产30%，这与2014年欧洲番茄品种权数量达到顶峰这一现象相吻合。由于前几年产量增加，导致2015—2017年全球番茄库存增多，欧洲地区也不例外，大量番茄库存破坏了消费与生产之间的平衡[1]，同时也导致番茄种植和培育热情降低，这是出现2016年和2017年欧洲番茄新品种权数量滑落的重要原因之一。

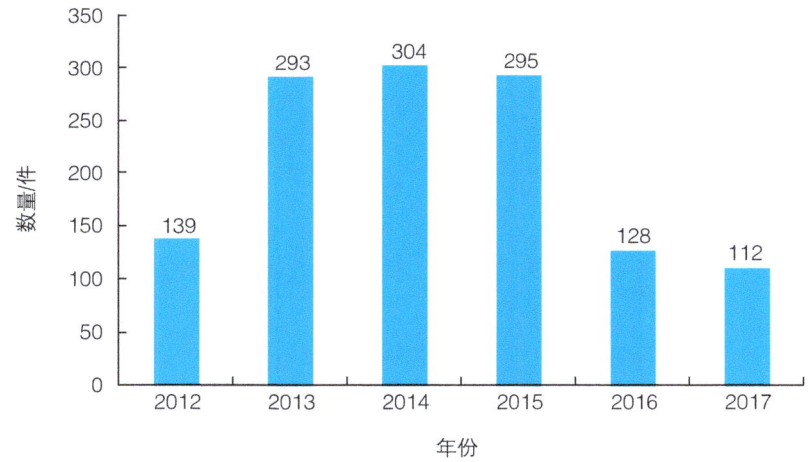

图9.4　2012—2017年欧洲番茄新品种权数量变化趋势

（3）CPVO数据中欧盟及其成员国辣椒新品种权受理量

辣椒种植、消费最多的地方在亚洲，印度是全球辣椒种植面积最大的国家，而中国是世界辣椒第一大出口国，此外辣椒出口量大的国家还有印度、西班牙、墨西哥、秘鲁、马来西亚等国家[2]，其中又以西班牙为世界上辣椒出口收益最高的国家。2015年墨西哥、西班牙和荷兰3个国家的出口量占全球辣椒

---

[1] 资讯参考《全球番茄产业研究及预测（2017年）》。

[2] 资讯来自国际辣椒网。

总出口量的 61.52%[①]。但由于目前印度、墨西哥、马来西亚等国的植物新品种权数据库尚未对外开放，因此，以欧盟植物品种局（CPVO）官网上公布的辣椒植物品种权授权数据为基础进行分析数据。

欧盟 2012—2017 年受理辣椒品种权态势如图 9.5 所示，共 278 件，2016 年受理量最多。

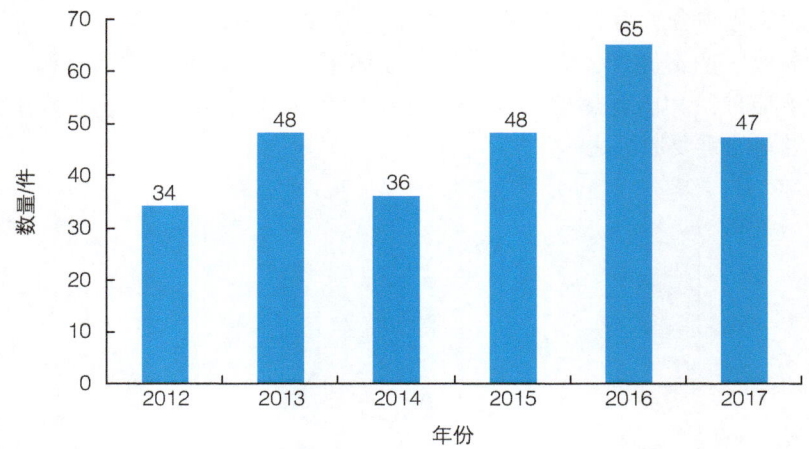

图9.5　欧盟2012—2017年受理辣椒品种权态势

如图 9.6 所示，2012—2017 年欧洲辣椒新品种权数量变化趋势基本呈上升态势，2015 年达到顶峰，2016 年有所回落可能与当年申请的部分辣椒新品种尚处于审查中未获授权有一定关联。欧洲辣椒的生产不论是种植面积还是产量，在全球辣椒发展产业中所占比重较小，只有 5% 左右，从产量上看，欧洲辣椒的产量远低于更爱食辣的亚洲的中国和印度。尽管如此，欧洲辣椒新品种保护工作从 20 世纪 80 年代就开始了，仅统计申请后授权的欧洲辣椒新品种权数量都超过千件。尽管欧洲辣椒在全球辣椒产业中所占份额不高，但欧洲对辣椒红色素、辣椒碱等深加工产品的开发利用在全球却享有很高声誉[50]。因此，欧洲辣椒新品种的培育与种植依然有产业支撑，并且逐年增加。

---

① 资讯来自第一食品网。

第九章　国内外蔬菜新品种权分析

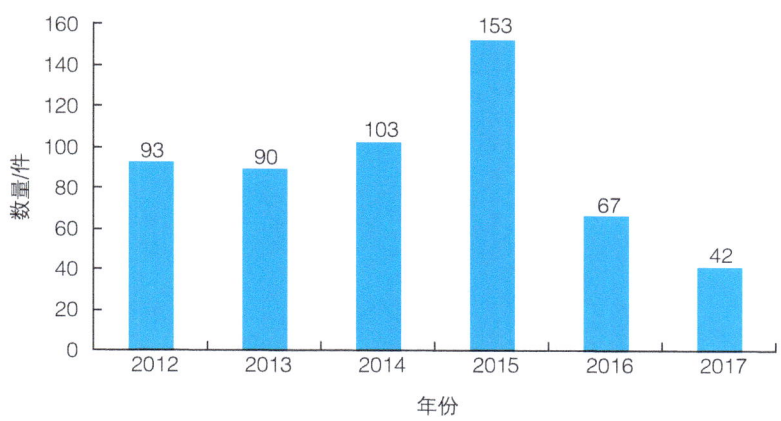

图9.6　2012—2017年欧洲辣椒新品种权变化趋势

（4）CPVO数据中欧盟及其成员国茄子新品种权受理量

茄子的原产地在亚洲热带的印度、泰国，至今印度仍有茄子的野生种和近缘种，东汉传入我国。茄子在全世界都有分布，以亚洲栽培最多，占世界总产量的74%左右；欧洲次之，占14%左右。

目前印度、泰国等国家的植物新品种权数据库尚未开放，因此，以欧盟植物品种局（CPVO）官网上目前公布的茄子植物品种权授权数据为基础进行分析。

欧盟2012—2017年受理茄子品种权态势如图9.7所示，共34件，2016年受理量最多。

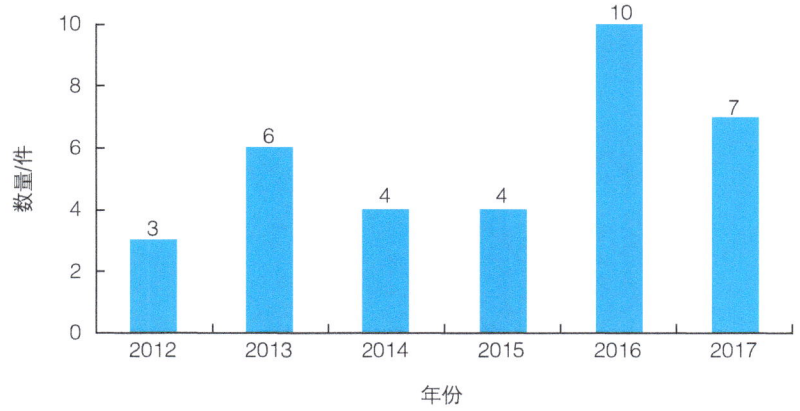

图9.7　欧盟2012—2017年受理茄子品种权态势

257

2012—2017年欧洲茄子品种权数量变化趋势如图9.8所示。

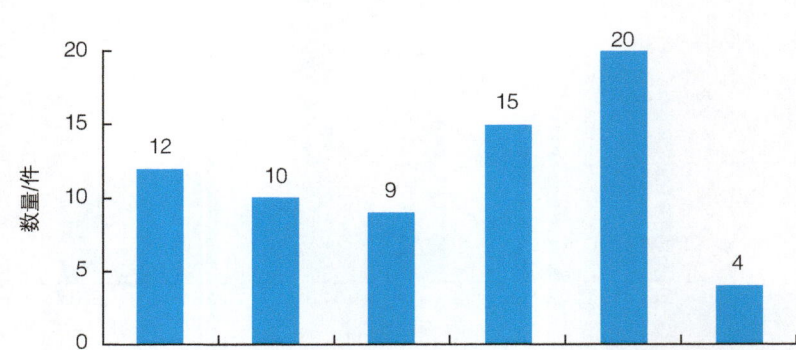

图9.8　2012—2017年欧洲茄子新品种权变化趋势

在为数不多的欧盟国家申请并持有的欧洲茄子新品种权数据中，持有欧洲茄子新品种权数量最多的国家仍然是荷兰，共29件。因此，在茄科类蔬菜领域，无论是马铃薯、番茄、辣椒还是茄子等作物，荷兰均为欧洲地区领先的培育和种植国。

2. 美国USDA数据茄科新品种权申理量

（1）美国USDA数据马铃薯新品种权申理量

如图9.9所示，美国2012—2017年马铃薯新品种权申理量仅有195件，美国的番茄新品种申请量相对于欧盟来说是较少的，只有欧盟的一半，其中2012—2016年申请量较为平稳，而2017年申请量急剧降低。

第九章　国内外蔬菜新品种权分析

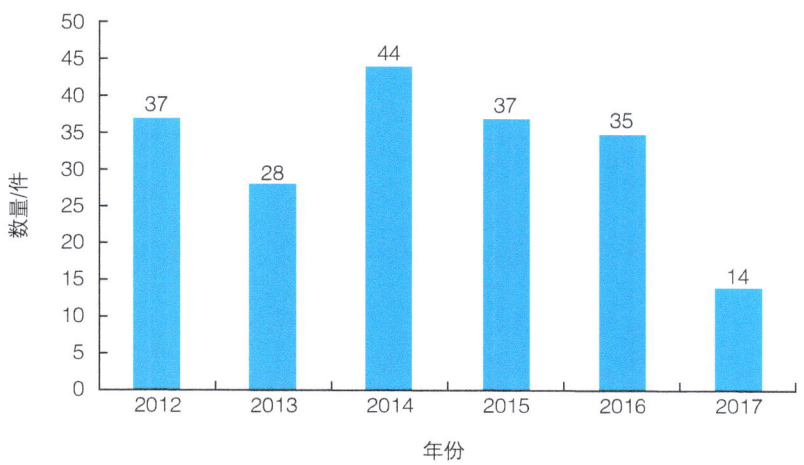

图9.9　美国2012—2017年受理马铃薯品种权态势

（2）美国USDA数据番茄新品种权申理量

美国2012—2017年番茄新品种权申理量分别是1、2、1、9、8、7件，总共28件，美国的番茄新品种权申请量相对于欧盟来说是较少的。

（3）美国USDA数据辣椒新品种权申理量

美国2012—2017年辣椒新品种权申理量分别是11、8、13、14、7、14件，总共67件，每年的申请量较为稳定。

（4）美国USDA数据茄子新品种权申理量

美国2012—2017年茄子新品种权申理量为0件。

3. 中国茄科新品种权申理量

通过检索农业部植物新品种保护办公室网站公告数据，2012—2017年茄科新品种权申请量合计为455件，如表9.1所示。

表9.1　2012—2017年中国茄科蔬菜新品种权数量

单位：件

年份	2012	2013	2014	2015	2016	2017
茄科申请总量	22	31	64	78	111	149
番茄	0	11	19	35	50	68
辣椒	10	14	20	27	38	57

259

续表

年份	2012	2013	2014	2015	2016	2017
茄子	2	0	6	6	6	8
马铃薯	10	6	19	10	17	16

二、国外主要申请人茄科蔬菜新品种权申请和保护现状

1. 国外主要申请人马铃薯新品种权申请和保护现状

目前持有欧洲马铃薯新品种权数量排名前三权利人均为企业，并且均为荷兰的种薯企业，它们分别是排名第一的持有 279 件欧洲马铃薯新品种权的荷兰 HZPC 公司、排名第二的持有 113 件欧洲马铃薯新品种权的荷兰 Agrico 公司和排名第三的持有 95 件欧洲马铃薯新品种权的德国 KWS 公司。各自所持有欧洲马铃薯新品种权数量占欧洲马铃薯新品种权总量的比例均不大，说明欧洲马铃薯新品种权权利人的分布相对而言比较分散。下面分别对排名前三申请人进行具体分析。

（1）荷兰 HZPC 公司

荷兰 HZPC 公司是全球最大的种薯公司，在全球超过 19 个国家拥有 340 多名员工，并向全球 80 多个国家出口以马铃薯为主的蔬菜，该公司从 20 世纪 80 年代就开始植物品种的知识产权布局，按申请日期对该公司授权马铃薯品种的申请年份进行分析，如图 9.10 所示。

HZPC 公司欧洲马铃薯新品种权的持有数量随着年代变迁呈稳定的倍数级增加趋势，即便到了 21 世纪 10 年代，该公司马铃薯新品种权数量仍然保持着高速增长，这与同时代欧洲整体的马铃薯新品种权增长趋势不太一样，这说明即便 2014 年以后全球种薯市场重心由欧洲转移至亚洲，但并不影响该公司在马铃薯育种领域的发展和增速，该公司仍然保持着全球种薯领导企业的地位。

从图 9.11 可以看出，2015 年后该公司欧洲马铃薯新品种权数量有所减少，这一方面可能受全球马铃薯生产中心由欧洲转向亚洲这一趋势影响；另一方面申请日在 2016 年和 2017 年的马铃薯新品种权申请可能仍处于审查过程中，尚未获得授权。该公司在 2015 年前后与亚洲种子企业的合作与交流显著增加。2015 年 8 月，HZPC 公司与内蒙古格瑞得马铃薯种业有限公司签署了合作框架协议，两家公司将在内蒙古太仆寺旗合资建设中国最大、最专业的选育、生产、经营相结合的种薯公司。合资公司已于 2016 年 1 月 1 日正式运营。2017 年，

HZPC 公司又启动了与中国国内顶尖的专业种薯生产公司——内蒙古格瑞得马铃薯种业有限公司的合作。

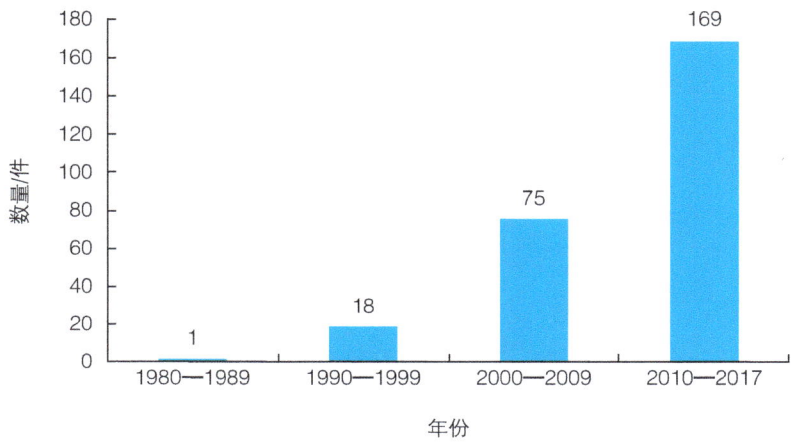

图9.10 HZPC公司欧洲马铃薯新品种权持有量变化趋势

图9.11 2010—2017年HZPC公司欧洲马铃薯新品种权持有量年份变化趋势

荷兰 HZPC 公司 2009 年开始就在中国申请马铃薯新品种权保护，目前共申请了 18 件马铃薯新品种权，其中除了 2 件视为撤回、5 件 2014 年申请的仍然处于审查状态，其余 11 件均已获得品种权。这 18 个马铃薯新品种在中国境内均已销售（表 9.2）。

表9.2 荷兰HZPC公司中国马铃薯新品种权申请情况

申请号	品种名称	申请日	法律状态	销售情况
20140971.5	潘娜梅拉	2014/9/16	在审	已销售
20140972.4	科伦巴	2014/9/16	在审	已销售
20140973.3	法瑞达	2014/9/16	在审	已销售
20140974.2	梦菲思	2014/9/16	在审	已销售
20140975.1	莱维盖特	2014/9/16	在审	已销售
20130165.2	伊芙丽卢塞特	2013/2/25	授权	已销售
2013014.1	露辛达	2013/2/17	授权	已销售
20130142	斯尔瓦纳	2013/2/17	授权	已销售
20130140.2	艾弗拉	2013/2/17	授权	已销售
20110052	挑战者	2011/1/18	授权	已销售
20110053.9	金牛座	2011/1/18	授权	已销售
20110054.8	四全脆薯	2011/1/18	授权	已销售
20100650.7	奥普拉	2010/8/19	视为撤回	已销售
20100648.2	斯尔瓦纳	2010/8/19	视为撤回	已销售
20100649.1	丝芙兰	2010/8/19	授权	已销售
20100651.6	珍妮	2010/8/19	授权	已销售
20090056	旅行者	2009/2/9	授权	已销售
20090057.9	昆西	2009/2/9	授权	已销售

（2）荷兰 Agrico 公司

荷兰 Agrico 公司也是欧洲乃至全球大型的马铃薯种薯公司，也为育繁销一体化的大型种薯企业，该公司欧洲马铃薯新品种权持有数量随年代变化趋势呈倍数级增长，尤其2010—2017年较2000—2009年的增长速度较快（图9.12）。

第九章 国内外蔬菜新品种权分析

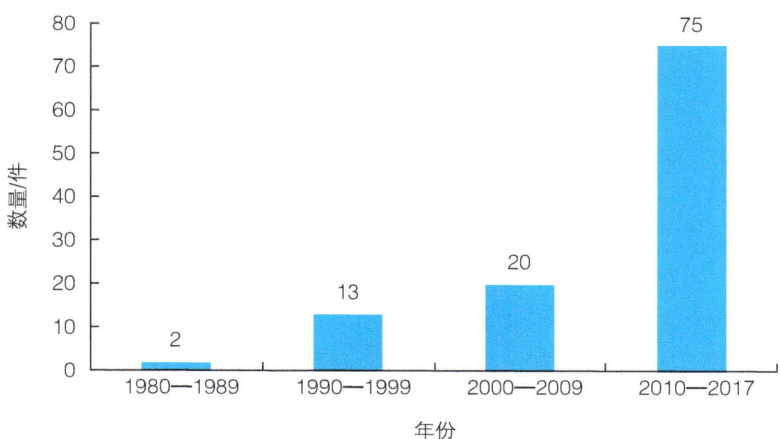

图9.12 Agrico公司欧洲马铃薯新品种权持有量变化趋势

Agrico 公司 2010—2017 年的欧洲马铃薯新品种权数量在 2015 年达到顶峰，2016 年和 2017 年有较大的回落，这可能与部分欧洲马铃薯新品种权申请仍处于在审状态未获授权有关（图 9.13）。该公司 2017—2018 年与全球各地区的种业合作、交流频繁：2017 年与中国的伊禾农品公司就新品种的引进、注册、测试和生产进行洽谈，以期建立长期合作关系，共同发展马铃薯产业链，并就首期合作联合推广 Agrico 澳洲公司的 Crisma 品种达成意向；2018 年并购南美的 Wolf&Wolf 种薯贸易公司。

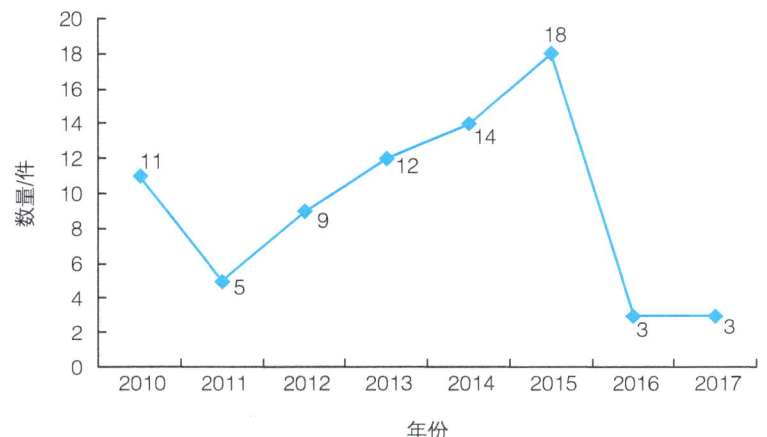

图9.13 2010—2017年Agrico公司欧洲马铃薯新品种权持有量年份变化趋势

263

（3）荷兰 C. Meijer 公司

荷兰 C. Meijer 公司成立于 1920 年，是荷兰一家重要的大型种薯企业，该公司为家族企业模式。该公司培育、种植的马铃薯销往世界各地。

C. Meijer 公司持有的全部欧洲马铃薯新品种权数量按申请年份的变化趋势如图 9.14 所示，2017 年该公司的欧洲马铃薯授权数据目前仍未获得。该公司从 1995 年开始，除了 2002 年、2004 年，基本上每年都有数项欧洲马铃薯新品种权获得授权，数量上相邻的年份有较大浮动，但整体上该公司每年的欧洲马铃薯新品种权持有量都不多，均在 10 件以下；从 2009 年开始该公司的欧洲马铃薯授权量呈明显的下滑态势。2017 年 9 月该公司的最高管理者由 Jan Muijsers 换成了 Erika den Daas。

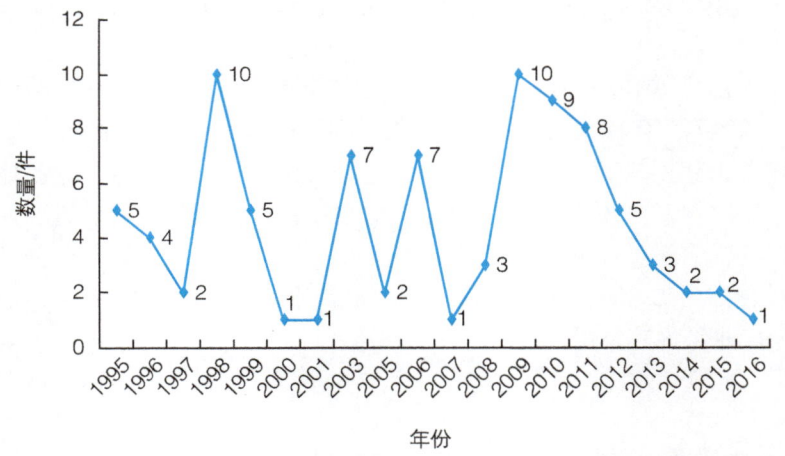

图9.14　C. Meijer公司欧洲马铃薯新品种权持有量年份变化趋势

2. 国外主要申请人番茄新品种权申请和保护现状

持有欧洲番茄新品种权数量最多的排名前三的权利人均为企业，排名第一的先正达公司（Syngenta）为总部位于瑞士的世界领先的植保公司，也是世界排名第三的高价种子公司；排名第二和第三的为荷兰瑞克斯旺公司（Rijk Zwaan）和荷兰纽内姆公司（Nunhems）。对 3 家公司的欧洲番茄新品种权进行分析如下。

（1）先正达公司（Syngenta）

先正达是一家跨国的种业、植保公司，由阿斯特拉捷利康的农化业务——捷利康农化公司及诺华公司的作物保护和种子业务分别从原公司中独立出来合

第九章 国内外蔬菜新品种权分析

并组建的,公司总部设在瑞士。公司业务遍及全球90个国家和地区。先正达在中国也设立了分公司。2016年,中国化工集团完成对瑞士先正达的收购。先正达公司目前拥有246件欧洲番茄新品种权(图9.15)。

图9.15 先正达公司欧洲番茄新品种权数量历年变化趋势

先正达公司的主要业务版块包括植物保护、种衣剂及种子三大块。种子板块的产品组合主要围绕水稻、玉米、大豆、谷物、多种大田作物、特种作物、蔬菜、甘蔗等八大核心作物,番茄只是蔬菜作物中的一种。先正达公司的欧洲番茄新品种权持有量从2003年开始整体呈现上升态势,2006年有一个小高峰,这一年该公司销售额突破80亿美元,并且投入研发的资金已超过8亿美元。近5年的品种权数量高峰出现在2014年,该年度该公司申请的欧洲番茄新品种权中有40件获得授权,这一年先正达公司作物保护版块的业务销售额增长了4.2%至113.81亿美元,而种子业务业绩下降1.5%至31.55亿美元,但在亚太地区该公司的蔬菜业绩有明显增长,这一情况可能与2014年番茄新品种权数量达到高峰有一定关联。

先正达公司在中国共申请了5件番茄新品种权,其中4件已授权,授权的4件中有1件权利已终止。先正达5件中国番茄新品种权(申请)除了正粉番茄品种,其余4个番茄新品种均已在中国境内销售(表9.3)。

表9.3 先正达公司中国番茄新品种权申请情况

申请号	品种名称	申请日	申请/品种权人	法律状态	销售情况
20130220.5	茱丽	2013/3/27	先正达参股股份有限公司	授权	已销售
20110974.5	思贝德	2011/11/28	先正达种苗（北京）有限公司	授权	已销售
20100250.1	迪利奥	2010/4/16		视为撤回	已销售
20100251.0	迪芬尼	2010/4/16		授权	已销售
20050607.2	正粉	2005/10/19		权利终止	—

（2）荷兰瑞克斯旺公司（Rijk Zwaan）

荷兰瑞克斯旺公司创建于1924年，是一个独立的在世界上处于领先地位的从事专业化蔬菜育种、种子生产和销售的大公司。公司的总部设在荷兰的德力尔，德力尔是荷兰温室蔬菜和现代园艺最集中、技术含量最高的地区。公司在比利时、法国、西班牙、葡萄牙、英国、德国、波兰、匈牙利和澳大利亚等20多个国家和地区设有分支机构。全公司现有职工1300多名，其中400多名专业科技人员从事于新产品的研发工作。荷兰瑞克斯旺公司以其雄厚的科研实力和高质量的产品服务在世界蔬菜种子行业中享有很好的声誉。公司集科研、种子生产和市场开发为一体，在世界众多种子公司中排名第五。

瑞克斯旺公司的蔬菜品类包括番茄、茄子、辣椒、甜椒、黄瓜、菠菜、甘蓝、生菜、菜花，其中番茄包括中果型、大果型、串收型、樱桃型等18个番茄品种。该公司从1996年就开始了欧洲地区的番茄新品种权申请工作，除了2002年以前有间断，其他年份每年都有番茄新品种授权。该公司的欧洲番茄新品种权授权趋势总体呈上升态势，在2013年达到顶峰，到2014年又有回落（图9.16）。2016年9月该公司与先正达达成协议相互授权蔬菜育种专利技术，该协议的签订确立了两公司的专利豁免权利。根据协议，双方可互相使用专利生物材料用于蔬菜育种及商业用途，意味着两家公司均可以采用对方的创新成果开发新的蔬菜品种。据悉，该协议是在国际蔬菜专利授权平台（International Licensing Platform Vegetable，简称ILP）的促使下达成的，两家公司均为该平台成员。

第九章 国内外蔬菜新品种权分析

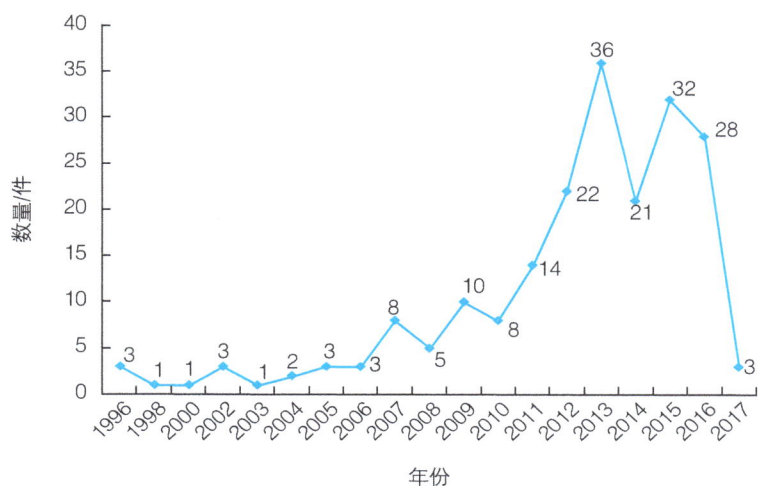

图9.16 荷兰瑞克斯旺公司欧洲番茄新品种权数量历年变化趋势

荷兰瑞克斯旺公司最早在中国申请番茄新品种权保护的时间是2005年，目前共申请了6件中国番茄新品种权，3件在审，3件已授权。这6个番茄新品种均在荷兰瑞克斯旺公司中国官网上发布销售（表9.4）。

表9.4 荷兰瑞克斯旺公司中国番茄新品种权申请情况

申请号	品种名称	申请日	法律状态	销售情况
20170728.8	佐菲亚	2017/4/1	在审	已销售
20170727.9	瑞粉	2017/4/1	在审	已销售
20170527.1	福瑞	2017/2/22	在审	已销售
20100446.6	雪莉	2010/6/9	授权	已销售
20060126.1	格雷	2006/3/6	授权	已销售
20050617.X	百灵	2005/10/25	授权	已销售

（3）荷兰纽内姆公司（Nunhems）

荷兰纽内姆公司属于德国拜耳集团作物科学部，是集科研、生产、销售及服务于一体的全球第四大蔬菜种子公司，目前全球有1600多名员工，全球44个国家有分公司，28个育种基地，在中国有3个育种基地分布在寿光、南宁和

267

三亚。公司产品包括番茄、辣椒、西瓜、胡萝卜、洋葱等,番茄代表品种粉果有宝来、法拉利等,大红番茄有奥西娜、奥琳娜等。

  该公司从 2006 年开始申请欧洲番茄新品种权保护,整体趋势呈偏正态分布。欧洲番茄新品种权数量在 2013 年达到顶峰随后逐年下降(图 9.17)。2014 年开始该公司欧洲番茄新品种权数量下降的原因可能与全球番茄市场变化有关,2014 年全球番茄增产 30% 达到顶峰,导致从 2015 年起全球番茄库存过量不能及时消化,消费和生产之间的平衡被破坏,进而使得番茄种植和培育热情锐减。

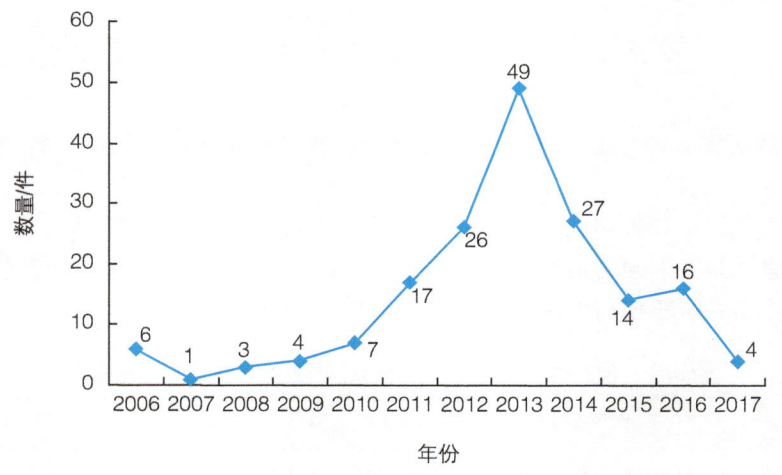

图9.17 荷兰纽内姆公司欧洲番茄新品种权数量历年变化趋势

  荷兰纽内姆公司从 2013 年开始在中国申请番茄新品种权保护,目前共申请 7 件番茄新品种权,其中 1 件视为撤回、其余 6 件均处于审查状态。7 个番茄新品种除了纽内姆 1718 和纽内姆 1618 已销售,其余 5 个未查询到它们的销售情况(表 9.5)。

表9.5 荷兰纽内姆公司中国番茄新品种权申请情况

申请号	品种名称	申请日	申请/品种权人	法律状态	销售情况
20172243	圣宴 1523	2017/8/21	荷兰纽内姆种子公司	在审	—
20130218.9	纽内姆 208	2013/3/27		视为撤回	—

续表

申请号	品种名称	申请日	申请/品种权人	法律状态	销售情况
20172245.8	纽内姆1518	2017/8/21	纽内姆（北京）种子有限公司	在审	—
20172246.7	纽内姆1718	2017/8/21		在审	已销售
20162475	欢喜	2016/12/31		在审	—
20162476.9	粉宴6号	2016/12/31		在审	—
20162477.8	纽内姆1618	2016/12/31		在审	已销售

3. 国外主要申请人辣椒新品种权申请和保护现状

欧洲辣椒新品种权持有量排名前三的权利人均为企业，排名前两名的均为荷兰的种子企业，即荷兰瑞克斯旺公司（Rijk Zwaan）和荷兰安莎种子集团（Enza Zaden），它们各自持有136件和113件欧洲辣椒新品种权；排名第三的为美国圣尼斯蔬菜种子公司（Seminis），持有92件欧洲辣椒新品种权。

（1）荷兰瑞克斯旺公司（Rijk Zwaan）

荷兰瑞克斯旺公司的蔬菜品类包括番茄、茄子、辣椒、甜椒、黄瓜、菠菜、甘蓝、生菜、菜花，其中辣椒包括麻辣椒、线椒、陇椒、尖椒品种等18个辣椒品种，甜椒包括方椒（绿/红果）、方椒（绿/黄果）、方椒（绿/橙果）、长方椒、牛角形甜椒、三色椒、锥形椒等22个品种。该公司早在1998年就开始欧洲地区的辣椒新品种权申请工作，在2006年以前有间断，且每年申请数量不多，2006年以后每年都有辣椒新品种授权。该公司的欧洲辣椒新品种权授权趋势总体呈上升态势，在2011年有个小高峰，2012年稍有回落，随后又持续上升（图9.18）。

国内外主要农作物 品种权保护现状

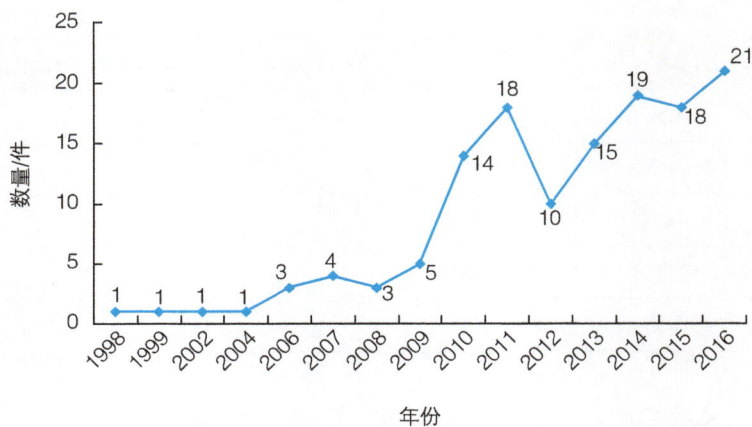

图9.18 荷兰瑞克斯旺公司欧洲辣椒品种权数量历年变化趋势

荷兰瑞克斯旺公司1999年进入中国，在中国申请辣椒新品种权保护的最早时间是2007年，目前共申请了12件中国辣椒新品种权，其中6件在审、5件已授权、1件撤回。这12个辣椒新品种均在荷兰瑞克斯旺公司中国官网上发布销售（表9.6）。

表9.6 荷兰瑞克斯旺公司中国辣椒新品种权申请情况

申请号	品种名称	申请日	法律状态	销售情况
20171219	麻辣星	2017/5/9	在审	已销售
20170951	博陇	2017/4/19	在审	已销售
20170952	鲁斯卡	2017/4/19	在审	已销售
20161636	凯瑞	2016/9/14	在审	已销售
20160654	辣宝89	2016/4/29	在审	已销售
20160655	辣宝90	2016/4/29	在审	已销售
20130654	安驰	2013/7/30	撤回	已销售
20100445	绿剑	2010/6/9	授权	已销售
20100446	亮剑	2010/6/9	授权	已销售
20090282	太阳红	2009/5/7	授权	已销售

续表

申请号	品种名称	申请日	法律状态	销售情况
20090283	斯丁格	2009/5/7	授权	已销售
20070548	迅驰	2007/11/2	授权	已销售

（2）荷兰安莎种子集团（Enza Zaden）

荷兰安莎种子公司创立于1938年，至今已75周年，总部位于荷兰恩克霍森市，是集科研育种、种子生产及开发销售为一体的专业化公司，属于家族企业，位居世界前列。集团公司属下35个分支机构，遍布全球。公司主营作物包括番茄、黄瓜、甜椒、生菜及其他蔬菜。安莎公司中国总部位于北京，成立了2个蔬菜研究中心（北京顺义和广东清远）、3个示范农场（山东寿光、甘肃民勤和广东清远）及1个种子销售公司——安莎天地种子（北京）有限公司。

荷兰安莎种子集团旗下的甜椒品种包括8个方椒（红/绿）品种、5个方椒（绿/黄）品种、6个方椒青椒品种、7个长方椒品种和4个特色椒品种，辣椒品种包括1个辣椒品种和2个朝天椒品种。该公司的辣椒新品种从2007年才开始申请欧洲品种权保护，2010—2011年出现小高峰，随后数量下降。2015年又重回辣椒新品种权数量高峰（图9.19）。该公司从2011年开始，迎来它的第三代领路人Jaap先生，并进出更充足的育种动力。2014年，安莎不仅稳步扩展了育种项目的范围，荷兰总部外的育种中心、生产基地、经销机构同样在安莎业绩量大步增长下诞生。2016年安莎种子已完成对美国R&D AG公司西兰花育种项目的收购。这些重要事件与该公司新品种数量变化有一定关联。

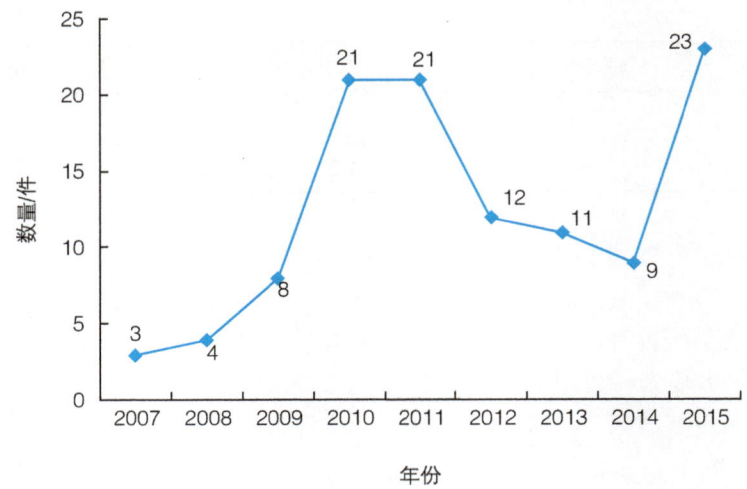

图9.19　荷兰安莎种子集团欧洲辣椒新品种权数量历年变化趋势

（3）美国圣尼斯蔬菜种子公司（Seminis）

美国圣尼斯蔬菜种子公司历史悠久，成立于1865年，前身为Asgrow蔬菜种子公司，随后分别在欧洲、韩国、巴西、中国等地建立育种公司。公司育种团队研发了2200多个蔬菜种子品种，覆盖了20余类的作物。主营作物包括洋葱、甜椒/彩椒/长方椒、番茄（粉果）、番茄（红果）、白菜花、绿菜花、菠菜、辣椒等。

该公司于2004年开始申请欧洲辣椒新品种权保护，并于2008年达到授权量高峰，2011年数量跌至低谷后又重新缓慢回升（图9.20）。2005年该公司成为孟山都旗下全资附属公司，随后开始了迅速扩张。2007年收购了西方种子公司和Poloni Semences公司，创建了国际种子集团公司（ISG），这是一家投资控股公司，为专业化、区域性的蔬菜和水果种子公司提供资金和技术。2008年收购Peotec作为ISG和德鲁特种子公司的成员。这几年是该公司迅速发展扩张期，资金充足，是2008年品种权数量达到高峰的重要原因之一。

第九章 国内外蔬菜新品种权分析

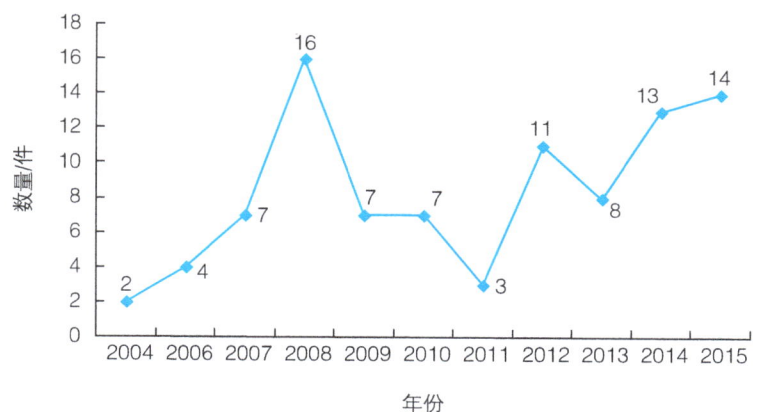

图9.20　美国圣尼斯蔬菜种子公司欧洲辣椒新品种权数量历年变化趋势

美国圣尼斯蔬菜种子公司 2004 年进入中国，在中国申请辣椒新品种权保护的最早时间是 2011 年，目前共申请了 11 件中国辣椒新品种权，5 件在审，6 件已授权。这 11 个辣椒新品种均在美国圣尼斯蔬菜种子公司中国官网上发布销售（表 9.7）。

表9.7　美国圣尼斯公司中国辣椒新品种权申请情况

申请号	品种名称	申请日	公告号	法律状态	销售情况
20171168	SV1739HD	2017/5/1	CNA019102E	在审	已销售
20162290	SV8360HM	2016/12/19	CNA017417E	在审	已销售
20160239	SV1023HD	2016/2/15	CNA015203E	在审	已销售
20160241	SV2579HD	2016/2/15	CNA015204E	在审	已销售
20151699	SV9736HM	2015/12/4	CNA015195E	在审	已销售
20150037	SV8233HD	2015/1/9	CNA013406E	授权	已销售
20141366	SV0108HA	2014/12/1	CNA012736E	授权	已销售
20140794	SV9731HM	2014/7/23	CNA012258E	授权	已销售
20120766	富强 0055	2012/9/3	CNA009550E	授权	已销售
20110828	HNX12189148	2011/11/8	CNA008379E	授权	已销售
20110829	HNX14470065	2011/11/8	CNA008380E	授权	已销售

4. 国外主要申请人茄子新品种权申请和保护现状

由于欧盟茄子新品种权数量总体量较小，各权利人分布较为分散，且各自分别持有的数量基本都在个位数，唯一持有两位数以上欧洲茄子新品种权的权利人仅有 1 家，即荷兰瑞克斯旺公司（Rijk Zwaan），它持有 23 件欧洲茄子新品种权，如表 9.8 所示。

表9.8 荷兰瑞克斯旺公司欧洲茄子新品种权情况

品种名称	国家或地区	申请号	申请日	授权日
Beyonce	荷兰	ABR164	2011/3/8	2012/2/24
Lydia	欧盟	20132566	2013/10/7	2015/4/7
Rosheen	荷兰	ABR186	2014/4/24	2015/2/17
Adele	荷兰	ABR185	2013/7/2	2015/2/17
Kylie	欧盟	20161437	2016/6/13	2016/12/15
Estelle	欧盟	20042283	2004/11/19	2007/8/24
Angela	欧盟	20070615	2007/3/12	2009/10/5
AB5902 RZ	荷兰	ABR152	2009/11/27	2011/10/24
Yolanda	荷兰	ABR201	2016/8/15	2017/12/18
Leticia	欧盟	20112831	2011/11/24	2013/7/29
Rosheen	欧盟	20142346	2014/9/30	2015/4/7
Araceli	荷兰	ABR202	2016/8/15	2017/12/18
Sabelle	欧盟	20100733	2010/3/29	2012/1/23
AB5018 RZ	欧盟	20101628	2010/8/16	2012/1/23
AB5401 RZ	欧盟	20101629	2010/8/16	2012/1/23
AB5401 RZ	荷兰	ABR154	2009/11/27	2011/10/24
AB5103 RZ	荷兰	ABR155	2009/11/27	2011/10/24
Kylie	荷兰	ABR193	2015/9/21	2016/10/27

第九章 国内外蔬菜新品种权分析

续表

品种名称	国家或地区	申请号	申请日	授权日
AB5018 RZ	荷兰	ABR150	2009/11/27	2011/10/24
Monarca	欧盟	20062324	2006/11/14	2008/1/28
Leticia	荷兰	ABR169	2011/3/22	2013/5/27
Lydia	荷兰	ABR184	2013/2/18	2015/2/17
Nicky	荷兰	ABR195	2015/11/18	2017/12/18

荷兰瑞克斯旺公司的蔬菜品类包括番茄、茄子、辣椒、甜椒、黄瓜、菠菜、甘蓝、生菜和菜花。该公司从2004年开始进行欧洲茄子新品种权申请保护工作，直到近年仍有新的茄子品种申请并获授权。该公司的茄子新品种除了申请欧洲品种权以外，在中国也同样申请了新品种权保护，具体如表9.9所示。

表9.9 荷兰瑞克斯旺公司中国茄子新品种权申请情况

申请号	品种名称	申请日	法律状态	销售情况
20160656	俊朗	2016/4/29	在审	已销售
20141243	萨曼莎	2014/11/5	授权	已销售
20140846	科斯迪	2014/8/6	授权	已销售
20060486	摩耐加	2006/9/11	授权	已销售
20060487	安娜	2006/9/11	授权	已销售
20060488	娜塔丽	2006/9/11	授权	已销售
20060147	布朗	2006/3/10	权利终止	已销售

荷兰瑞克斯旺公司于2006年开始申请中国茄子新品种权保护，目前共申请了7件中国茄子新品种权，其中6件已授权、1件在审。6个已授权的茄子新品种中有1个权利已终止。这7个茄子新品种在该公司中国官网上均已发布销售。

三、国内茄科品种权申请情况

1. 国内茄科新品种权申请情况

按以下方案在农业农村部科技发展中心官网上进行检索,结果如表9.10所示。

表9.10　国内茄科新品种申请情况

	茄科蔬菜新品种申请数据检索方案	茄科蔬菜新品种授权数据检索方案
公告类型	申请公告	授权公告
植物种类	茄科蔬菜	茄科蔬菜
日期	申请日：2012年1月1日至2017年12月31日	公告日：2012年1月1日至2017年12月31日
检索结果	455件	245件

（1）申请趋势

申请日在2012年1月1日至2017年12月31日的农业农村部科技发展中心网站上公告的茄科新品种权申请量共455件,其中2017年155件,2012—2017年申请态势如表9.1所示。

从表9.1中可以看出,2017年的茄科新申请延续了2014—2016年的显著增长态势,而且与2015年的78件、2016年的111件相比,2017年申请量涨幅呈跃升状态,申请量达到历史最高。

（2）申请主体构成

申请日在2012年1月1日至2017年12月31日的农业农村部科技发展中心网站上公告的茄科类作物新品种权申请公告数据申请主体共分为4个类型：高校、科研单位、企业和个人,各类申请主体构成如图9.21所示。

从申请主体构成看,申请量高企主要来自企业的贡献,占据绝对优势。蔬菜作为经济作物,通常具有地域性强、经济价值高、技术要求高、商品率高等特点,因此,培育、种植、主营蔬菜的种子企业相比粮食作物而言要多。2017年的申请量达到顶峰。

第九章　国内外蔬菜新品种权分析

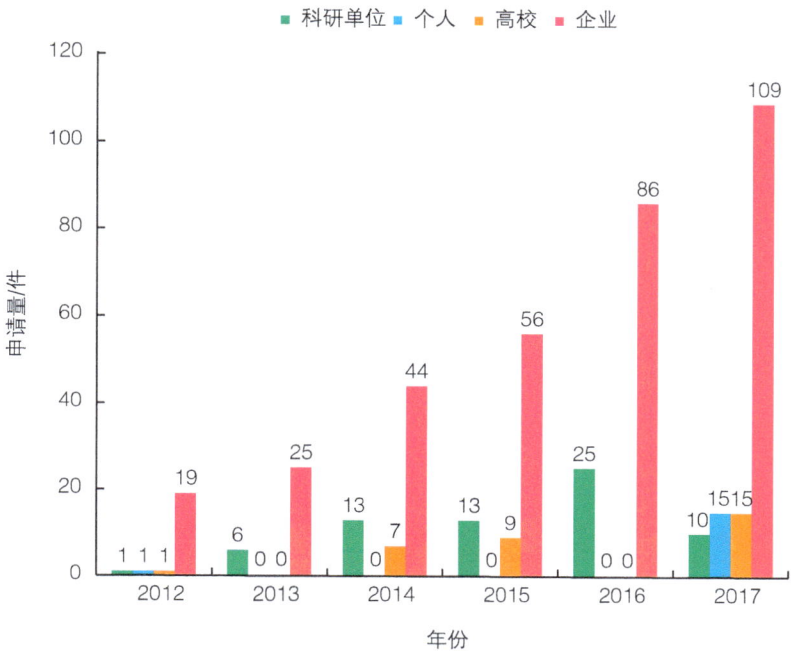

图9.21　2012—2017年茄科类作物新品种权申请主体构成

2. 国内茄科蔬菜新品种权授权情况

检索2012—2017年的茄科新品种授权公告，统计数据如表9.12所示，2012年和2013年授权量相当，以后逐年升高，与申请趋势相符。

表9.11　国内茄科蔬菜新品种授权情况

单位：件

年份	2012	2013	2014	2015	2016	2017
茄科授权总量	3	4	22	52	80	84
番茄	0	2	7	8	16	37
辣椒	2	1	12	18	37	30
茄子	1	1	3	7	4	9
马铃薯	0	0	0	19	23	8

表 9.11 中的统计数据只是中国主管局授权的数量,包含了国外申请人和国内申请人的授权量。

3. 在中国提交茄科申请的国外申请人分析

对 2012—2017 年中国受理的十字花科新品种申请中外国申请人的申请数据进行统计分析,结果如图 9.22 所示。

从图 9.22 中可以看出,在中国申请茄科蔬菜科新品种的有包括申请量最多的圣尼斯蔬菜种子有限公司在内的 14 家国外公司。

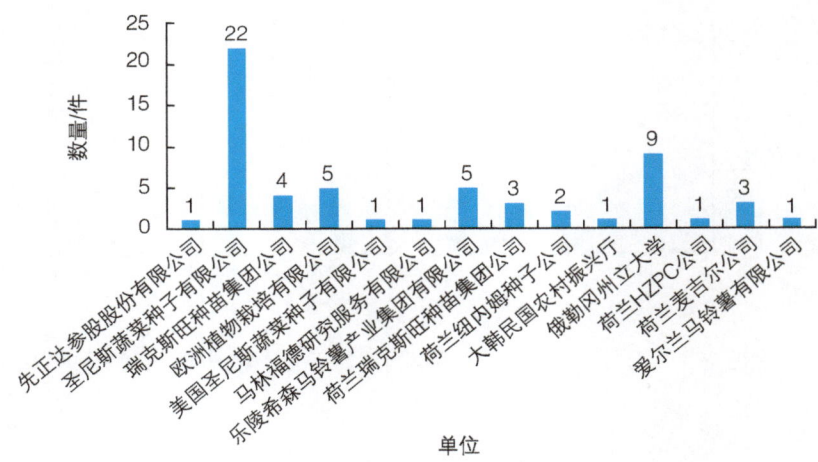

图9.22　在中国提交茄科申请的国外申请人分析

这些公司在 2012—2017 年的申请分布情况如表 9.12 所示,值得注意的是 2017 年茄科蔬菜品种的申请人中没有国外申请人。

表9.12　在中国提交茄科申请的国外申请人申请量

单位:件

年份	2012	2013	2014	2015	2016	2017
爱尔兰马铃薯有限公司	1	0	0	0	0	0
大韩民国农村振兴厅	0	0	0	0	0	0
俄勒冈州立大学	0	0	0	1	0	0
荷兰 HZPC 公司	0	3	5	0	0	0

续表

年份	2012	2013	2014	2015	2016	2017
荷兰麦吉尔公司	0	1	0	0	0	0
荷兰纽内姆种子公司	0	1	0	0	0	0
荷兰瑞克斯旺公司	0	1	0	0	0	0
乐陵希森马铃薯产业集团有限公司	3	0	0	2	0	0
马林福德研究服务有限公司	0	1	0	0	0	0
美国圣尼斯蔬菜种子有限公司	1	0	0	0	0	0
欧洲植物栽培有限公司	0	0	0	0	5	0
瑞克斯旺种苗集团公司	0	0	0	0	4	0
圣尼斯蔬菜种子有限公司	0	0	5	8	9	0
先正达参股股份有限公司	0	1	0	0	0	0

4. 国内主要申请人统计及调研

对国内申请人申请量进行统计，2012—2017年茄科类作物申请量排名前三的申请人如表9.13所示。

表9.13 国内主要申请人统计

单位	申请量/件	品种	
		辣椒/件	番茄/件
圣尼斯种子（中国）有限公司	22	7	15
北京博收种子有限公司	20	12	8
中国种子集团有限公司	18	0	18

从表9.13中可以看出，申请量排名前三的都是企业，且这3家企业都只有辣椒品种和番茄品种的申请。排名第一的为圣尼斯种子（中国）有限公司，2012—2017年茄科类作物品种权的申请量为22件，其中7件为辣椒、15件为番茄，2014年申请的番茄品种SV0313TG已获授权。

圣尼斯种子（中国）有限公司成立于1994年，通过对世界著名蔬菜种子公司的收购、投资及战略合作，成为世界最大的蔬菜种子公司之一，年销售额占全球商业蔬菜水果种子市场的20%。圣尼斯于1994年收购了美国雅士哥种子公司和荷兰奔司马种子公司，1995年收购了美国皮托种子公司和荷兰皇家种子公司，1998年收购了韩国兴农种子公司和韩国中央种子公司。圣尼斯在150多个国家和地区为广大种植者提供60多种作物超过3500个品种。通过结合传统育种和现代生物技术，圣尼斯不断研制出营养更丰富、口感更好、产量更高、耐储时间更长、对农药肥料需求更少的新品种，圣尼斯为全球农业的可持续发展做出了卓越贡献。2005年，圣尼斯成为美国孟山都公司的子公司。主要从事蔬菜种子的研究和销售。经销韩国兴农、美国皮托、韩国中央、美国雅士哥、美国加利福尼亚、荷兰皇家、荷兰奔马司等世界知名品牌。

排名第二的北京博收种子有限公司总部位于北京，是一家集科研育种、生产和推广为一体的专业种子公司。公司致力于改善果蔬营养品质，提高作物产量产值，减少农药使用残留，推进农业绿色发展。目前，已在河南建设完成占地面积500亩的科研生产基地，在山东建设完成占地面积100亩的科研示范中心。2018年，计划在北京建设现代化育种科研中心。该公司多年来主攻方向是番茄和辣椒新品种的研发工作。

排名第三的中国种子集团有限公司承担多项国家科技项目，并投资50.6亿兴建中国种子生命科学技术中心项目，是我国种业迄今为止在企业自主研发、人才创业、品种创新方面最大规模的投资。中国种子集团有限公司是1978年经国务院批准在原农业部种子局基础上成立的种子公司，经过30余年的发展，已发展成为集研发、生产、加工、营销、技术服务于一体的、产业链完整、多作物经营的大型种业集团，是国家八部委联合认定的农业产业化龙头企业，连续两次被评为中国种业五十强之首，因此该单位承担了多项国家级科技项目，在项目承担期间，茄科类作物品种权的申请量为18件，均为番茄品种，申请日分别分布在2015年和2016年，因此都尚处在审查阶段。

四、"七大农作物育种"专项项目承担单位茄科蔬菜品种权情况

1. "七大农作物育种"专项项目承担单位茄科蔬菜新品种权申请总量统计

在中国农村技术开发中心网站上按以下条件进行检索。

①申请/品种权人：各项目承担单位名称；②植物种类：茄科蔬菜；③公告类型：申请公告。

第九章 国内外蔬菜新品种权分析

检索结果如表 9.14 所示。

表9.14 "七大农作物育种"专项项目承担单位茄科蔬菜新品种申请统计

单位名称	承担的项目名称	申请量/件			
		番茄	茄子	马铃薯	辣椒
中国科学院遗传与发育生物学研究所	主要农作物染色体细胞工程育种	1	1	—	—
	主要粮食作物分子设计育种				
	主要农作物品质性状形成的分子基础				
	主要农作物产量性状形成的分子基础				
华中农业大学	主要农作物杂种优势形成与利用机理	—	—	2	—
	水稻功能基因组研究与应用				
	油菜杂种优势利用技术与强优势杂交种创制				
北京市农林科学院	小麦杂种优势利用技术与强优势杂交种创制	2	4	—	4
	主要农作物种子分子指纹检测技术研究与应用				
中国农业科学院蔬菜花卉研究所	主要农作物杂种优势利用技术与强优势杂交种创制	7	5	3	5
	茄科蔬菜优质多抗适应性强新品种培育				
	十字花科蔬菜优质多抗适应性强新品种培育				
四川省农业科学院作物研究所	西南水稻优质高产高效新品种培育	—	—	1	—
江苏里下河地区农业科学研究所	长江中下游冬麦区高产优质抗病小麦新品种培育	—	—	—	2
东北农业大学	北方大豆优质高产广适新品种培育	4	—	2	—

从表 9.14 中可以看出，茄科蔬菜新品种权申请总量排名前三的项目承担单位分别是中国农业科学院蔬菜花卉研究所（20 件）、北京市农林科学院（10 件）和东北农业大学（6 件）。

2. 各项目承担单位茄科蔬菜新品种权分析

按表 9.14 所列各项目承担单位的顺序依次对每个单位的茄科作物新品种权情况进行分析，分述如下。

（1）中国科学院遗传与发育生物学研究所

由表 9.15 可知，中国科学院遗传与发育生物学研究所迄今为止共申请过 2 件茄科类蔬菜的新品种权，1 件番茄、1 件茄子，且这 2 件均获得授权，但目前状态均为品种权终止，各自的权利有效期仅维持了 3～4 年。其中，宇青一号是我国被授予新品种权的第一个茄子新品种，而航遗 2 号番茄则是俄罗斯和平号空间站长时间（6 年）搭载后的番茄种子进行地面种植并经 7 代自交选育而成。

表9.15 中国科学院遗传与发育生物学研究所茄科蔬菜新品种权情况

申请号	植物种类	品种名称	申请日	公告号	法律状态	审定情况	销售情况	科研情况	育种方式
20040501.2	普通番茄	航遗 2 号	2004/11/18	CNA002177E	品种权终止	—	—	有论文	诱变育种
20060630.1	茄子	宇青一号	2006/11/9	CNA003592E	品种权终止	—	—	—	—

（2）华中农业大学

由表 9.16 可知，华中农业大学的茄科蔬菜新品种权目前为止共申请过 2 件，均为马铃薯品种，申请日均为 2017 年 4 月 27 日，二者均通过湖北省品种审定，均已上市销售，且育成方式均为常规育种。

表9.16 华中农业大学茄科蔬菜新品种权情况

申请号	植物种类	品种名称	申请日	公告号	法律状态	审定情况	销售情况	科研情况	育种方式
20171015.8	马铃薯	华薯 2 号	2017/4/27	CNA018463E	在审	通过审定	已销售	—	常规育种
20171016.7	马铃薯	华薯 3 号	2017/4/27	CNA018464E	在审	通过审定	已销售	—	常规育种

（3）北京市农林科学院

由表 9.17 可知，北京市农林科学院目前为止共申请过 10 件茄科作物新品种权，其中有 2 件番茄、4 件辣椒、4 件茄子；授权的有 3 件，分别是京番白玉堂番茄、佳红 5 号番茄和国禧 121 辣椒，其中佳红 5 号权利已终止，这 3 个授权品种均为北京市农林科学院和北京京研益农科技发展中心共同持有；仍有 6 件在审，有 1 件被驳回。

表9.17　北京市农林科学院茄科蔬菜新品种权情况

申请号	植物种类	品种名称	申请日	公告号	法律状态	审定情况	销售情况	科研情况	育种方式
20140498.9	普通番茄	京番白玉堂	2014/4/28	CNA012255E	有权	—	已销售	—	常规育种
20050485.1	普通番茄	佳红 5 号	2005/8/25	CNA002551E	权利终止	—	—	—	—
20172127.1	辣椒属	国福 909	2017/8/10	CNA019663E	在审	品种登记	已销售	—	常规育种
20172128	辣椒属	国福 428	2017/8/10	CNA019664E	在审	—	—	—	—
20100909.6	辣椒属	国禧 121	2010/11/11	CNA007315E	有权	—	—	—	—
20090593.0	辣椒属	京红三号	2009/10/26	CNA005921E	驳回	—	—	—	—
20172125.3	茄子	京茄 315	2017/8/10	CNA019756E	在审	—	—	—	—
20172126.2	茄子	京茄 130	2017/8/10	CNA019757E	在审	—	—	—	—
20160488.9	茄子	京茄 106 号	2016/4/8	CNA015612E	在审	—	—	—	—
20160489.8	茄子	京茄 808 号	2016/4/8	CNA015613E	在审	—	—	—	—

（4）中国农业科学院蔬菜花卉研究所

由表 9.18 可知，中国农业科学院蔬菜花卉研究所共申请 20 件茄科蔬菜新品种权，其中 3 件马铃薯、7 件番茄、5 件辣椒、5 件茄子；20 件中有 7 件仍处在在审状态，13 件获得了新品种权的茄科蔬菜中，有 4 件权利已终止。20 件中能够查询到的通过品种审定的有 5 件，有 9 件已上市销售，有 9 件被记载于科技论文或书籍中。共查询到 13 件茄科新品种的育成手段，均为常规育种。从申请日来看，该单位申请茄科作物新品种权最早可追溯到 2003 年，接着在 2005 年、2006 年、2008 年、2011 年、2015 年和 2016 年分别都有申请，在时间上有一定的延续性，基本上每隔 2～4 年就会育成并申请至少 1 件茄科作物新品种权，是 23 家"七大农作物育种"专项项目承担单位中茄科作物新品种权申请数量最多的单位。

表9.18　中国农业科学院蔬菜花卉研究所茄科蔬菜新品种权情况

申请号	植物种类	品种名称	申请日	公告号	法律状态	审定情况	销售情况	科研情况	育种方式
20150014.3	马铃薯	中薯 18 号	2015/1/7	CNA013044E	在审	通过审定	已销售	有论文	常规育种
20150015.2	马铃薯	中薯 20 号	2015/1/7	CNA013045E	在审	通过审定	已销售	有论文	常规育种
20030477.1	马铃薯	中薯 6 号	2003/11/27	CNA001207E	权利终止	通过审定	—	—	常规育种
20150149.1	普通番茄	中樱 6 号	2015/2/3	CNA013396E	授权	—	—	—	—
20150016.1	普通番茄	中杂 202	2015/1/7	CNA013072E	授权	—	—	—	—
20150017	普通番茄	中杂 206	2015/1/7	CNA013073E	授权	—	—	—	—
20150018.9	普通番茄	中杂 208	2015/1/7	CNA013074E	授权	—	—	—	—
20060805.3	普通番茄	中杂 108	2006/12/26	CNA003812E	授权	—	已销售	—	常规育种
20050175.5	普通番茄	红杂 35	2005/3/24	CNA002178E	权利终止	—	已销售	有论文	常规育种
20030345.7	普通番茄	中杂 101	2003/9/26	CNA001229E	授权	—	已销售	—	常规育种

续表

申请号	植物种类	品种名称	申请日	公告号	法律状态	审定情况	销售情况	科研情况	育种方式
20110233.2	辣椒属	中椒107号	2011/3/25	CNA007720E	授权	通过审定	已销售	有论文	常规育种
20080361.1	辣椒属	中椒105号	2008/7/9	CNA004936E	授权	—	已销售	有论文	常规育种
20080362.X	辣椒属	中椒106号	2008/7/9	CNA004937E	授权	—	—	有论文	常规育种
20050531.9	辣椒属	中椒16号	2005/9/13	CNA002435E	权利终止	—	已销售	有论文	常规育种
20050532.7	辣椒属	中椒26号	2005/9/13	CNA002436E	权利终止	—	—	—	—
20161557.3	茄子	长杂212	2016/9/1	CNA016698E	在审	—	—	—	—
20161558.2	茄子	长杂218	2016/9/1	CNA016699E	在审	—	—	—	—
20161559.1	茄子	园杂471	2016/9/1	CNA017024E	在审	通过审定	—	有论文	常规育种
20110231.4	茄子	长杂8号	2011/3/25	CNA007723E	在审	—	—	有论文	常规育种
20110232.3	茄子	园杂16号	2011/3/25	CNA007724E	在审	—	已销售	—	常规育种

（5）四川省农业科学院作物研究所

四川省农业科学院作物研究所目前就申请过1件茄科作物新品种权，是马铃薯新品种（表9.19）。该新品种权的法律状态前后经历了授权、权利终止、权利恢复等阶段，目前的法律状态仍然有权。该马铃薯新品种是用自选育材料44-4作母本、凉薯3号作父本创制杂交组合，经实生薯苗培育，后代筛选培育而成的中早熟品种，通过了四川省品种审定，并已上市销售，被记载于《高干中早熟马铃薯新品种"川芋10号"的创新培育》一文及专利号为ZL 201310303283.2、发明名称为"一种适合马铃薯品种'川芋10号'试管薯诱导方法"的专利文本中。

表9.19 四川省农业科学院作物研究所茄科蔬菜新品种权情况

申请号	植物种类	品种名称	申请日	公告号	法律状态	审定情况	销售情况	科研情况	育种方式
20080087.6	马铃薯	川芋10号	2011/5/1	CNA003657G	在审	通过审定	已销售	有论文	常规育种

（6）江苏里下河地区农业科学研究所

江苏里下河地区农业科学研究所持有的2件茄科蔬菜新品种权为2件辣椒新品种权，它们均通过了江苏省品种审定，并且分别被记载在科技论文中，二者的育成方式均为常规育种，其中扬椒2号的是以96104-2-1-51×94047-4-1-3-51配组育成的中早熟牛角型辣椒（表9.20）。

表9.20 江苏里下河地区农业科学研究所茄科蔬菜新品种权情况

申请号	植物种类	品种名称	申请日	公告号	法律状态	审定情况	销售情况	科研情况	育种方式
20100916.7	辣椒属	扬椒1号	2010/11/11	CNA007316E	授权	通过审定	—	有论文	常规育种
20100917.6	辣椒属	扬椒2号	2010/11/11	CNA007317E	授权	通过审定	—	有论文	常规育种

（7）东北农业大学

东北农业大学目前共申请6件茄科作物新品种权，其中2件马铃薯、4件番茄。6件新品种权申请中有5件获得权利，还有1件在申请过程中被撤回。2个马铃薯品种均通过品种审定，其中东农310被推荐为2016年农业部主推品种。另外，4个番茄品种有3个通过品种登记。6件新品种权（申请）中，有论文记载的为4件，6件均为常规育种手段育成（表9.21）。

表9.21　东北农业大学茄科蔬菜新品种权情况

申请号	植物种类	品种名称	申请日	公告号	法律状态	审定情况	销售情况	科研情况	育种方式
20141333.6	马铃薯	东农310	2014/11/18	CNA012712E	授权	通过审定	—	—	常规育种
20141334.5	马铃薯	东农311	2014/11/18	CNA012713E	授权	通过审定	—	有论文	常规育种
20100150.2	普通番茄	东农713	2010/3/1	CNA006698E	授权	品种登记	—	有论文	常规育种
20100142.3	普通番茄	东农712	2010/2/28	CNA006696E	授权	品种登记	—	有论文	常规育种
20100143.2	普通番茄	东农715	2010/2/28	CNA006697E	授权	—	—	有论文	常规育种
20040441.5	普通番茄	东农711	2004/10/26	CNA001812E	撤回	品种登记	—	—	常规育种

第二节　十字花科蔬菜

一、全球十字花科类蔬菜新品种权申请总体概况

十字科蔬菜包括大白菜、普通结球甘蓝、不结球白菜、花椰菜、食用萝卜、青花菜，以下对欧盟、美国和中国的茄科新品种权申请情况进行分析。

1. CPVO欧盟及其成员国十字花科新品种权申请量

2012—2017年，欧盟收到十字花科蔬菜新品种权申请共27件，各品种申请量如表9.22所示。

表9.22　欧盟2012—2017年受理十字花科蔬菜品种权数量

品种	大白菜	普通结球甘蓝	不结球白菜	花椰菜	食用萝卜	青花菜
数量/件	0	3	0	3	21	0

其中，食用萝卜的申请量最高，达到21件，大白菜、不结球白菜和青花菜都没有新申请，十字花科蔬菜按各年份统计结果如图9.23所示。

图9.23　欧盟2012—2017年受理十字花科蔬菜品种权态势

2. 美国USDA数据十字花科新品种权受理量

2012—2017年，美国收到十字花科蔬菜新品种权申请共7件，各品种申请量如表9.23所示。

表9.23　美国2012—2017年受理十字花科蔬菜品种权数量

品种	大白菜	普通结球甘蓝	不结球白菜	花椰菜	食用萝卜	青花菜
数量/件	0	0	0	0	7	3

其中，食用萝卜的申请量最高，有7件，大白菜、普通结球甘蓝、不结球白菜和花椰菜都没有新申请，详细信息如表9.24所示。

表9.24 美国2012—2017年受理十字花科蔬菜品种权

品种名称	品种	申请人	申请日
Sano Verde Max SGS	青花菜	Caudill Seed Company，Inc.	2012/9/6
BC1611	青花菜	Seminis Vegetable Seeds，Inc.	2013/2/15
BRE511160SC	青花菜	Seminis Vegetable Seeds，Inc.	2013/2/15
无	食用萝卜	Weaver Seed of Oregon	2012/6/1
CCS 779	食用萝卜	Blue Moon Farms，LLC	2012/4/16
CONCORDE	食用萝卜	P. H. Petersen Saatzucht Lundsgaard GmbH	2016/4/28
CONTROL	食用萝卜	P. H. Petersen Saatzucht Lundsgaard GmbH	2016/4/28
Sano Verde Max SGS	食用萝卜	Caudill Seed Company，Inc.	2012/9/6
BC1611	食用萝卜	Seminis Vegetable Seeds，Inc.	2013/2/15
BRE511160SC	食用萝卜	Seminis Vegetable Seeds，Inc.	2013/2/15

3. 中国十字花科新品种权受理量

通过检索农业部植物新品种保护办公室网站公告数据，2012年1月1日至2017年12月31日期间，十字花科新品种权申请量合计为195件申请，如表9.25所示，其中大白菜的申请量最大，这与中国人长久的饮食习惯有关，大白菜是中国人餐桌上最重要的蔬菜品种之一。

表9.25 中国2012—2017年受理十字花科蔬菜品种权数量

单位：件

年份	2012	2013	2014	2015	2016	2017
十字花科申请总量	21	14	35	32	38	55
大白菜	6	6	11	10	7	14
普通结球甘蓝	7	5	8	11	18	12
不结球白菜	3	2	8	8	9	14
食用萝卜	1	0	1	0	1	7
花椰菜	4	1	7	3	2	6
青花菜	0	0	0	0	1	2

二、国外主要申请人十字花科蔬菜新品种权申请和保护现状

2012—2017 年,欧盟和美国十字花科蔬菜新品种权申请量很少,在为数不多的申请中,Syngenta Participations AG 和 HILD Samen GmbH 的申请量较多,均为 5 件。

三、国内十字花科品种权申请情况

1. 国内十字花科新品种权申请情况

按以下方案在农业农村部科技发展中心官网上进行检索,结果如表9.26所示。

表9.26 国内十字花科新品种权申请情况

	十字花科蔬菜新品种申请数据检索方案	十字花科蔬菜新品种授权数据检索方案
公告类型	申请公告	授权公告
植物种类	十字花科蔬菜	十字花科蔬菜
日期	申请日:2012 年 1 月 1 日至 2017 年 12 月 31 日	公告日:2017 年 1 月 1 日至 2018 年 5 月 31 日
检索结果	195 件	74 件

(1)申请趋势

申请日在 2012 年 1 月 1 日至 2017 年 12 月 31 日的农业农村部科技发展中心网站上公告的十字花科蔬菜科新品种权申请数据共 195 件,其中 2017 年 55 件,2012—2017 年申请态势如表 9.25 所示。

从表 9.25 中可以看出,2017 年的十字花科申请总量与 2016 年相比增加 17 件,申请量达到历史最高。

(2)申请主体构成

申请日在 2012 年 1 月 1 日至 2017 年 12 月 31 日的农业农村部科技发展中心网站上公告的十字花科类蔬菜新品种权申请主体共分为 4 类:联合申请、科研单位、企业和个人,各类申请主体构成如图 9.24 所示。

图 9.24 充分说明了经济作物蔬菜的利润对企业的吸引力大,申请量的高企主要来自企业的贡献,其申请量占据绝对优势。蔬菜作为经济作物,通常具有地域性强、经济价值高、技术要求高、商品率高等特点,因此,培育、种植、

第九章　国内外蔬菜新品种权分析

主营蔬菜的种子企业相比粮食作物而言要多。

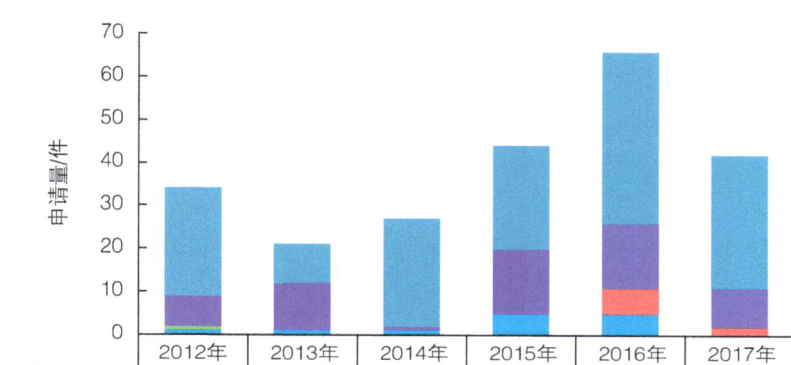

图9.24　2012—2017年茄科类作物新品种权申请主体构成

2. 国内十字花科蔬菜新品种权授权情况

检索 2012—2017 年十字花科新品种授权公告，统计数据如表 9.27 所示，2012—2016 年逐年升高，2017 年授权数量较少。

表9.27　国内十字花科蔬菜新品种授权情况

单位：件

年份	2012	2013	2014	2015	2016	2017
十字花科授权总量	3	4	6	14	33	14
大白菜	2	3	0	5	11	1
普通结球甘蓝	0	1	4	2	16	7
不结球白菜	0	0	0	2	1	2
食用萝卜	0	0	0	0	1	0
花椰菜	1	0	2	5	4	4
青花菜	0	0	0	0	0	0

表 9.27 中统计数据是指中国主管局授权的数量，包含了国外申请人和国内申请人的授权量。

3. 在中国提交十字花科申请的国外申请人分析

在 2012—2017 年中国受理的十字花科新品种权申请中，对外国申请人的申请数据进行统计分析。结果显示，在中国申请十字花科新品种权的国外企业有荷兰纽内姆种子公司、农业会社法人亚细亚种苗（株）、先正达参股股份有限公司。

这些国外种企 2012—2017 年在中国的十字花科蔬菜品种如表 9.28 所示。

表9.28 在中国提交十字花科申请的国外申请人申请情况

申请号	植物种类	品种名称	申请日	申请/品种权人
20130215.2	普通结球甘蓝	绿宝石	2013/3/27	荷兰纽内姆种子公司
20130216.1	普通结球甘蓝	锦绣	2013/3/27	荷兰纽内姆种子公司
20130217	普通结球甘蓝	碧浪	2013/3/27	荷兰纽内姆种子公司
20130215.2	普通结球甘蓝	绿宝石	2013/3/27	荷兰纽内姆种子公司
20150157	普通结球甘蓝	名图	2015/1/30	农业会社法人亚细亚种苗（株）
20170681.3	花椰菜	萨里奥 169	2017/3/30	先正达参股股份有限公司

由表 9.28 可见，国外申请人在中国申请的品种主要集中在普通结球甘蓝和花椰菜品种。

4. 国内主要申请人统计及调研

对国内申请人申请量统计，2012—2017 年十字花科类作物申请量排名前五的申请人如表 9.29 所示。

第九章　国内外蔬菜新品种权分析

表9.29　国内主要申请人统计

单位：件

品种	申请量	大白菜	不结球白菜	普通结球甘蓝	食用萝卜	花椰菜	青花菜
北京华耐农业发展有限公司	19	4	0	13	0	2	0
天津科润农业科技股份有限公司	23	12	4	0	1	6	0
宁波微萌种业有限公司	9	0	7	2	0	0	0
河北捷如美农业科技开发有限公司	9	1	0	4	4	0	0
江苏丘陵地区镇江农业科学研究所	9	0	0	7	0	2	0

这些申请人在2012—2017年的申请量如表9.30所示。

表9.30　国内主要申请人申请情况

单位：件

年份	2012	2013	2014	2015	2016	2017
北京华耐农业发展有限公司	3	0	5	6	1	4
天津科润农业科技股份有限公司	5	2	10	2	1	3
宁波微萌种业有限公司	0	0	3	4	2	0
河北捷如美农业科技开发有限公司	0	0	0	0	2	7
江苏丘陵地区镇江农业科学研究所	3	0	3	2	1	0

可以看出，申请量排名前五的申请人中，有4个申请人是企业。排名第一的为天津科润农业科技股份有限公司，近6年十字花科类作物品种权的申请量为23件，其中14件为大白菜、6件为花椰菜。

天津科润农业科技股份有限公司，主要从事蔬菜育种、蔬菜栽培、蔬菜生理、生物工程等新技术的研究与开发。先后主持和承担国家攻关、国家自然基金、农业部重点攻关、天津市重点攻关等科研项目128项，"七五"以来获国家科技发明奖、国家科技进步奖及部市级科技成果奖 60 项；2012—2017 年共取得大白菜品种权 4 件。天津科润农业科技股份有限公司的前身为天津蔬菜研究所，不但研发力量充足，而且面向市场，因而对市场的需求更加敏锐，这就是该公司 2012—2017 年大白菜新品种权申请量遥遥领先的原因。

北京华耐农业发展有限公司有一批专业技术人才，目前由国内知名育种专家带领着育种团队致力于甘蓝新优品种的研究和繁育，拥有众多的甘蓝新品种是该公司的优势之一，2012—2014 年该公司有 6 个甘蓝新品种被授权。该公司在河北、山西、内蒙古、陕西、山东等 11 个省/市/自治区建立了试种基地，确保了所销售种子的区域适应性和良好的商品性。公司还依托自身的资金和市场优势与中国农科院等国内外科研单位进行联合选育和开发蔬菜新品种，形成销售产品的梯队供应链，构建公司的可持续发展能力。由此可见，该公司培育与销售并重，育种带动销售，销售反哺育种，形成了良性循环。

宁波微萌种业有限公司 2012—2017 年共申请了 7 件不结球蔬菜的新品种权，该公司的以十字花科的新品种为主打产品，公司创始成员都曾长期在国内外蔬菜种苗公司从事技术研发、销售服务工作，为公司新品种的培育打好了人才基础。

河北捷如美农业科技开发有限公司的大股东是北京捷利亚种业有限公司（https://jewelryseeds.cn.china.cn），而从其官网了解到，萝卜新品种是该公司 2017 年主推品种，其中捷如春 4 号、捷秀美和捷夏美 45 是白萝卜新品种，昆优 2 号是红萝卜。

江苏丘陵地区镇江农业科学研究所以发展丘陵地区现代农业为主导，重点突出六大研究领域，即丘陵地区生态农业技术研究、农业资源深度开发利用研究、优质高产粮油新品种选育、蔬菜花卉新品种选育、农牧结合新技术研究及主要农作物病虫草害发生规律和控制技术研究等。创建有国家科技特派员创业基地、江苏省草莓公共技术工程中心、江苏省水基化复配农药工程研究中心、江苏省农药残留和环境因子试验基地、江苏省农科院茶叶研究中心、镇江市生态农业工程技术研究中心、镇江市水稻育种工程技术中心等一批科技平台。现创办有江苏丰源种业有限公司、镇江瑞繁农艺有限公司、江苏省绿盾植保农药实验有限公司和镇江万山红遍农业园等 4 家科技企业，注册资本总额近亿元。拥有 3300 多亩高标准科研试验基地，国内外先进科研仪器设备 300 余台套，建有江苏省内一流农业科技创新中心和示范中心，固定资产总值超 1 亿元。

四、"七大农作物育种"专项项目承担单位十字花科蔬菜品种权情况

1. "七大农作物育种"专项项目承担单位十字花科蔬菜新品种权申请总量统计

在中国农村技术开发中心网站上按以下条件进行检索。

①申请/品种权人:各项目承担单位名称;②植物种类:十字花科蔬菜;③公告类型:申请公告。

检索结果如表 9.31 所示。

表9.31 "七大农作物育种"专项项目承担单位十字花科蔬菜新品种申请统计

单位名称	承担的项目名称	申请量					
		大白菜	普通结球甘蓝	不结球白菜	花椰菜	青花菜	食用萝卜
北京市农林科学院	小麦杂种优势利用技术与强优势杂交种创制	2	1	1	0	—	2
	主要农作物种子分子指纹检测技术研究与应用						
中国农业科学院蔬菜花卉研究所	主要农作物杂种优势利用技术与强优势杂交种创制	2	—	—	1	—	—
	茄科蔬菜优质多抗适应性强新品种培育						
	十字花科蔬菜优质多抗适应性强新品种培育						
沈阳农业大学	北方粳稻优质高产高效新品种培育	1	—	—	—	—	—
河南省农业科学院	黄淮冬麦区南片高产优质节水小麦新品种培育	1	—	—	—	—	—

从表 9.31 中可以看出,十字花科蔬菜新品种权申请总量排名前四的项目承担单位分别是北京市农林科学院(6 件)、中国农业科学院蔬菜花卉研究所(3 件)、沈阳农业大学(1 件)和河南省农业科学院(1 件)。

2. 各项目承担单位十字花科蔬菜新品种权分析

按表 9.31 所列各项目承担单位的顺序依次对每个单位的十字花科作物新品种权情况进行分析，分述如下。

（1）北京市农林科学院

由表 9.32 可知，北京市农林科学院截至目前共申请过 6 件十字花科作物新品种权，其中有 2 件大白菜、2 件食用萝卜、1 件不结球白菜和 1 件普通结球甘蓝，这几个品种均没有进行品种审定。

表9.32　北京农林科学院十字花科蔬菜新品种权情况

申请号	植物种类	品种名称	申请日
20160324.7	大白菜	京秋 5 号	2016/3/3
20160444.2	大白菜	京春娃 4 号	2016/3/28
20160451.2	不结球白菜	京绿 1 号	2016/3/31
20161698.3	普通结球甘蓝	京甘 611	2016/9/28
20171810.5	萝卜	京脆 80	2017/7/14
20171811.4	萝卜	京脆 2 号	2017/7/14

（2）中国农业科学院蔬菜花卉研究所

由表 9.33 可知，中国农业科学院蔬菜花卉研究所截至目前共申请过 3 件十字花科作物新品种权，包括 2 件大白菜、1 件花椰菜，其中花椰菜品种中花 1 号获得了山西省品种审定。

表9.33　中国农业科学院蔬菜花卉研究所十字花科蔬菜新品种权情况

申请号	植物种类	品种名称	申请日
20120968.2	大白菜	绿健 85	2012/10/26
20170491.3	大白菜	吉红 308	2017/3/16
20130214.3	花椰菜	中花 1 号	2013/3/26

（3）沈阳农业大学

由表 9.34 可知，沈阳农业大学截至目前共申请过 1 件十字花科作物新品种权，为大白菜，没有进行品种审定。

表9.34　沈阳农业大学十字花科蔬菜新品种权情况

申请号	植物种类	品种名称	申请日
20151939.3	大白菜	沈白GMS02	2015/12/18

（4）河南省农业科学院

由表 9.35 可知，河南省农业科学院截至目前共申请过 1 件十字花科作物新品种权，为大白菜，没有进行品种审定。

表9.35　河南省农业科学院十字花科蔬菜新品种权情况

申请号	植物种类	品种名称	申请日
20141342.5	大白菜	豫早0901	2014/11/27

第三节　瓜类蔬菜

一、全球瓜类蔬菜新品种权申请总体概况

瓜类蔬菜包括黄瓜、西瓜、南瓜、甜瓜、西葫芦，以下对欧盟、美国和中国的瓜类新品种权申请情况进行分析。

1. CPVO 欧盟及其成员国瓜类新品种权受理量和授权量

（1）CPVO 数据中欧盟及其成员国黄瓜新品种权受理量

2000 年全球黄瓜和小黄瓜产量为 3820 万吨，2013 年增长至 7130 万吨，2014 年产量为 7330 万吨。亚洲和欧洲是全球黄瓜和小黄瓜主要产区，其中亚洲产量为总产量的 84.3%，欧洲产量占全球产量的 9.6%，可见除亚洲以外，欧洲是全球第二大黄瓜产区。

欧盟 2012—2017 年受理黄瓜新品种权态势如图 9.25 所示，共 202 件，各年间申请比较稳定。

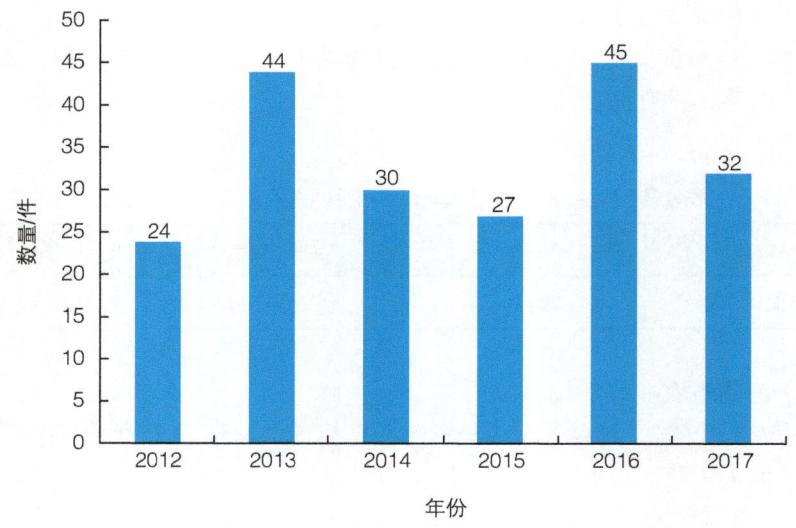

图9.25 欧盟2012—2017年受理黄瓜新品种权态势

（2）CPVO数据中欧盟及其成员国西瓜新品种权受理量

欧盟2012—2017年受理西瓜新品种权态势如图9.26所示，共58件，各年间申请比较稳定，2012—2017年申请量有上升的趋势。

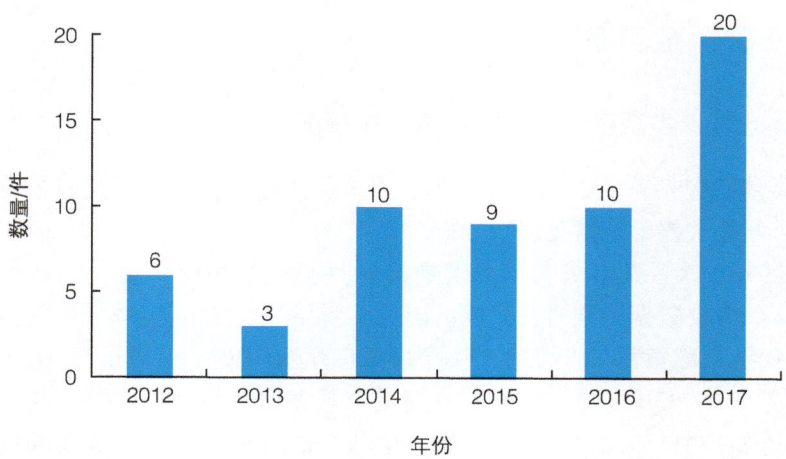

图9.26 欧盟2012—2017年受理西瓜新品种权态势

（3）CPVO 数据中欧盟及其成员国南瓜新品种权受理量

欧盟 2012—2017 年受理的南瓜新品种权只有 1 件。

（4）CPVO 数据中欧盟及其成员国甜瓜新品种权受理量

欧盟 2012—2017 年受理甜瓜新品种权态势如图 9.27 所示，共 277 件，申请量较大，除 2016 年，申请量比较稳定。

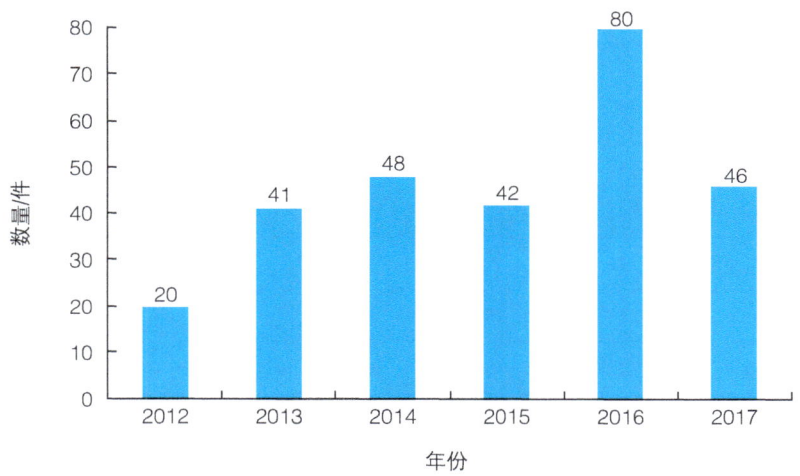

图9.27　欧盟2012—2017年受理甜瓜新品种权态势

（5）CPVO 数据中欧盟及其成员国西葫芦新品种权受理量

欧盟 2012—2017 年西葫芦新品种权受理量分别为 3、9、5、5、11 和 15 件，共 36 件，总体较少，各年间申请比较稳定，2017 年间申请量较少。

2. 美国 USDA 数据中瓜类新品种权受理量

（1）美国 USDA 数据中黄瓜新品种权受理量

美国 2012—2017 年受理的黄瓜新品种权只有两件，申请日均在 2013 年，申请人为 Seminis Vegetable Seeds，Inc.。

（2）美国 USDA 数据中西瓜新品种权受理量

美国 2012—2017 年西瓜品新种权受理量分别为 1、2、4、1 和 1 件，共 9 件。

（3）美国 USDA 数据中南瓜新品种权受理量

美国 2012—2017 年受理的南瓜新品种权为 0 件。

（4）美国 USDA 数据中甜瓜新品种权受理量

美国 2012—2017 年受理的甜瓜新品种权只有 1 件，申请日在 2016 年，申请人为 Seminis Vegetable Seeds，Inc.。

（5）美国 USDA 数据中西葫芦新品种权受理量

美国 2012—2017 年受理的西葫芦新品种权只有 11 件，分别为 2013 年 5 件、2014 年 1 件和 2015 年 5 件。

3. 中国瓜类新品种权受理量

通过检索农业部植物新品种保护办公室网站公告数据，2012 年 1 月 1 日至 2017 年 12 月 31 日，瓜类新品种权申请量合计为 234 件，如表 9.36 所示。

表9.36　中国瓜类新品种权受理量

单位：件

年份	2012	2013	2014	2015	2016	2017
瓜类申请总量	34	21	27	44	66	42
黄瓜	18	8	7	4	9	3
南瓜	0	0	0	0	14	3
普通西瓜	9	7	9	15	24	23
甜瓜	5	4	5	13	14	4
西葫芦	2	2	6	12	5	9

二、国外主要申请人瓜类蔬菜新品种权申请和保护现状

1. 国外主要申请人黄瓜新品种权申请和保护现状

在持有欧盟黄瓜新品种权数量方面，持有数量排名前三的重点权利人均为企业，分别是荷兰纽内姆公司（103 件）、孟山都公司（73 件）和荷兰瑞克斯旺公司（70 件）。下面对这 3 家公司进行具体分析。

（1）荷兰纽内姆公司（Nunhems）

荷兰纽内姆公司属于德国拜耳集团作物科学部，是全球第四大蔬菜种子公司，公司主营蔬菜品类包括番茄、辣椒、西瓜、胡萝卜、洋葱等，黄瓜并非该公司主要的蔬菜种子产品，但该公司依然持有 100 多件欧洲黄瓜新品种权。该公司申请欧洲黄瓜新品种权的时间集中在 2013—2016 年，2014 年达到顶峰（图 9.28）。目前该公司在中国境内销售的黄瓜产品也有很多，包括玛莎水果黄瓜、伯爵密刺黄瓜等。

第九章 国内外蔬菜新品种权分析

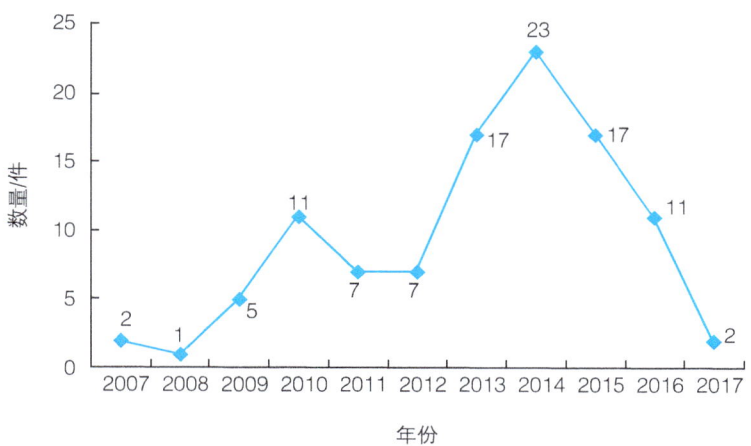

图9.28 荷兰纽内姆公司欧洲黄瓜新品种权数量年份变化趋势

（2）孟山都公司（Monsanto）

孟山都拥有20多类2000多种田间蔬菜种子产品，目前销售的蔬菜种子包括番茄、菠菜、辣椒、甜椒、西兰花、白菜花、洋葱、甜玉米、生菜、甘蓝和黄瓜等传统蔬菜种子产品。它旗下拥有两个蔬菜种子品牌：圣尼斯（Seminis）和德奥特（De Ruiter）。该公司欧洲黄瓜新品种权申请量在2015年达到高峰。2017年数量仅为1件（图9.29）。随着2018年6月该公司被德国拜耳公司收购，以后以"孟山都"名义申请的品种权可能不再出现。

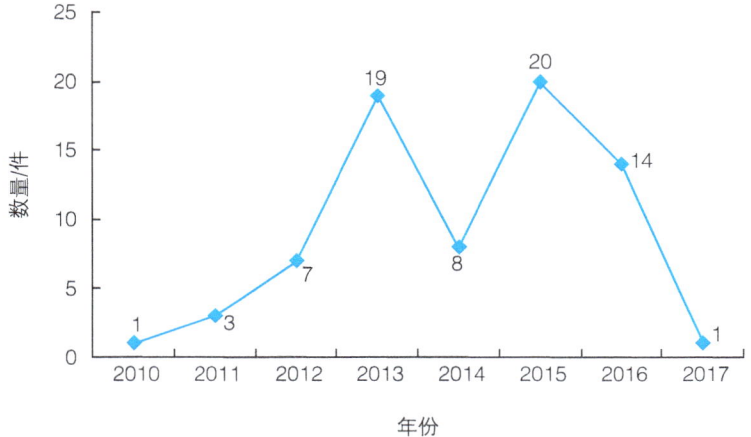

图9.29 孟山都公司欧洲黄瓜新品种权数量年份变化趋势

301

（3）荷兰瑞克斯旺公司（Rijk Zwaan）

荷兰瑞克斯旺公司的蔬菜品类有番茄、茄子、辣椒、甜椒、黄瓜、菠菜、甘蓝、生菜、菜花，其中黄瓜包括迷你型水果小黄瓜、油瓜型小黄瓜、胡瓜、长黄瓜、中长稀刺型黄瓜、腌渍黄瓜、密刺黄瓜等多个品类。该公司在21世纪前10年每年持有的黄瓜品种权数量不多，均在5件以下，到2010年数量增至10件，出现顶峰。随后又缓慢回落，近几年仍保持每年新增持有5件左右欧洲黄瓜新品种权的趋势（图9.30）。

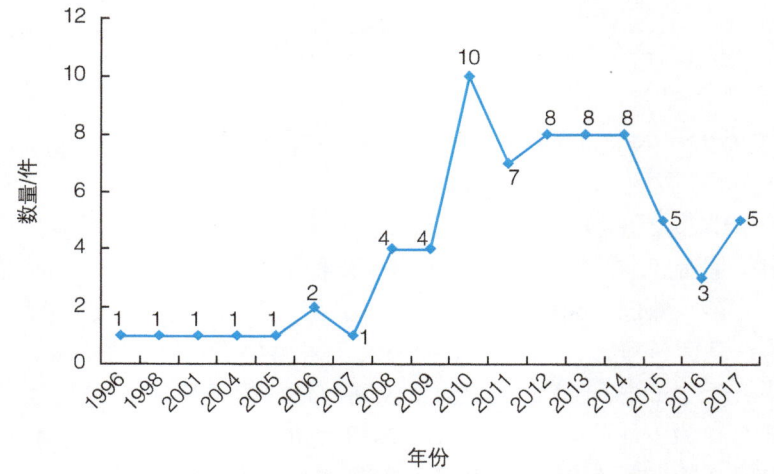

图9.30　荷兰瑞克斯旺公司欧洲黄瓜新品种权数量年份变化趋势

该公司从2017年开始在中国布局黄瓜品种权，共申请了2件黄瓜新品种权，目前都处在审查状态，且均未查询到这两个黄瓜新品种已销售的信息（表9.37）。

表9.37　荷兰瑞克斯旺公司中国黄瓜新品种权申请情况

申请号	品种名称	申请日	法律状态
20171017.6	佩里	2017/4/27	在审
20171018.5	玛香蒂	2017/4/27	在审

2. 国外主要申请人西瓜新品种权申请和保护现状

持有数量较多的重点权利人集中在先正达公司（Syngenta）、雅培公司（Abbott）及圣尼斯公司（Seminis）。其中先正达公司持有的西瓜品种权最多，达到13件，如表9.38所示。

表9.38 先正达公司持有的西瓜品种权

品种名称	申请人	申请日
QUETZALI	Syngenta Participations AG	1994/10/19
90-4228	Syngenta Participations AG	2000/9/25
90-4194	Syngenta Participations AG	2001/8/20
SP-1	Syngenta Participations AG	2002/10/11
90-4262	Syngenta Participations AG	2005/10/28
SP-4	Syngenta Participations AG	2006/10/31
4XMSAS	Syngenta Participations AG	2007/10/17
4XHDML6	Syngenta Participations AG	2007/11/7
90-4343ts	Syngenta Participations AG	2007/11/21
SP-5	Syngenta Participations AG	2009/10/23
4XASSS4	Syngenta Participations AG	2010/3/25
4XCS34	Syngenta Participations AG	2010/3/25
SP-6	Syngenta Participations AG	2012/1/5

近些年在西瓜品种权申请领域较为活跃的圣尼斯公司（Seminis），其持有的西瓜数品种权数量为5件，均在2014—2016年获得。

3. 国外主要申请人西葫芦新品种权申请和保护现状

孟山都旗下的圣尼斯公司（Seminis）共持有10件美国西葫芦新品种权，如表9.39所示，大多在2012—2013年获得。

表9.39 圣尼斯公司（Seminis）持有的西葫芦品种权

品种权名称	申请人	申请日
Mini Treat	Seminis Vegetable Seeds，Inc.	2001/11/8
PS 13067464	Seminis Vegetable Seeds，Inc.	2012/3/13
ZGY1301081	Seminis Vegetable Seeds，Inc.	2012/3/13
CAS1301075	Seminis Vegetable Seeds，Inc.	2012/3/13
CAS1301076	Seminis Vegetable Seeds，Inc.	2012/3/13
Lawadissa	Seminis Vegetable Seeds，Inc.	2013/6/7
LEB484101	Seminis Vegetable Seeds，Inc.	2013/6/7
ZGY1301072	Seminis Vegetable Seeds，Inc.	2013/6/7
Jumann	Seminis Vegetable Seeds，Inc.	2013/6/7
LEBEH08874	Seminis Vegetable Seeds，Inc.	2013/6/7

4. 国外主要申请人甜瓜新品种权申请和保护现状

雅培公司（Abbott）持有的美国甜瓜新品种权数量最多，共持有11件，其持有的品种权如表9.40所示，大多是2005年以前获得。

表9.40 雅培公司（Abbott）持有的西葫芦品种权

品种权	申请人	申请日
WS24	Abbott & Cobb，Inc.	1999/10/15
XLT-86	Abbott & Cobb，Inc.	2000/7/20
M98	Abbott & Cobb，Inc.	2000/8/23
PM24	Abbott & Cobb，Inc.	2001/5/4
#9201 Max	Abbott & Cobb，Inc.	2002/5/21
#9101 Max	Abbott & Cobb，Inc.	2002/6/26
Moneyloupe	Abbott & Cobb，Inc.	2002/7/24

续表

品种权	申请人	申请日
SLA-NS	Abbott & Cobb, Inc.	2003/7/29
S3-3200-XLT	Abbott & Cobb, Inc.	2003/12/17
S3-1520-XLT	Abbott & Cobb, Inc.	2004/2/2
ACX-351	Abbott & Cobb, Inc.	2005/2/17

5. 国外主要申请人南瓜新品种权申请和保护现状

美国和欧盟均申请了数量极少的南瓜新品种权，在此不做分析。

三、国内瓜类蔬菜新品种权申请情况

1. 国内瓜类蔬菜新品种权申请情况

在农业农村部科技发展中心官网上检索用于分析瓜类蔬菜的基础数据，结果如表 9.41 所示。

表9.41　国内瓜类蔬菜新品种申请情况

	瓜类蔬菜新品种申请数据检索方案	瓜类蔬菜新品种授权数据检索方案
公告类型	申请公告	授权公告
植物种类	瓜类蔬菜	瓜类蔬菜
日期	申请日：2012 年 1 月 1 日至 2017 年 12 月 31 日	公告日：2012 年 1 月 1 日至 2017 年 12 月 31 日
检索结果	234 件	147 件

（1）申请趋势

申请日在 2012 年 1 月 1 日至 2017 年 12 月 31 日的农业农村部科技发展中心网站上公告的瓜类蔬菜新品种权申请数据共 234 件，其中 2017 年 42 件，2012—2017 年申请态势如表 9.42 所示。

表9.42　国内各个瓜类蔬菜新品种申请情况

单位：件

年份	2012	2013	2014	2015	2016	2017
瓜类申请总量	34	21	27	44	66	42
黄瓜	18	8	7	4	9	3
南瓜	0	0	0	0	14	3
普通西瓜	9	7	9	15	24	23
甜瓜	5	4	5	13	14	4
西葫芦	2	2	6	12	5	9

从表9.42中可以看出，2017年的瓜类蔬菜新申请申请的申请量较为平稳，从2013—2016年有平稳的上升，2016年达到66件，约为2013年的3倍。

（2）申请主体构成

申请日在2012年1月1日至2017年12月31日的农业农村部科技发展中心网站上公告的瓜类蔬菜新品种权申请公告数据申请主体共分为联合申请、个人、国外企业、国内科研和国内企业5个类型，各类申请主体构成如图9.31所示。

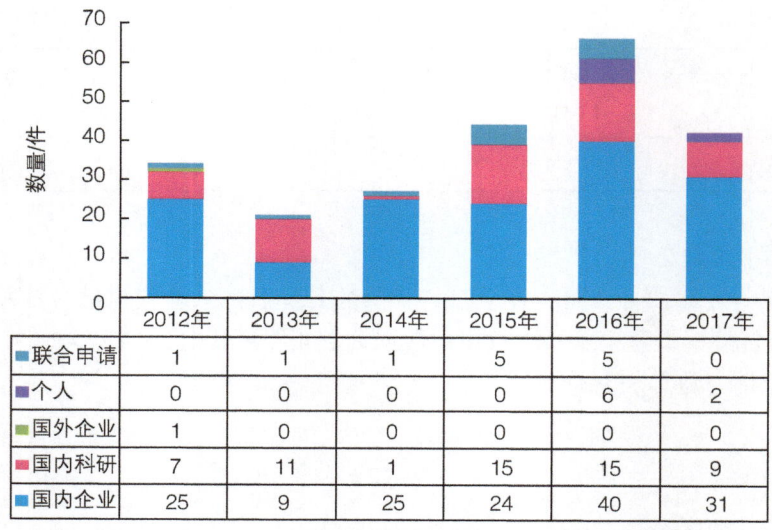

图9.31　2012—2017年瓜类蔬菜新品种权申请主体构成

由于瓜类蔬菜也是经济作物之一,因此企业对研发新品种的热情比较高,申请量一直比较高;科研单位作为新品种研发的主力,研发新品种的速度也比较快,在2013年科研单位的申请量超过了企业。

2. 国内瓜类新品种授权情况

检索2012—2017年的瓜类蔬菜新品种授权公告,统计数据如表9.43所示,2012—2015年逐年升高,与申请趋势相符。

表9.43 国内瓜类蔬菜新品种授权情况

单位:件

年份	2012	2013	2014	2015	2016	2017
瓜类授权总量	2	5	27	53	35	25
黄瓜	1	4	19	20	17	6
西瓜	0	0	7	19	10	7
甜瓜	1	0	1	8	6	6
西葫芦	0	1	0	6	2	6

表9.43中的统计数据是指中国主管局授权瓜类蔬菜新品种权的数量,包含了国外申请人和国内申请人的授权量。

3. 在中国提交瓜类蔬菜新品种权申请的国外申请人分析

对2012—2017年中国受理的瓜类蔬菜新品种权申请中外国申请人的申请数据进行统计分析。统计显示,在中国申请瓜类蔬菜新品种权的国外企业只有瑞克斯旺种子种苗集团公司和先正达参股股份有限公司,其申请的瓜类蔬菜品种如表9.44所示。

表9.44 在中国提交瓜类蔬菜申请的国外申请人分析

申请号	植物种类	品种名称	申请日	申请/品种权人
20171017.6	黄瓜	佩里	2017/4/27	瑞克斯旺种子种苗集团公司
20171018.5	黄瓜	玛香蒂	2017/4/27	瑞克斯旺种子种苗集团公司

续表

申请号	植物种类	品种名称	申请日	申请/品种权人
20121035.9	普通西瓜	莎蜜佳一号	2012/11/22	先正达参股股份有限公司

4. 国内瓜类蔬菜新品种权主要申请人统计及调研

对国内瓜类蔬菜新品种权申请人申请量进行统计，在 2012—2017 年瓜类蔬菜新品种权申请量排名前四的申请人如表 9.45 所示。

表9.45　国内瓜类蔬菜新品种权主要申请人统计

单位：件

单位	总申请量	黄瓜	普通西瓜	甜瓜	南瓜	西葫芦
安徽江淮园艺种业股份有限公司	22	0	6	10	6	0
中国农业科学院郑州果树研究所	15	0	9	0	0	0
中国种子集团有限公司	14	0	0	0	0	14
北京市农林科学院	12	0	8	0	0	4

从表 9.45 中可以看出，申请量排名前三的申请人中，有 2 个是企业，且所有企业都没有全部 5 类瓜类蔬菜的新品种权申请，都是着重于 1～3 类的申请。

安徽江淮园艺种业股份有限公司（简称"江淮园艺"）成立于 2002 年，是由我国著名瓜菜育种专家戴祖云研究员牵头创办的股份制企业，下设合肥江淮园艺研究所及安徽江艺特种蔬菜科技有限公司，公司致力于瓜菜新优品种的培育、生产、销售及农业新技术培训、科技成果转化等工作。江淮园艺先后承担国家、省、市级等农业重点科研项目 22 项，自主研发瓜菜新品种 110 多个，累计推广"江艺"牌瓜菜新品种 70 万公顷，为广大农民朋友带来逾百亿元的经济效益。

北京市农林科学院和中国农业科学院郑州果树研究所位列第四和第二，这

第九章　国内外蔬菜新品种权分析

两家科研单位承担多项育种相关的科研项目。在项目承担期间，北京市农林科学院申请瓜类蔬菜新品种权数量为12件，有5件获得授权；中国农业科学院郑州果树研究所在项目承担期间申请的瓜类蔬菜新品种权数量为15件，有1件获得授权。

四、"七大农作物育种"专项项目承担单位瓜类蔬菜品种权情况

1. "七大农作物育种"专项项目承担单位瓜类蔬菜新品种权申请总量统计

在中国农村技术开发中心网站上按以下条件进行检索。

①申请/品种权人：各项目承担单位名称；②植物种类：瓜类蔬菜；③公告类型：申请公告。

检索结果如表9.46所示。

表9.46　"七大农作物育种"专项项目承担单位瓜类蔬菜新品种申请统计

单位名称	承担的项目名称	申请量				
		黄瓜	西瓜	西葫芦	甜瓜	南瓜
中国科学院遗传与发育生物学研究所	主要农作物染色体细胞工程育种	1	—	—	—	—
	主要粮食作物分子设计育种					
	主要农作物品质性状形成的分子基础					
	主要农作物产量性状形成的分子基础					
南京农业大学	主要农作物养分高效利用性状形成的遗传与分子基础	14	—	—	—	—
	长江中下游粳稻优质高产高效新品种培育					
	南方大豆优质高产广适新品种培育					
北京市农林科学院	小麦杂种优势利用技术与强优势杂交种创制	2	12	4	—	—
	主要农作物种子分子指纹检测技术研究与应用					

309

续表

单位名称	承担的项目名称	申请量				
		黄瓜	西瓜	西葫芦	甜瓜	南瓜
中国农业科学院蔬菜花卉研究所	主要农作物杂种优势利用技术与强优势杂交种创制	6	—	—	—	—
	茄科蔬菜优质多抗适应性强新品种培育					
	十字花科蔬菜优质多抗适应性强新品种培育					
四川省农业科学院	西南水稻优质高产高效新品种培育	2	—	—	—	—
河南省农业科学院	黄淮冬麦区南片高产优质节水小麦新品种培育	1	—	—	3	—
江苏里下河地区农业科学研究所	长江中下游冬麦区高产优质抗病小麦新品种培育	—	2	—	—	—
东北农业大学	北方大豆优质高产广适新品种培育	6	—	—	—	—

由表9.46可以看出，由于瓜类蔬菜新品种权申请主体以企业为主，科研单位在瓜类蔬菜新品种权申请方面总量不大，而"七大农作物育种"专项项目承担单位基本上为科研单位，因此"七大农作物育种"专项项目承担单位所拥有的瓜类蔬菜新品种权（申请）数量并不多。排名第一的是北京市农林科学院，共拥有18件瓜类蔬菜新品种权（申请），其中黄瓜2件、西瓜12件、西葫芦4件；排名第二的是南京农业大学，共拥有14件瓜类蔬菜新品种权（申请），均为黄瓜。

2. 各项目承担单位瓜类蔬菜新品种权分析

按表9.46所列各项目承担单位的顺序依次对每个单位的瓜类蔬菜新品种权情况进行分析，分述如下。

（1）中国科学院遗传与发育生物学研究所

该单位目前为止仅申请过1件瓜类蔬菜新品种权（航遗一号），该黄瓜品种获得过授权，但目前权利已终止，它是通过太空搭载采用诱变方式育成的黄瓜品种（表9.47）。

表9.47　中国科学院遗传与发育生物学研究所瓜类蔬菜新品种权申请情况

申请号	植物种类	品种名称	申请日	公告号	法律状态	审定情况	销售情况	科研情况	育种方式
20020235.9	黄瓜	航遗一号	2002/12/4	CNA000742E	权利终止	通过审定	—	有论文	诱变育种

（2）南京农业大学

南京农业大学2005年就开始申请瓜类蔬菜新品种权，目前公布的该申请人名下共申请过14件瓜类蔬菜新品种权，且均为黄瓜新品种，其中有6件仍处于审查状态、8件获得过授权，但目前权利仍在维持中的仅有3件。这14件黄瓜新品种权（申请）中，有5个黄瓜新品种被记载于科技论文中，并找到3个黄瓜品种的育成手段，均为常规方法育成（表9.48）。

表9.48　南京农业大学瓜类蔬菜新品种权申请情况

申请号	植物种类	品种名称	申请日	公告号	法律状态	审定情况	销售情况	科研情况	育种方式
20172293.9	黄瓜	青龙1号	2017/8/28	CNA019654E	在审	—	—	—	—
20172294.8	黄瓜	金陵翡翠	2017/8/28	CNA019655E	在审	—	—	—	—
20172295.7	黄瓜	南抗2号	2017/8/28	CNA019656E	在审	—	—	—	—
20172296.6	黄瓜	南水6号	2017/8/28	CNA019657E	在审	—	—	—	—
20172297.5	黄瓜	南水3号	2017/8/28	CNA019658E	在审	—	—	—	—
20172298.4	黄瓜	南卉1号	2017/8/28	CNA019659E	在审	—	—	—	—
20100433.1	黄瓜	优加全雌09	2010/6/4	CNA006948E	授权	—	—	有论文	—
20100434	黄瓜	美雌09	2010/6/4	CNA006949E	权利终止	—	—	有论文	—
20100429.7	黄瓜	南雌1号	2010/6/4	CNA007085E	授权	—	—	有论文	常规育种
20100430.4	黄瓜	南雌2号	2010/6/4	CNA007086E	权利终止	—	—	—	—

续表

申请号	植物种类	品种名称	申请日	公告号	法律状态	审定情况	销售情况	科研情况	育种方式
20100431.3	黄瓜	南雌3号	2010/6/4	CNA007087E	授权	—	—	—	—
20100432.2	黄瓜	宁丰09	2010/6/4	CNA007088E	权利终止				
20070529.6	黄瓜	宁运3号	2007/10/26	CNA004527E	权利终止			有论文	常规育种
20050860.1	黄瓜	宁佳3号	2005/12/27	CNA003058E	权利终止			有论文	常规育种

（3）北京市农林科学院

北京市农林科学院是所有"七大农作物育种"专项项目承担单位中申请瓜类蔬菜新品种权数量最多、品类最丰富的一家项目单位。该单位从2002年便开始申请瓜类蔬菜新品种权，目前共申请了18件瓜类蔬菜新品种权，其中2件黄瓜、12件西瓜、4件西葫芦。2个黄瓜品种均通过了品种鉴定，且均为常规育种方法育成。其余瓜类品种中，有4个西瓜品种通过品种审定，1个西瓜通过品种登记，1个西葫芦品种通过品种认定。18个瓜类蔬菜新品种中，有7个已经上市销售，仅有4个品种被记载在科技论文中；查询到的8个品种的育成手段，均为常规方法育成（表9.49）。

表9.49 北京市农林科学院瓜类蔬菜新品种权申请情况

申请号	植物种类	品种名称	申请日	公告号	法律状态	审定情况	销售情况	科研情况	育种方式
20131065.1	黄瓜	京研翠玉迷你2号	2013/11/20	CNA011171E	授权	品种鉴定	—	有论文	常规
20100908.7	黄瓜	京研107	2010/11/11	CNA007311E	授权	品种鉴定	已销售	—	常规
20170096.2	普通西瓜	京美	2017/1/19	CNA017427E	在审	品种登记	已销售	—	常规
20170102.4	普通西瓜	京雅1号	2017/1/19	CNA017428E	在审				

续表

申请号	植物种类	品种名称	申请日	公告号	法律状态	审定情况	销售情况	科研情况	育种方式
20170103.3	普通西瓜	京美 4K	2017/1/19	CNA017429E	在审	—	—	—	—
20170104.2	普通西瓜	京美 6K	2017/1/19	CNA017430E	在审	—	—	有论文	—
20170105.1	普通西瓜	京美 10K	2017/1/19	CNA017431E	在审	—	—	—	—
20170106	普通西瓜	京嘉 2 号	2017/1/19	CNA017432E	在审	—	—	—	—
20150421	普通西瓜	华欣 2 号	2015/3/26	CNA013847E	授权	品种审定	已销售	—	常规
20150422.9	普通西瓜	京颖	2015/3/26	CNA013848E	授权	品种审定	已销售	—	常规
20131060.6	普通西瓜	京凤 6 号	2013/11/20	CNA011178E	授权	—	—	—	—
20130990.3	普通西瓜	京嘉	2013/11/7	CNA011177E	授权	—	—	有论文	—
20090729.7	普通西瓜	华欣	2009/11/25	CNA006489E	权利终止	品种审定	已销售	—	常规
20020082.8	普通西瓜	京欣 2 号	2002/5/21	CNA000491E	权利终止	品种审定	已销售	有论文	常规
20151713.5	西葫芦	京葫 42	2015/12/9	CNA015209E	在审	—	—	—	—
20151712.6	西葫芦	京葫 10	2015/12/4	CNA015208E	在审	—	—	—	—
20151714.4	西葫芦	翠葫 22	2015/12/4	CNA015210E	在审	—	—	—	—
20120504.3	西葫芦	京葫 36	2012/6/11	CNA009259E	授权	品种认定	已销售	—	常规

（4）中国农业科学院蔬菜花卉研究所

中国农业科学院蔬菜花卉研究所目前共申请了6件瓜类蔬菜新品种权，均为黄瓜新品种，其中1件通过品种审定、2件通过品种认定，已经销售的仅有1件。这6个黄瓜新品种均为常规育种方法培育获得，并且均被记载在科技论文中，该单位的瓜类蔬菜新品种与科研工作结合紧密（表9.50）。

表9.50 中国农业科学院蔬菜花卉研究所瓜类蔬菜新品种权申请情况

申请号	植物种类	品种名称	申请日	公告号	法律状态	审定情况	销售情况	科研情况	育种方式
20161787.5	黄瓜	中农37号	2016/10/17	CNA017010E	在审	品种审定	—	有论文	常规
20130646.1	黄瓜	中农50号	2013/7/29	CNA010727E	授权	—	已销售	有论文	常规
20080387.5	黄瓜	中农26号	2008/7/25	CNA004935E	授权	品种认定	—	有论文	常规
20080388.3	黄瓜	中农29号	2008/7/25	CNA005056E	授权	品种认定	—	有论文	常规
20030269.8	黄瓜	中农15号	2003/7/18	CNA000993E	权利终止	—	—	有论文	常规
20030270.1	黄瓜	中农19号	2003/7/18	CNA000994E	授权	—	—	有论文	常规

（5）四川省农业科学院

四川省农业科学院目前共申请了2件瓜类蔬菜新品种权，均为黄瓜品种，其中1件在审并已销售、1件已授权并通过品种审定。2个黄瓜新品种被记载在科技论文中，且均为常规育种手段育成（表9.51）。

表9.51 四川省农业科学院瓜类蔬菜新品种权申请情况

申请号	植物种类	品种名称	申请日	公告号	法律状态	审定情况	销售情况	科研情况	育种方式
20171479.7	黄瓜	川绿11号	2017/6/16	CNA019094E	在审	—	已销售	有论文	常规
20121206.2	黄瓜	川翠3号	2012/12/12	CNA009964E	授权	品种审定	—	有论文	常规

（6）河南省农业科学院

河南省农业科学院目前共申请了4件瓜类蔬菜新品种权，其中1件为黄瓜，已获得品种权；另3件为甜瓜，仍然处于审查状态，仅有甜瓜品种众云20已上市销售（表9.52）。

表9.52　河南省农业科学院瓜类蔬菜新品种权申请情况

申请号	植物种类	品种名称	申请日	公告号	法律状态	审定情况	销售情况	科研情况	育种方式
20110198.5	黄瓜	绿翠	2011/3/18	CNA007852E	授权	—	—	—	—
20171764.1	甜瓜	瑞雪19	2017/7/14	CNA019157E	在审	—	—	—	—
20151690.2	甜瓜	众云20	2015/12/2	CNA015218E	在审	—	已销售	—	—
20151691.1	甜瓜	瑞雪8号	2015/12/2	CNA015219E	在审	—	—	—	—

（7）江苏里下河地区农业科学研究所

江苏里下河地区农业科学研究所目前共申请了2件瓜类蔬菜新品种权，均为西瓜品种。其中，梦兰正在审查中，无籽红蜜目前法律状态是视为撤回。这两个西瓜品种均通过品种审定，且均为常规育种方法培育而成。无籽红蜜已上市销售，且被科技论文所记载（表9.53）。

表9.53　江苏里下河地区农业科学研究所瓜类蔬菜新品种权申请情况

申请号	植物种类	品种名称	申请日	公告号	法律状态	审定情况	销售情况	科研情况	育种方式
20172304.6	普通西瓜	梦兰	2017/8/29	CNA019711E	在审	品种审定	—	—	常规
20120694.3	普通西瓜	无籽红蜜	2012/8/17	CNA009553E	视为撤回	品种审定	已销售	有论文	常规

（8）东北农业大学

东北农业大学目前共申请了6件瓜类蔬菜新品种权，均为黄瓜新品种。这6个黄瓜新品种中，有5个已获得品种权授权，1个法律状态查询不到。其中，亮靓已销售，育种方式未查到；东农806已通过品种登记并被记载在科技论文中，且为常规方法育成（表9.54）。

表9.54 东北农业大学瓜类蔬菜新品种权申请情况

申请号	植物种类	品种名称	申请日	公告号	法律状态	审定情况	销售情况	科研情况	育种方式
20121178.6	黄瓜	亮靓	2012/12/7	CNA009963E	授权	—	已销售	—	—
20111080.4	黄瓜	青美	2011/12/13	CNA008703E	授权	—	—	—	—
20111081.3	黄瓜	青爽	2011/12/13	CNA008704E	授权	—	—	—	—
20101118.1	黄瓜	青甜	2010/12/15	CNA007718E	授权	—	—	—	—
20090981	黄瓜	C05-016	2009/12/30	CNA006484E	—	—	—	—	—
20090982.9	黄瓜	东农806	2009/12/30	CNA006485E	授权	品种登记	—	有论文	常规

附录

农业植物新品种权保护名录

批次	属或者种名	学名
第一批（1999）	1. 水稻	*Oryza sativ* L.
	2. 玉米	*Zea mays* L.
	3. 大白菜	*Brassica campestris* L.*ssp. pekinensis*（Lour.）*Olsson*
	4. 马铃薯	*Solanum tuberosum* L.
	5. 春兰	*Cymbidium goeringii* Rchb.f
	6. 菊属	*Chrysanthemum* L.
	7. 石竹属	*Dianthus* L.
	8. 唐菖蒲属	*Gladiolus* L.
	9. 紫花苜蓿	*Medicago sativa* L.
	10. 草地早熟禾	*Poa pratensis* L.
第二批（2000）	1. 普通小麦	*Triticum aestivum* L.
	2. 大豆	*Glycine max*（L.）Merri11
	3. 甘蓝型油菜	*Brassica napus* L.
	4. 花生	*Arachis hypogaea* L.
	5. 普通番茄	*Lycopersicon esculentum* Mill.
	6. 黄瓜	*Cucumis sativus* L.
	7. 辣椒属	*Capsicum* L.
	8. 梨属	*Pyrus* L.
	9. 酸模属	*Rumex* L.

续表

批次	属或者种名	学名
第三批 （2001）	1. 兰属	*Cymbidium* Sw.
	2. 百合属	*Lilium* L.
	3. 鹤望兰属	*Strelitzia* Ait.
	4. 补血草属	*Limonium* Mill.
第四批 （2001）	1. 甘薯	*Ipo moea batatas*（L.）Lam
	2. 谷子	*Setaria italica*（L.）Beauv.
	3. 桃	*Prunus persica*（L.）Batsch.
	4. 荔枝	*Litchi chinensis* Sonn.
	5. 普通西瓜	*Citrullus lanatus*（Thunb.）Matsum et Nakai
	6. 普通结球甘蓝	*Brassica oleracea* L. var. *capitata*（L.）Alef. var.*alba* DC.
	7. 食用萝卜	*Raphanus sativus* L. var. *longipinnatus* Bailey & *Raphanus sativus* L. var. *radiculus* Pers.
第五批 （2003）	1. 高粱	*Sorghum bicolor*（L.）Moench
	2. 大麦属	*Hordeum* L.
	3. 苎麻属	*Boehmeria* L.
	4. 苹果属	*Malus* Mill.
	5. 柑橘属	*Citrus* L.
	6. 香蕉	*Musa acuminata* Colla
	7. 猕猴桃属	*Actinidia* Lindl.
	8. 葡萄属	*Vitis* L.
	9. 李	*Prunus salicina* Lindl. &*P. domestica* L. & *P. cerasifera* Ehrh.
	10. 茄子	*Solanum melongena* L.
	11. 非洲菊	*Gerbera jamesonii* Bolus

续表

批次	属或者种名	学名
第六批（2005）	1. 棉属	*Gossypium* L.
	2. 亚麻	*Linum usitatissimum* L.
	3. 桑属	*Morus* L.
	4. 芥菜型油菜	*Brassica juncea* Czern. et Coss.
	5. 蚕豆	*Vicia faba* L.
	6. 绿豆	*Vigna radiata*（L.）Wilczek
	7. 豌豆	*Pisum sativum* L.
	8. 菜豆	*Phaseolus vulgaris* L.
	9. 豇豆	*Vigna unguiculata*（L.）Walp.
	10. 大葱	*Allium fistulosum* L.
	11. 西葫芦	*Cucurbita pepo* L.
	12. 花椰菜	*Brassica oleracea* L. var. *botrytis* L.
	13. 芹菜	*Apium graveolens* L.
	14. 胡萝卜	*Daucus carota* L.
	15. 白灵侧耳	*Pleurotus nebrodensis*（Inzenga）Quél.
	16. 甜瓜	*Cucumis melo* L.
	17. 草莓	*Fragaria ananassa* Duch.
	18. 柱花草属	*Stylosanthes* Sw. ex Willd
	19. 花毛茛	*Ranunculus asiaticus* L.
	20. 华北八宝	*Hylotelephium tatarinowii*（Maxim.）H. Ohba
	21. 雁来红	*Amaranthus tricolor* L.
第七批（2008）	1. 橡胶树	*Hevea brasiliensis*（Willd. ex A. de Juss.）Muell. Arg.
	2. 茶组	*Camellia* L. Section *Thea* （L.）Dyer
	3. 芝麻	*Sesamum indicum* L.

续表

批次	属或者种名	学名
第七批（2008）	4. 木薯	*Manihot esculenta* Crantz
	5. 甘蔗属	*Saccharum* L.
	6. 小豆	*Vigna angularis*（Willd.）Ohwi et Ohashi
	7. 大蒜	*Allium sativum* L.
	8. 不结球白菜	*Brassica campestris* ssp. *chinensis*
	9. 花烛属	*Anthurium* Schott
	10. 果子蔓属	*Guzmania* Ruiz. & Pav.
	11. 龙眼	*Dimocarpus longan* Lour.
	12. 人参	*Panax ginseng* C. A. Mey.
第八批（2010）	1. 莲	*Nelumbo nucifera* Gaertn.
	2. 蝴蝶兰属	*Phalaenopsis* Bl.
	3. 秋海棠属	*Begonia* L.
	4. 凤仙花	*Impatiens balsamina* L.
	5. 非洲凤仙花	*Impatiens wallerana* Hook. f.
	6. 新几内亚凤仙花	*Impatiens hawkeri* Bull.
第九批（2013）	1. 芥菜	*Brassica juncea*（L.）Czern.et coss
	2. 芥蓝	*Brassica aloglabra* Bailey L.
	3. 枇杷	*Eriobotrya japonica* Lindl.
	4. 樱桃	*Prunus avium* L.
	5. 莴苣	*Lactuca sativa* L.
	6. 三七	*Panax notoginseng*（Burk）F.H. Chen
	7. 苦瓜	*Momordica charantia* L.
	8. 冬瓜	*Benincasa hispida* Cogn.
	9. 燕麦	*Avena sativa* L. & *Avena nuda* L.

续表

批次	属或者种名	学名
第九批（2013）	10. 芒果	*Mangifera indica* L.
	11. 万寿菊属	*Tagetes* L.
	12. 郁金香属	*Tulipa* L.
	13. 烟草	*Nicotiana tabacum* L. & *Nicotiana rustica* L.
第十批（2016）	1. 向日葵	*Helianthus annuus* L.
	2. 荞麦属	*Fagopyrum* Mill.
	3. 白菜型油菜	*Brassica campestris* L.
	4. 薏苡属	*Coix* L.
	5. 蓖麻	*Ricinus communis* L.
	6. 菠菜	*Spinacia oleracea* L.
	7. 南瓜	*Cucurbita moschata* Duch.
	8. 丝瓜属	*Luffa* Mill.
	9. 青花菜	*Brassica oleracea* L. var. *italica* Plenck
	10. 洋葱	*Allium Cepa* L.
	11. 姜	*Zingiber officinale* Rosc.
	12. 茭白（菰）	*Zizania latifolia*（Griseb.）Turcz. ex Stapf.
	13. 芦笋（石刁柏）	*Asparagus officinalis* L.
	14. 山药（薯蓣）	*Dioscorea alata* L.；*Dioscorea polystachya* Turcz.；*Dioscorea japonica* Thunb.
	15. 菊芋	*Helianthus tuberosus* L.
	16. 咖啡黄葵	*Abelmoschus esculentus*（L.）Moench
	17. 杨梅属	*Myrica* L.
	18. 椰子	*Cocos nucifera* L.
	19. 凤梨属	*Ananas* Mill.

续表

批次	属或者种名	学名
第十批（2016）	20. 番木瓜	*Carica papaya* L.
	21. 木菠萝（菠萝蜜）	*Artocarpus heterophyllus* Lam.
	22. 无花果	*Ficus carica* L.
	23. 仙客来	*Cyclamen persicum* Mill.
	24. 一串红	*Salvia splendens* Ker-Gawler
	25. 三色堇	*Viola tricolor* L.
	26. 矮牵牛（碧冬茄）	*Petunia hybrida* Vilm.
	27. 马蹄莲属	*Zantedeschia* Spreng.
	28. 铁线莲属	*Clematis* L.
	29. 石斛属	*Dendrobium* Sw.
	30. 萱草属	*Hemerocallis* L.
	31. 薰衣草属	*Lavandula* L.
	32. 欧报春	*Primula vulgaris* Huds.
	33. 水仙属	*Narcissus* L.
	34. 羊肚菌属	*Morchella* Dill. ex Pers.
	35. 香菇	*Lentinula edodes*（Berk.）Pegler
	36. 黑木耳	*Auricularia heimuer* F.Wu，B.K. Cui & Y.C. Dai
	37. 灵芝属	*Ganoderma* P. Karst.
	38. 双孢蘑菇	*Agaricus bisporus*（J.E. Lange）Imbach
	39. 枸杞属	*Lycium* L.
	40. 天麻	*Gastrodia elata* Bl.
	41. 灯盏花（短葶飞蓬）	*Erigeron breviscapus*（Vant.）Hand.-Mazz.
	42. 何首乌	*Fallopia multiflora*（Thunb.）Harald.
	43. 菘蓝	*Isatis indigotica* Fort.
	44. 甜菊（甜叶菊）	*Stevia rebaudiana* Bertoni.
	45. 结缕草	*Zoysia japonica* Steud.

参考文献

[1] 中国人大网. 第十届全国人民代表大会第四次会议批准中华人民共和国国民经济和社会发展第十一个五年规划纲要[EB/OL].（2006-03-14）[2016-02-19].http：//www.npc.gov.cn/wxzl/gongbao/2006-03/18/content_5347869.htm.

[2] 中国人大网. 中华人民共和国国民经济和社会发展第十二个五年规划纲要 [EB/OL].（2011-03-16）[2016-06-20]. http：//www.npc.gov.cn/wxzl/gongbao/2011-08/16/content_1665636.htm.

[3] 国务院. 国务院关于加快推进现代农作物种业发展的意见（国发〔2011〕8号）[EB/OL].（2011-04-18）[2016-06-22]. http：//www.gov.cn/zhengce/content/2011-04/18/content_2828.htm.

[4] 国务院. 国务院办公厅关于深化种业体制改革提高创新能力的意见（国办发〔2013〕109号）[EB/OL].（2013-12-20）[2016-07-22]. http：//www.gov.cn/zwgk/2013-12/25/content_2553966.htm.

[5] 中华人民共和国农业部. "十三五"农业科技发展规划[EB/OL].（2017-02-04）[2016-08-02]. http：//jiuban.moa.gov.cn/zwllm/ghjh/201702/t20170207_5469863.htm.

[6] 姚敏扬. 中国种业的法律政策与环境[J]. 中国种业，2002，（2）：8-10.

[7] 崔野韩. 创新发展下的农业植物新品种保护[EB/OL].（2018-08-01）[2018-11-08].https://wenku.baidu.com/view/f23ade85dc36a32d7375a417866fb84ae55cc378.html.

[8] 刘定富. 中国种业的市场展望和研发趋势[EB/OL].（2016-08-10）[2016-11-08]. https：//www.sohu.com/a/109861038_424367.

[9] 陈红，杨雄年. 现代种业发展战略下强化植物新品种保护的政策措施[J]. 知识产权，2017（11）：84-88.

[10] 中华人民共和国农业部. 中华人民共和国植物新品种保护条例（2013年修订版）[EB/OL].（2013-01-31）[2017-01-10].http：//jiuban.moa.gov.cn/.

[11] 张清奎. 医药及生物领域发明专利申请文件的撰写与审查[M]. 北京：知识产权出版社，2002：71-72，77-78，79-80.

[12] 中华人民共和国农业部. 中华人民共和国种子法[EB/OL].（2016-01-01）[2016-10-08].http：//www.moa.gov.cn/gk/zcfg/fl/201603/t20160317_5057599.htm.

[13] 最高人民法院. 最高人民法院关于审理侵犯植物新品种权纠纷案件具体应用法律问题的若干规定（法释〔2007〕1号）[EB/OL].（2007-01-12）[2016-02-12].http：//www.court.gov.cn/zixun-xiangqing-1078.html.

[14] 李菊丹，陈红. 我国对品种权侵权行为追究刑事责任应慎重[J]. 知识产权，2015（12）：66-71.

[15] 最高人民法院关于审理植物新品种纠纷案件若干问题的解释（法释〔2001〕5号）[J/OL]. 中华人民共和国最高人民法院公报，2001（2）[2016-03-15].http://gongbao.court.gov.cn/Details/45a42fff5e3fe95d458304bd704c7e.html?sw=.

[16] 罗霞. 侵害植物新品种权的相关思考[J]. 人民司法（应用），2016（7）：50-54.

[17] 周晓冰. 侵犯植物新品种权行为的司法认定[N]. 人民法院报，2010-5-6（7）.

[18] 翟振锋，张子非. 植物新品种维权诉讼要注意什么[EB/OL].（2018-01-16）[2018-02-12]. http://theory.workercn.cn/253/201801/16/180116105241845.shtml.

[19] 戴景瑞，鄂立柱. 我国玉米育种科技创新问题的几点思考[J]. 玉米科学，2010，18（1）：1-5.

[20] 董春水，才卓. 现代玉米育种技术研究进展与前瞻[J]. 玉米科学，2012，20（1）：1-9.

[21] 黎裕，王天宇. 玉米种质创新：进展与展望[J]. 玉米科学，2017，25（3）：11-18.

[22] 杨培珠，钟国祥，谢虹. 玉米种质资源的背景与利用现状[J]. 中国农学通报，2011，27（5）：25-28.

[23] 唐军，王文强，黄春琼，等. 玉米育种技术研究进展[J]. 热带农业科学，2017，37（5）：42-50.

[24] 赵久然，Chang M T. 美国玉米快速育种十大要领[J]. 北京农业，2007（29）：15-16.

[25] 中华人民共和国农业部. 中华人民共和国植物新品种保护条例实施细则（农业部分）（2007年9月19日农业部令第5号公布，2011年12月31日农业部令2011年第4号、2014年4月25日农业部令2014年第3号修订）[EB/OL]. （2014-05-16）[2018-02-12]. http://jiuban.moa.gov.cn/zwllm/zcfg/nybgz/201405/t20140516_3906803.htm.

[26] 滕海涛，吕波，赵久然，等. 玉米种业与植物新品种权保护[J]. 作物杂志，2008（4）：1-4.

[27] 中华人民共和国农业部. DUS测试[EB/OL]. （2017-11-14）[2017-08-15]. http://www.nybkjfzzx.cn/p_duscs/sub_tx.aspx?n=120.

[28] 王永红，周衍平. 玉米品种权许可方式与策略研究[J]. 中国种业，2012（4）：11-14.

[29] 赵琳，宋亮，詹生华，等. 大豆育种进展与前景展望[J]. 大豆科技，2014（3）：37.

[30] 张桐. 我国大豆生产现状及产业对策[J]. 中国粮食经济，200（6）：18.

[31] 王盛男，曲颖超，陈琪. 浅谈大豆常规育种的特点[J]. 中国农业信息，2017（2）：57-58.

[32] 张瑞军，师颖，穆志新，等. 我国大豆育种的现状与发展对策[J]. 山西农业科学，2008，36（12）：21-22.

[33] 王曙明，孙寰，赵丽梅，等. 中国大豆雄性不育和杂种优势利用研究进展与问题分析[J]. 大豆科学，2009，28（6）：1089-1096，1102.

[34] 李文滨，赵雪. 2009年大豆分子标记及辅助选择育种研究进展[J]. 东北农业大学学报，2010，41（1）：139-148.

[35] 杨春燕，姚利波，刘兵强，等. 国内外大豆品种育种研究方法与最新进展[J]. 华北农学报，2009，24（S1）：75-78.

[36] 张瑞军，师颖，穆志新，等. 我国大豆育种的现状与发展对策[J]. 山西农业科学，2008，36（12）：20-22.

[37] 张桂菇. 大豆杂交技术[J]. 黑龙江农业科学，1999（2）：29-30.

[38] 杨光宇，王洋，马晓萍，等. 野生大豆在大豆品种改良中应用[C]//2008中国作物学会学术年会论文摘要集：47-48.

[39] 世界农化网中文网. 中国改进玉米进口策略 供应来源多元化 [EB/OL]. (2015-07-23) [2017-08-15]. http://wap.agrogene.cn/info-2663.shtml.

[40] 徐庆国. 超级稻的研究现状与发展对策探讨 [J]. 作物研究, 2006, 20（1）: 13-16.

[41] 邵立红. 国内外水稻育种研究现状 [J]. 农业与技术, 2013（1）: 57-59.

[42] 李初军, 刘建萍, 贾丽颖, 等. 我国水稻育种的现状与展望 [J]. 中国种业, 2007（1）: 11-12.

[43] 马海涛, 朱红彩, 马朝阳. 国内外水稻育种概况及发展趋势 [J]. 种子世界, 2014（4）: 28-29.

[44] 王效明, 孟卫东. 两系法杂交水稻杂种优势利用研究进展 [J]. 中国农学通报, 2005, 21（10）: 140-143.

[45] 袁隆平. 杂交水稻的育种战略设想 [J]. 杂交水稻, 1987（1）: 1-3.

[46] 李庆臻. 科学技术方法大辞典［M］. 北京: 科学出版社, 1999.

[47] 邹婉侬, 宋敏. 我国水稻育种成果的知识产权保护分析 [J]. 中国发明与专利, 2018, 7（15）: 12-17.

[48] 陈红, 吕波, 刘伟, 等. 基于植物新品种保护视角下的中国水稻育种现状与对策 [J]. 福建农业学报, 2011, 26（2）: 304-308.

[49] 孔媛. 世界番茄的贸易格局分析 [J]. 国际贸易问题, 2006（10）: 34-38.

[50] 王永平, 张绍刚, 何嘉, 等. 国内外辣椒产业发展现状及趋势 [J]. 现代农业科学, 2009, 16（6）: 267-270.